추천의 글

스스로 공부 습관을 체크해야 하는 구체적인 이유와 방법을 다루고 있어, 중·고등학생뿐 아니라 공부를 시작하는 모든 사람에게 도움을 준다. 이 책을 덮고 나면, 공부하는 방법과 인생의 목표를 달성하는 방법이 결국 상통한다는 사실을 깨닫게 될 것이다.

— 신인수 (공주 한일고등학교 교장)

'기적은 기적적으로 이뤄지지 않는다'와 '피할 수 없다면 즐겨라'라는 금언金言을 반추하게 하는 책. 강한 동기 부여와 부담 없는 공부의 습관화로 후회 없는 수험 생활, 나아가 긍정적인 삶으로 나아가도록 돕는 신약神藥 같은 책이 확실하다.

— 조대형 (대원외국어고등학교 진학 교사)

치열하고 남다르게 공부한 이들이 전하는 메시지. 시행착오를 줄이고 구체적인 실천으로 옮길 수 있도록 돕는 100인의 이야기에 귀 기울여 보자. 체크 리스트를 하나씩 정복하다 보면, '진짜 공부'로 단단히 무장한 자신을 만나게 될 것이다.

— 김명희 (하나고등학교 교사)

수능 만점자로 많은 방송에 출연했지만, 세 번의 수능을 치르며 겪었던 나의 수험 생활과 성적 급상승의 비결을 단 한 번도 이렇게 자세히 이야기한 적은 없었다. 하지만 수험생들이 조금이라도 시행착오와 아픔을 덜 겪기 바라는 저자의 진정성에 감동하여 내 수능 만점의 비결을 모두 털어놓았다. 모든 독자가 이 책과 함께 자신의 목표를 더 쉽고, 빠르게 이루길 바란다.

— 서유리 (서울대 경영학과 재학, 2016학년도 수능 만점, 서울대 전체 수석 입학)

저자와 인터뷰하면서 나도 미처 깨닫지 못하고 있었던 내 공부 비결의 본질을 알게 되었다. 『공부 마스터 플랜』을 읽고 나면, 중·고등학생 후배들이 수험 생활 동안 무엇을 어떻게 공부해야 할지 구체적인 방법은 물론 나도 '할 수 있다'라는 자신감을 얻을 수 있으리라 확신한다.

— 김예진 (서울대 법학전문대학원 재학, 서울대 경영학과 최우등 졸업)

이 책은 일반적인 공부법 책과 다르게 소위 '공부 마스터'들이 생각하는 가장 근본적인 공부 비결이 모두 담겨 있다. 성적 상승은 근본적인 사고방식과 생활 습관의 '작은 변화'로부터 시작된다. 이 책은 그 변화의 출발지에서부터 도착지까지 모든 과정을 수험생 후배들에게 친절히 안내해 줄 것이다.

— 남윤후 (서울대 의예과 재학, 서울대·연세대·고려대·가톨릭대·한양대 의예과 동시 합격)

현역 수능 실패와 수시 면접 탈락. 두 번의 실패를 겪으며 내가 깨달은 시험 대비의 핵심을 인터뷰에서 처음으로 이야기했다. 이 책을 통해 수험생 독자들이 나와 같은 실수를 하지 않고, 자신만의 간절한 목표를 반드시 이루기를 바란다.

— 정한슬 (서울대 경제학과 재학, 2017년 입법고시 수석, 행정고시 합격)

인터넷 검색만 해도 나오는 뻔한 이야기가 아니라서 좋았다. 서울대 형, 누나들에게 공짜로 일대일 학습 멘토링을 받은 기분이다.

— 김준석 (중2)

내가 게으르고 머리가 나빠서 공부를 못하는 줄 알았다. 근데 아니었다. 안 해도 될 것을 하느라 정작 해야 할 것을 놓치고 있었을 뿐이었다.

— 최진혁 (고2)

공부 자극과 공부 비결을 동시에 주는 책. 다 읽고 나니 '지금 하지 않으면 안된다'는 생각이 들었다.

— 한재선 (중3)

60가지 체크 리스트를 따라 하면, 원하는 대학 합격에 더욱 가까워질 것이라는 자신감이 생겼다. 하루에 하나씩 읽고 실천해 볼 생각이다.

— 유예림 (고3)

공부
마스터
플랜

서울대 100인이
매일 실천한 60가지
체크 리스트

| 조승우 지음 |

공부
마스터
플랜

포레스트북스

서울대 상위 1퍼센트가
매일 꾸준히 실천한 것들

나는 서울대학교에 진학 후 두 권의 책을 내면서, 공부 멘토로서 전국의 수많은 중·고등학생을 만났고, 그만큼 많은 학부모님을 만났다. 나와 상담한 학부모님들 중 대부분은 '아이가 공부를 안 해서 못하는 것'이라며 푸념했다. 그런데 막상 그 아이들과 이야기를 나누어 보면, 아이들은 '노력해도 공부를 못해서 안 하는 것'이라고 털어놨다. 이 과정에서 나는 한 가지 사실을 깨달았다. '세상에 공부를 못하고 싶은 아이는 없다는 것'이다.

어느 날 갑자기 잠재된 공부력이 폭발해 기적 같은 성적 상승을 이룬다면 정말 좋겠지만, 안타깝게도 그런 일이 일어날 확률은 무척 낮다. 공부를 잘한다는 것은 단순히 하나의 공부법이나 강한 의지, 엄청난 노력만으로 결정되지 않는다. 그래서 어렵고 힘든 것이며, 많은 사람이 시행착오와 좌절감을 겪는 것이다. 물론 모든 사람이 공부를 잘해야 한다거나, 명문대에 가야 한다고 생각하지는 않는다. 다만 과거의 내가 그랬던 것처럼, 공부를 정말 잘하고 싶은 사람들 혹은 공부로 인생을 역전해 보고 싶은 사람들이 포기하거나 실패하지 않고 원하는 목표 지점에 다다를 수 있도록 도와주고 싶었다.

그렇다면 어떻게 도와줄 수 있을까? 나는 그 방법을 찾기 위해, 서울대학교에 재학 중이거나 졸업한 사람들을 직접 찾아가 만나 보았다. 그중에서도 수능 만점, 내신 올 1등급, 의대 입시 5관왕, 학생부 종합전형 4관왕 등 '입시 공부'에 있어서 매우 뛰어난 성과를 거둔 이들을 최종 인터뷰이로 선정했다. 이들은 고등학교 시절 터득한 자신만의 목표와 원칙, 전략으로 대학 진학 이후에도 고시 수석 합격 및 2관왕, 국립 외교원 합격, 의학전문대학원 입시 4관왕, 서울대 로스쿨 합격, 변리사 및 공인회계사 합격 등 전공 분야에서 최고의 성과를 거두기도 했다.

나는 그들에게 공부를 잘하게 된 계기와 성적을 올린 비결에 대해 아주 세세하게 물었다. 그렇게 수십 명을 인터뷰하다 보니, 이들이 말하는 '핵심 비결'에는 공통적인 패턴이 있다는 사실을 발견했다. 그것은 "교과서 위주로 공부했어요", "노트 필기는 반드시 세

가지 색상의 펜으로 해야 합니다", "공부할 때 음악을 듣지 말아야 합니다"와 같은 뻔한 이야기가 아니었다.

실제 이들의 수험 생활은 평범한 학생들과 크게 다르지 않았다. 다만 '조금' 다르게 생각하고, '조금' 다르게 생활하고, '조금' 다르게 실천했다. 그 '조금'의 차이가 꾸준히 반복해 쌓이면서 끝내 좋은 성과로 이어진 것이다. 그 '조금'의 차이를 좀 더 구체적으로 설명해 보면, 그들은 목표를 제대로 세울 줄 알고, 그 목표가 자신에게 왜 중요한지 명확히 알고 있었다. 계획을 작게 나누고 공부의 우선순위를 둘 줄 알며, 계획이 틀어질 것을 대비해 항상 플랜B를 준비했다. 주어진 시간을 효율적으로 쓰기 위한 '가성비 높은 공부 전략'을 가지고 있었으며, '더 나은 방법은 없는지'를 꾸준히 되물었다. 또한 자기 자신을 어떻게 컨트롤해야 하는지 알고, 실패의 요인을 철저히 분석해 다음의 기회를 놓치지 않았다.

나는 이들의 근본적인 사고방식과 생활 습관, 전략 등에서 발견한 공통점들을, 공부 성과를 내는 가장 근본적인 설계이자 밑바탕이 되는 계획이라는 의미에서, '공부 마스터 플랜'이라고 부르기로 했다. 그리고 이 공통적인 패턴을 터득하고, 자신만의 구체적인 실천으로 바꿔 끝내 기적 같은 성과를 거둔 그들을 '공부 마스터'라고 부르기로 했다.

#WHY #목표 중심적 사고 #가성비 #컨트롤 #피드백 #비전

서울대 공부 마스터 100인에게서 찾은 '공부 마스터 플랜'은 이 6가지 키워드로 정리할 수 있다. 이것은 공부 마스터들에게서 찾아낸 가장 핵심적인 본질이다. 그리고 이 책은 위 6가지 본질을 독자들이 가장 필요한 곳에서, 가장 도움이 되는 방식으로 얻을 수 있도록 서울대 공부 마스터들의 다양한 스토리를 토대로 하여, 가장 구체적이고 명료한 '체크 리스트'로 풀어냈다. 이 체크 리스트들은 서울대 공부 마스터 100인을 설문 조사 및 심층 인터뷰하며, 그들이 꾸준히 실천했다고 말한 습관들을 분류·분석하여 도출해 낸 가장 핵심적인 것들이다. 이 체크 리스트들은 여러분이 성적을 올리기 위해 당장 오늘 하루를 어떻게 채워 나가야 하는지 알려 주는 훌륭한 나침반이 되어 줄 것이다.

• 서울대 공부 마스터들에게 직접 물어보세요!

'공마플' 온라인 카페에 방문하시면 공부 마스터들에게 궁금한 것을 직접 질문하실 수 있습니다. 또한 2019학년도 서울대 합격자들의 생생한 합격 수기도 만나 보세요. (공마플 카페: cafe.naver.com/gongmapl)

• 서울대 공부 마스터들의 실제 모습이 궁금하다면?

유튜브와 페이스북, 팟캐스트에 '공마플'을 검색해 보세요. 『공부 마스터 플랜』에 수록된 공부 마스터들의 실제 인터뷰를 보실 수 있습니다.

CONTENTS

CHAPTER 01

공부 마스터들의 첫 번째 비밀 _ #WHY
'어떻게'보다 '왜'를 먼저 생각한다

CHAPTER 02

공부 마스터들의 두 번째 비밀 _ #목표 중심적 사고

이길 수밖에 없는 전략을 세운다

CHAPTER
04

공부 마스터들의 네 번째 비밀 _ #컨트롤
몰입을 꾸준히 지속할 수 있다

CHAPTER 05

공부 마스터들의 다섯 번째 비밀 _ #피드백
작은 디테일이라도 놓치지 않는다

STUDY MASTER PLAN

01

공부 마스터들의
첫 번째 비밀
_ #WHY

'어떻게'보다 '왜'를 먼저 생각한다

실패하는 사람들의 90퍼센트는
정말로 패배하는 것이 아니라
포기하는 것이다.

무엇이 전교 꼴등을
서울대로 이끌었나?

송시복 마스터는 SBS 프로그램 「생활의 달인」에서 전교 435등에서 서울대학교에 입학한 사연이 소개되어 많은 사람의 관심을 받았다. 방송 이후 사람들은 '인간 승리'에 가까운 그의 스토리에 크게 감동했다.

송시복 마스터는 학창 시절 전교 꼴찌와 전교 1등을 모두 경험했다. 그의 중학교 시절 성적은 전교 250명 중에서 250등으로 말 그대로 전교 꼴찌, 고등학교 1학년 때는 508명 가운데 435등이었다. 누가 봐도 복구가 불가능할 것처럼 보이는 성적이었다. 게다가 그의 집은 다섯 식구가 원룸에서 지내야만 할 정도로 가난했다. 성과를 거두기에 그는 여러모로 최악의 조건에 처해 있었다.

하지만 그는 1학년 때 평균 내신 6등급에서 3학년 1학기 전 과목 올 1등급으로 성적을 끌어올렸다. 더불어 1학년 때 평균 모의고사 7등급의 성적을 수능에서는 400점 만점에 390점으로 올렸다. 그렇게 그는 2년 만에 전교 꼴찌에서 서울내학교 합격이라는 기적과도 같은 발전을 이뤄 냈다. 악조건 속에서도 이 같은 성적 급상승을 이뤄 낼 수 있었던 이유는 무엇일까? 송시복 마스터는 이렇게 답했다.

"공부를 열심히 한 이유는, 공부는 재능으로 하는 게 아니라는 걸 스스로 보여 주고 싶었습니다. 경제적 어려움에 처해도 의지만 있으면 할 수 있다는 걸 증명하고 싶었어요. 공부는 타고난 능력이나 자질에 따라 좌우된다는 말을 절대 인정하지 마세요. 생각을 바꿔서 아무리 불리한 환경이라도 열심히 한다면 성공할 수 있다는 각오를 가져야 합니다."

내 인생에 공부란 없을 줄 알았다

송시복 마스터는 중학교 때 말 그대로 전교 꼴찌였고 불우한 집안 환경에 방황도 많이 했다. 술, 담배를 하는 친구들과 어울리며 가출을 해서 한 달 동안 친구 집을 전전하기도 했다. 용돈을 마련하기 위해 새벽에 택배 상하차 아르바이트도 몇 달씩 했다. 그러던 중 어머니, 여동생과 우연히 은행을 갔다. 그런데 여동생이 엄마의 통장을 보고 "오빠, 우리 집에 돈이 '0원'이래"라고 장난치듯 말했지만, 처음으로 큰 충격을 받았다. 그때가 중학교 3학년에 올라가는 겨울이었다.

그날 이후 어려운 가정 형편에 도움이 되어야겠다는 생각으로 조기 취업을 결심했다. 그러기 위해서는 전문계 고등학교에 진학해야 했는데, 당시 성적은 상위 98퍼센트로 학교에 제대로 출석만 하면 나오는 백분위였다. 최소한 85퍼센트는 되어야 취업이 가능한 고등학교에 진학할 수 있다는 선생님의 말을 듣고, 그제야 정신을 차리고 처음으로 공부를 시작했다. 하지만 공부를 제대로 해 본 적이 없던 그에게 중학교 3학년 교과 과정은 너무나도 장벽이 높았다. 믿기지 않겠지만 중학교 3학년 당시 그의 영어 수준은 겨우 알파벳을 아는 정도였고, 수학은 사칙 연산 정도만 할 줄 알았다. 결국 국영수 같은 주요 과목은 포기하고, 기초 없이도 시작할 수 있는 암기 과목인 한국사와 세계사에만 집중하기로 했다.

공부를 해 본 적이 없는 터라 공부법 또한 '백지' 상태였다. 어떻게 시작해야 할지를 몰라 고민한 끝에 결국 따라 쓰기 전략을 선택했다. A4 이면지를 모아서 교과서를 무작정 베껴 쓰기 시작했다. 그렇게 외울 때까지 쓰고 또 쓰다 보니, 똑같은 내용을 무려 50번 넘게 따라 썼다. 그 덕분에 암기 과목에서 성적이 조금씩 올랐고,

그렇게 1~2학년 때 상위 98퍼센트의 성적에서 졸업할 때는 상위 83퍼센트까지 성적을 올렸다.

사실 이때까지만 해도 송시복 마스터의 계획은 여전히 전문계 고등학교 진학이었다. 하지만 치열하게 노력하는 그의 모습을 지켜 본 담임 선생님은 인문계 고등학교 진학을 권유했고, 대구에 있는 한 일반고에 간신히 턱걸이로 진학했다. 이 과정에서 그는 담임 선생님의 모습을 보며 '나도 다른 사람에게 꿈을 심어 주는 교사가 돼야겠다'고 생각했고, 그것은 곧 공부하는 이유가 되었다.

지금까지 부족했던 공부를 고등학교에 올라가기 전 만회하기 위해서 겨울 방학 동안 매일 새벽 2시까지 공부하고, 아침 6시에 일어나 다시 공부했다. 정확히 18시간을 매일같이 공부했다. 중학교 1~3학년 교과서를 사서 한 권씩 공부를 해 나가기 시작했다. 국어의 경우 글을 읽는 습관이 되어 있지 않아서 최대한 모의고사 지문을 읽으며 감을 잡기 위해 노력했다. 푸는 문제마다 거의 대부분 틀렸지만, 언젠가는 맞는 문제가 틀린 문제보다 많아질 거라고 믿으며 틀리더라도 계속 읽어 나갔다. 영어도 먼저 단어부터 무턱대고 외우기 시작했다. 그는 당시 공부 과정에 대해 이렇게 말한다.

"시행착오를 엄청 많이 겪었습니다. 영어 단어를 그냥 막무가내 식으로 암기하고, 같은 단어를 반복해서 써 가며 할 수 있는 방법을 다 시도해 봤어요. 결국은 어원을 정리한 표를 만들어서 외우는 게 가장 효율적이라는 걸 알게 되었죠. 그렇게 월요일에 단어 120개를 외우고 화요일에 스스로 시험을 보며 수요일에 다시 외웠습니다. 월, 수, 금, 일 이렇게 네 번을 똑같은 단어를 보니까 조금씩 암기가 되기 시작했습니다."

늦었다고 생각이 들 때는 진짜 늦었다

고등학교에 올라와서 송시복 마스터는 다시 한 번 엄청난 충격을 받았다. 꽤 많은 친구가 고등학교 2학년 교과 과정을 이미 공부해 놓았고, 심지어 일부는 고3 내용까지 선행 학습을 한 상태였다.

"사실 열심히 공부했지만 여전히 이해타산 같은 단어의 뜻조차 모르는 상태였어요. 국어 모의고사를 보는데 거기서 과학 지문이 나온다는 것에 문화 충격을 받았습니다. 아무리 공부를 해도 성적이 오르지 않았습니다. 모의고사를 봐도 6~7등급을 벗어날 수 없었습니다."

3개월 동안 매일 18시간씩 공부를 했지만 성적이 오르지 않았다. 정말 공부에 소질이 없는 건가 의심할 수밖에 없었다. 엎친 데 덮친 격으로 당시 어머니가 하던 분식집이 하필 송시복 마스터가 다니던 학교 앞으로 이전했다. 친구들도 그 사실을 알게 되었다. 그가 조금이라도 비싸 보이는 점퍼를 입고 학교에 가면 어떤 친구는 "저 옷 사려면 쟤네 엄마는 김밥을 몇 줄 싸야 되는 거냐"며 비아냥댔다. 더구나 성적이 오르지 않는 것도 "쟤는 저렇게 노력하는데 성적은 왜 그 모양이냐, 역시 공부는 재능으로 하는 거지"라고 말하면서 그의 가슴에 상처를 냈다. 하지만 그런 말을 들을수록 오히려 간절해졌고, 그렇게 그에게는 세 가지 목표가 생겼다.

"첫 번째는 서울대학교에 가서 그 친구들에게 너희 말이 틀렸다는 걸 보여 주는 거였어요. 두 번째는 학교에서 학기마다 전교생 앞에서 성적 우수 장학금 시상을 하는데, 꼭 그걸 내가 받겠다고 생각했죠. 그래서 그 친구들에게 내가 옳았다는 것을 보여 주겠다고 다짐했습니다. 마지막 세 번째는 1학년 때 내신이 6등급이었는데, 반드시 수시로 서울대학교에 가서 1학년 때 많이 부족했더라도 열심히 공부한다면 결국 성공한다는 걸 보여 주고 싶었어요. 집이 좀 못살고 공부를 못해도, 머리가 좋지 않아도 노력한다면 반드시 해낼 수 있다는 걸 보여 주고 싶었습니다."

목표가 생기자 공부에 대한 간절함은 두 배가 되었고 노력은 세 배가 되었다. 학원이나 독서실에 갈 돈이 없었기 때문에 그가 유일하게 공부할 수 있는 곳은 학교뿐이었다. 밤 11시까지 야간 자율학습이 끝나면 학교도 문을 닫았다. 하지만 늘 공부할 분량은 남아 있었고 어떻게든 공부를 해야 했다.

"경비 아저씨랑 싸워 가며 학교에 더 남아서 할 때도 있고 어쩔

수 없이 다른 곳으로 가기도 했죠. 그러면 근처 롯데리아나 편의점에서 500원짜리 아이스크림 하나 사다 놓고 그 자리에서 공부했습니다. 밤이 되면 특히 취객이 몰려와서 시끄럽고 공부하기가 어려웠지만 다른 방법이 없었어요. 하지만 오히려 그게 나중에 교실에서 다른 친구들이 떠들어도 묵묵히 공부할 수 있는 발판이 되었습니다."

물론 잠자는 시간을 줄이거나 끼니를 걸러 가면서까지 공부하라는 것은 절대 아니다. 송시복 마스터의 사례에서 주목해야 할 것은 간절함을 실천으로 옮기는 우직함이다. 간절하다면 실천해야 한다. 아무리 불가능한 상황이라도 결국 성과는 처한 환경에 굴복하지 않고 마음먹기에 따라 달라질 수 있다는 진부한 공식이 틀리지 않음을 보여 주고 있다.

"저는 늦었다고 생각할 때는 진짜 늦었다고 생각합니다. 그렇다면 정말 더 죽어라 노력해야죠. 늦었더라도 포기하지 않고 남보다 훨씬 더 열심히 공부하면 충분히 할 수 있습니다."

열등감을 극복하고 활용하는 법

"저의 가장 큰 강점은 열등감입니다. 다른 친구가 좋은 학원을 다니고 과외를 받으며, 인강이나 좋은 문제집을 마음껏 사는 게 너무 부러웠습니다. 그 친구들한테는 너무도 당연한 거지만 저에게는 그림의 떡이었죠. 그렇다고 스스로를 흙수저라고 모든 걸 비관하며 보는 건 별로 도움이 되지 않았어요. 오히려 쟤네는 저렇게 편하게 공부하지만, 나는 이런 상황에서도 더 나은 성과를 낸다면 훗날 어떤 일을 하더라도 잘 해낼 것이라고 생각했습니다."

송시복 마스터는 열등감을 느낄 수밖에 없는 상황을 있는 그대로 받아들였다. 하지만 그 차이를 자신의 노력으로 보완해 나갔다. 그는 "머리 좋은 친구들이랑 같이 놀면 나만 망한다"는 수험생들 사이의 우스갯소리가 정말 와 닿았다고 말한다.

"저는 머리가 좋지 않았습니다. 한국사나 세계사를 친구들이 2시간 만에 외우는 걸 전 이틀이나 걸렸습니다. 수업 시간에 선생님이 어려운 수학 문제를 설명해 주면 몇몇 친구는 바로 이해하는데, 저는 수업이 끝나고 2시간이 넘게 고민해야 이해할 수 있었죠."

그는 남들보다 더 오랜 시간 공부를 해야 한다는 사실을 담담히 받아들였고, 열등감을 극복해 오히려 성장의 발판으로 활용했다.

그렇게 포기하지 않고 꾸준히 하다 보니 조금씩 성적이 오르기 시작했다. 1학년 때 모의고사 평균 6등급대에 머물렀던 그의 성적이 고등학교 2학년 3월 모의고사에서는 평균 3등급 정도로 올랐다. 하지만 가파르게 오르기만 하던 성적이 어느 날 갑자기 다시 떨어졌다. 내신 공부를 하며 모의고사 공부를 소홀히 하다 보니 6월 모의고사 성적이 3월에 비해 다시 30점이 떨어졌다. 그러나 늘 그랬듯 좌절하지 않았다. 오히려 그때부터 아예 모의고사 풀이 감각이 몸에 배도록 해야겠다고 결심했다. 그렇게 6월 모의고사가 끝나고 9월 모의고사 때까지 매일 모의고사 문제집을 풀었다.

"국어-영어, 영어-수학, 국어-수학 이런 식의 조합으로 1주일 내내 모의고사 문제를 풀었습니다. 방학 때 수업을 안 하니까 낮에는 개념 공부를 하고, 밤에는 매일 모의고사를 돌렸습니다. 새벽에는 풀었던 문제를 다시 분석했습니다."

그렇게 끊임없이 실전 감각을 키워 나간 덕분에 드디어 9월 모의고사에서 대박을 터뜨렸다. 360점대 성적을 3개월 만에 끌어올려 400점 만점에 393점을 기록했다. 더불어 내신 성적도 모의고사 성적만큼이나 올랐다. 1학년 때 내신 성석은 6등급에 불과했지만, 2학년 때부터 공부 방법을 바꾼 덕분이었다.

"1학년 때 내신 기간에는 계획을 하나도 안 짜고 오늘은 국어, 내일은 수학, 이런 식으로 하다 보니 결국은 공부를 해도 다 잊어버렸죠. 그래서 2학년 때부터는 매일 모든 주요 과목을 공부했습니다. 매일 두 쪽씩 전 과목을 한 노트에 정리하고 그걸 매일 갖고 다니면서 읽었습니다. 이렇게 비중을 균등하게 두고 공부를 하다 보니 2학년 때부터는 평균 1등급대로 오르기 시작했고, 고3 때는 결국 올 1등급을 받을 수 있었습니다."

불리한 상황을
기회로 바꾼다

송시복 마스터는 이 같은 장족의 발전을 이루는 데 가장 중요한 것은 아무리 불리한 상황일지라도 관점을 바꿔 주어진 기회를 최대한 활용하는 것이라고 말한다.

"저는 EBS, 학교 선생님 그리고 동아리를 최대한 활용했습니다. 예를 들어 당시 문예부 활동을 했는데, 거기에는 선생님들이 다 보고 난 교사용 지도서를 쌓아 놓았어요. 당시 문제집을 살 돈이 없던 차에 미리 양해를 구해서 그 책들을 가져다가 공부했죠. 그러다 보니 선생님들도 뭘 할 때마다 최대한 도와주려고 했습니다."

실제로 1학년 때 불리한 성적에도 송시복 마스터는 마침내 학생부 종합전형을 통해 서울대학교에 합격했다. 그뿐만 아니라 고려대학교, 연세대학교, 경북대학교, 한국교원대학교 학생부 종합전형에서도 모두 서류 전형을 통과했다. 공부를 하느라 비교과 활동을 거의 하지 않았음에도 그가 이런 성과를 거둘 수 있었던 것은 수업 시간 내외로 형성된 선생님들과의 좋은 관계였다. 선생님들은 어떻게든 그의 세부 특기 사항을 부각시키려고 노력했다.

"수업을 열심히 듣고 노력하다 보니 2~3학년 때는 선생님들이 학교생활 기록부를 알아서 너무 잘 적어 주었습니다. 보통 친구들을 보면 수업에는 집중하지 않고 외부 활동으로 생기부를 채우는 데, 저는 학교 수업 시간이나 학교 안에서 활동에 집중하면 그건 저절로 따라오는 것이라고 생각합니다. 학교생활에 충실하면 비교과 활동은 따라오는 것이죠."

물론 그와 환경도 다르고 목표도 다르기 때문에 모든 사람이 똑같이 시간을 보낼 수는 없다. 하지만 송시복 마스터의 사례는 적어도 공부에서 원하는 성과를 얻기 위해 진짜 중요한 것이 무엇인지를 보여 주고 있다. 그러니 자신에게 매일같이 묻고 또 물어야 한다. 스스로 얼마만큼의 간절함을 갖고 실천하고 있는지를.

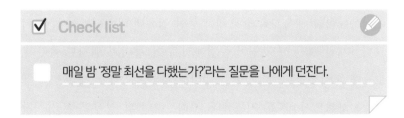

☑ Check list

☐ 매일 밤 '정말 최선을 다했는가?'라는 질문을 나에게 던진다.

4개월 만에 성적 백분위
60퍼센트를 끌어올리다

"축구공은 둥글다." 독일 축구 선수 출신의 전설적인 감독 제프 헤어베어거의 명언이다. 축구에서 '경기가 끝날 때까지 승부는 아무도 알 수 없다'는 뜻으로 자주 사용된다. 지난 2018년 6월 월드컵에서 국제축구연맹FIFA 세계 랭킹 57위였던 우리나라가 세계 랭킹 1위인 독일을 이겼던 것처럼 어떤 승부도 진짜 끝날 때까지는 끝난 게아니다.

서울대학교 체육교육과에 재학 중인 임윤택 마스터는 수능을 치르기 4개월 전만 해도 영어 문법에서 주어, 동사가 뭔지도 몰랐다. 고3 때 혹시 모를 대학 진학에 대비해 치른 수능에서 상위 97퍼센트, 즉 하위 3퍼센트를 기록했다. 그리고 2년 뒤, 공부를 처음 시작한 지 4개월 만에 상위 33퍼센트의 성적을 거뒀다. 비록 그가 다른 마스터처럼 최상위권의 성적은 아니지만, 그는 4개월 만에 백분위를 60퍼센트 이상 끌어올릴 정도로 단기간에 기적 같은 성과를 이뤄 냈다. 그렇게 그는 서울대학교 체육교육과 수시 일반전형에 합격했다.

영문법의 주어 동사도 모르던 축구부

임윤택 마스터는 20세 때까지만 해도 촉망받는 축구 유망주였다. 초등학교 4학년 때부터 축구를 시작해서 U-13, U-15 청소년 국가대표를 거쳤고, 고교 시절 주전 윙 공격수로 각종 대회의 우승컵을 모교의 품에 안겼다. 그의 눈부신 활약에 포르투갈, 독일, 프랑스 등 유수의 유럽 구단을 비롯해 한국 K리그에서도 각종 러브콜이 쏟아졌다. 프랑스 한 구단의 입단 테스트 때, 세계적인 스타 선수 야야 투레를 발굴한 에이전트의 눈에 띄어 입단 테스트도 없이 벨기에 프로리그에 입성했다.

하지만 언제부터인지 축구에 대한 열정이 조금식 식어 가기 시작했다. "초등학교 2학년 때인 2002년 한일 월드컵을 보고 처음으로 저걸 꼭 해 보고 싶다는 뜨거운 느낌을 받았어요. 그때의 느낌이 운동하면서 힘든 시간을 버티게 해 준 원동력이었어요. 그런데 데뷔전을 치르고 시즌이 지나면서 점점 '이게 내가 원했던 꿈이 맞나' 하는 회의감이 들었어요. 어느새 축구를 해 나갈 원동력이 마음속에서 식이 버린 거죠."

그렇게 임윤택 마스터는 5월 시즌이 끝난 뒤 한국으로 돌아왔다. 축구라는 울타리를 벗어나 다양한 사람을 만나고 싶다는 생각이 들었다. 그래서 고민한 끝에 대학에 가기로 결심했다. "정확히 7월 1일 재수 학원 반수 반에 가서 공부를 시작했습니다. 하지만 수시에 지원하는 대학마다 모두 떨어졌어요. 전문대만 3~4개 넣었는데 모두 떨어졌어요."

공부를 시작할 때 처음 목표는 그렇게 높지 않았지만 막상 떨어지고 나니 운동을 했던 경험 때문인지 승부욕이 발동했다. 당시 다니던 학원에는 서울대학교 체육교육과 진학을 준비하던 형이 있었다. 그 형은 임윤택 마스터에게 서울대학교에 도전해 볼 만한 전형이 있다고 알려 주었다. 다만 조건이 있었다. 바로 수능에서 2개 과목에서 4등급 이상의 성적을 거두는 것이었다.

그때가 이미 9월이었다. 수능은 70일가량 남았고 그해 치른 9월 모의고사에서 그는 평균 7~8등급에 가까운 성적을 받았다. 학원 선생님들은 서울대학교 진학은 결코 불가능하다고 말했다. 시간이 없었다. 국어, 영어, 한국사 그리고 생활과 윤리 4개 과목을 준비하기 시작했다.

모르는 게 있으면
끈질기게 물어본다

오랜 기간 운동만 하고 공부라고는 해 본 적이 없는 임윤택 마스터에게 현실의 벽은 높았다. 공부를 시작하고서 뭘 어떻게 공부해야 하는지를 물어보면 돌아오는 대답은 중요한 걸 공부해야 한다는 것이었다. 하지만 그는 정작 뭐가 중요한지를 아예 몰랐다. 그에게 돌아오는 건 '22세인데, 왜 이렇게 무식해'라는 무시와 편잔뿐이었다.

앞서 말했듯 처음엔 영어 문장의 주어, 동사가 뭔지도 모를 만큼 모든 과목에서 기초가 말 그대로 아예 없었다. 영어 단어를 외우는 방법에 대해 물으니, 선생님은 단어를 입으로 소리 내어 읽으면서 외우라고 했다. 하지만 그는 단어 발음기호를 읽는 법조차 몰라 단어를 읽을 수가 없었다. 20년간 한길만 파온 운동선수로서는 어찌 보면 당연한 일이었다. 그는 포기하지 않고 모르는 게 있을 때마다 학원 선생님들을 부지런히 찾아다니기 시작했다.

"뻔뻔하게 느껴질 정도로 질문을 했죠. 심지어는 화장실까지 찾아가서 선생님에게 하나하나 물어보기 시작했습니다."

오전 9시부터 12시까지, 점심을 먹고 다시 오후 1시부터 3시까지 학원 수업이 진행되었다. 임윤택 마스터는 대부분의 수업 시간에 교실 맨 뒤에 선 채로 수업을 들었다. "오랫동안 운동을 했던 터라 앉아 있는 것조차 훈련되어 있지 않아서 차라리 그럴 바엔 서서 듣는 게 나았죠."

수업을 듣고 나면 거의 모든 쉬는 시간에 질문을 하러 선생님들을 쫓아다녔나. 모르는 게 너무 많아 혼자서 공부를 하고 나면 20개가 넘는 질문이 쌓여 있었다. 질문들이 해결되지 않으면 다음 진도를 나갈 수가 없었다. 그럴 때마다 그는 질문들을 들고 가서 모르는 것이 해결될 때까지 선생님을 붙잡고 물었다. 그는 그렇게 꼬박 4개월을 찾아다녔다고 했다. 모르는 것을 하나씩 해소하다 보니, 점점 보이지 않던 것이 보이기 시작했다. 무엇이 중요한지, 어떻게 글을 읽어야 하는지 조금씩 감이 잡히기 시작했다.

"공부를 하면서 축구할 때의 경험이 많이 도움되었던 건, 정해진 목표로 가는 길에 가장 빨리 도달하기 위해서라면 별로 개의치 않고 다른 사람에게 도움을 요청했던 것입니다."

임윤택 마스터는 어린 시절부터 축구선수치고 크지 않은 체구 때문에 상대의 힘에 밀리기 십상이었다. 하지만 그럴수록 그는 더 적극적으로 수비수와 부딪치고 깨지는 등 거친 플레이를 마다하지 않았다. 특히 유럽에서 입단 테스트를 마치고 함께 훈련을 할 때면 어김없이 유럽 선수들은 낯선 이방인인 그에게 패스해 주지 않았다. 그럴 때 다른 선수에게 욕도 하고, 감독에게 자신은 늘 준비되어 있다는 점을 어필하면서 자신의 정당한 기회를 놓치지 않았다.

이때의 경험 덕분에 임윤택 마스터는 모르는 것이나 부족한 것을 부끄러워하지 않고 오히려 더 적극적으로 그것을 채우기 위해 주변의 모든 자원을 활용했다.

"내가 너무 간절하면 두려울지라도 부딪치고 어떻게든 해 보게 되어 있어요. 스스로 채울 수 없다면 다른 사람을 통해서라도 그 점을 보완해야 한다고 생각해요."

그렇게 임윤택 마스터는 약 4개월을 전후반 축구 경기처럼 쉼 없이 달렸다. 그리고 결국 마지막 역전골을 넣는 데 성공했다. 그해 수능에서 국어와 영어에서 4등급을 거뒀다. 누구도 예상치 못했던 일이었다.

"운동을 할 때 종종 사람들이 아침 일찍부터 밤늦게까지 훈련을 하는 걸 보고 컨디션이 나빠지는 게 아니냐고 물었어요. 하지만 저는 아무리 컨디션이 좋다 한들, 기본 실력이 없으면 안 된다고 생각합니다. 운동을 할 때나 공부를 할 때도 컨디션이 아니라 실력이 없고 모르는 게 문제라면 우선 역량부터 최대한으로 끌어올리는 데 집중해야 합니다. 성장해야 할 시간은 많기 때문에 노력은 쉬지 않고 꾸준히 해야 합니다. 기본 역량이 부족하다면, 먼저 절대적인 노력의 양을 늘려야 합니다. 특히 뭔가를 처음 시작한다면, 무엇보다 절대적으로 엄청난 노력을 하는 게 제일 중요합니다."

내가 만난 마스터들 중에는 어떤 마스터도 자신의 노력이나 실력 이상의 요행을 바라며 시험을 준비한 이는 없다. 열심히 하는 것보다 더 중요한 것이 있지만, 그 모든 것의 기본은 최선을 다하는 것이다. 자신의 목표를 간절히 이루고 싶다면 스스로 물어야 한다. 내가 목표에 부끄럽지 않을 만큼 노력하고 있는지를 말이다. 그리고 만약 모르는 게 있고 부족한 게 있다면 두려워하지 말고 도움을 구하자. '하늘은 스스로 돕는 자를 돕는다' 했던가. 묻고 또 묻는다면, 하늘뿐 아니라 세상 모든 이가 당신의 성장을 도울 것이다.

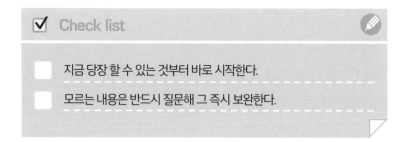

☑ Check list

☐ 지금 당장 할 수 있는 것부터 바로 시작한다.

☐ 모르는 내용은 반드시 질문해 그 즉시 보완한다.

내가 이 문턱을
넘어야만 했던 이유

2018년 8월의 어느 날, 며칠 뒤 열리는 서울대학교 후기 졸업식에 같은 반 동기가 졸업생 대표 연설자로 나선다는 소식을 들었다. 처음엔 막연히 '성적이 정말 좋았나 보다' 하고 생각했다. 하지만 얼마 후 보도된 신문 기사를 통해 친구의 이야기를 접할 수 있었다.

저는 미혼모의 아들, 기초 생활 수급자였습니다. 유복한 환경에서 자란 친구들과 다르다는 사실이 늘 저를 괴롭혔습니다. 하지만 대학에서 공부하고 봉사하며 제가 비정상이 아니라는 사실을 깨달았습니다. 많은 분의 도움으로 행복하게 졸업하게 됐습니다. 정말 고맙습니다.

― 졸업식 연설문 중에서

서울대학교 경제학부를 졸업한 박성태 마스터의 이야기다. 그는 어린 시절의 어려움을 극복하고 사회과학대학을 수석으로 졸업해 현재는 우리나라 최대의 모 대기업에 근무하고 있다. 힘든 환경을 이겨 낼 수 있었던 비결을 묻자 그는 이렇게 말했다. "사소한 성취에서도 믿음을 갖는 경험이 중요합니다. 그게 누적되었을 때 더 큰 것을 이뤄 낼 수 있다는 믿음이 생깁니다."

나에게 주어진
유일한 탈출구

박성태 마스터의 어머니는 어릴 적 경북 영주에서 여인숙을 운영했다. 아버지는 다른 지역에서 일한다는 얘기만 듣고 자랐다. 그러던 중 초등학교 2학년 때 학교에서 '나의 뿌리 찾기'라는 숙제가 나왔고, 그는 자신의 호적등본을 처음 떼어 봤다. 그는 아버지의 호적에 혼외자로 올라가 있었다. 그때 처음으로 자신이 미혼모의 아들이라는 것을 알게 되었다. 그 사실을 안 뒤 아버지와는 인연을 끊었다. 다행히 그때까지만 해도 어머니 사업이 원만하게 운영되고 있었다.

그러나 고등학교 입학 후 어머니의 무리한 사업 확장으로 인해 사업이 실패하자 집이 빚더미 위에 올랐다. 연로한 어머니는 빚을

갚을 여력이 없었다. 기초 생활 수급자로 정부 보조금을 받고 싶어도 호적상 어머니와 가족이 아니라는 이유로 지원을 받지 못했다. 중학교를 졸업하고 그는 지역의 인문계 고등학교에 진학했다. 어려운 가정 형편으로 그는 학원을 전혀 다닐 수가 없었다. 혼자 책을 보며 모르는 부분을 채우거나 학교 선생님에게 질문하며 부족한 점을 보충했다. 그는 가난에 시달리고 어려운 생활을 하면서 꼭 좋은 대학에 가겠다고 결심했다.

"다른 친구는 좋은 대학을 가려고 하는 이유가 꿈을 이루고 더 큰 사람이 되는 거였어요. 하지만 저는 좋은 대학을 못 가면 더 이상 이 환경에서 벗어날 가능성이 없다고 생각했어요. 그래서 더 악착같이 해야겠다고 생각했죠."

박성태 마스터는 서울대학교에 들어가겠다는 목표를 세웠고 내신 성적이 합격을 좌우하는 지역균형 선발전형에 도전해 보기로 마음먹었다. 하지만 그의 모교는 총 학급이 4개밖에 되지 않은 시골의 평범한 학교였고, 인원이 적어 높은 내신 등급을 받기 어렵다 보니 그때까지 서울대학교 지역균형 선발전형으로 합격한 사례가 없었다. 게다가 그를 둘러싼 여러 환경 때문에 목표에 온전히 집중하는 것조차 쉽지 않았다.

"공부에만 집중하기도 벅찬 상황에서, 가정 형편과 어머니까지 챙기며 하루하루를 버티기가 쉽지 않았어요. 또 영주시 인구수가 10만 명을 조금 넘는 정도밖에 안 되는 시골이다 보니 정보 측면에서도 많이 부족했죠. 고등학교 선생님들도 어떻게 도와줘야 할지 막막해했어요."

다행히 고등학교 경제 선생님의 도움으로 외부 재단을 통해 장학금을 받게 되었다. 또한 그의 사정을 잘 아는 친구들이 여러모로 학교생활 내내 큰 힘이 되어 주었다. 그럴수록 그는 더 악착같이 노력했다. "내신과 수능을 같이 챙기려고 하다 보니, 내신의 경우는 무조건 4주 전부터 공부를 시작했어요. 그 전에는 수업에 집중하기 위해 노력을 많이 했고요. 모든 과목을 반드시 세 번 이상 보고 시험장에 들어가자는 계획을 세웠습니다." 그렇게 그는 고등학교 3년 간 평균 내신 1.07 성적으로 졸업해 모교 최초로 서울대학교 지역 균형 선발전형 합격생이 되었다.

부정적인 생각과 멀어지기

고등학교 시절 한때 박성태 마스터는 갈수록 어려워지는 가정 형편에 고등학교를 중퇴하고 취직해 당장 돈을 벌어야 한다는 절망감에 빠졌다. 더구나 평범한 학창 시절을 보내는 주변 친구를 보면 서러움이 밀려올 때가 많았다. "고등학교 때 '쟤네는 저렇게 잘 살아서 원하는 진로를 정할 수 있는

데, 내가 할 수 있는 건 없는 게 아닌가' 하는 생각을 많이 했죠. 그래서 공부를 때려치우고 식당에 취직을 할까 생각도 했어요." 그러나 그때마다 그는 포기하지 않았다. 주어진 환경에 굴하지 않고 혼신의 힘을 쏟으며 스스로에 대한 믿음을 갖기 위해 노력했다.

"저는 어릴 적부터 부정적인 생각이 들 때가 많았습니다. 현실의 안 좋은 면들이 나를 가로막을 때가 있는데, 그때마다 내가 성취하고 이뤄 왔던 것에 대해 생각을 많이 했습니다. 그런 다음에는 앞으로 이룰 수 있는 것에 대해서 생각했습니다. 이뤘던 것으로부터는 성취감과 '할 수 있다'는 것을 깨닫고, 이루고 싶은 것에 대해서는 의지와 목표 의식을 다질 수 있었습니다."

그가 떠올렸던 성취들은 결코 거창한 것이 아니었다. "초등학교 때 그렇게 공부를 잘하는 편은 아니었는데, 우연히 교내 수학경시대회에 반 대표로 나가게 되었어요. 그때 처음으로 나도 잘하는 게 있구나 생각했습니다."

박성태 마스터는 공부 경험뿐만 아니라 어떤 영역이더라도 사소한 성취 경험은 다른 분야에 대한 자신감으로 이어진다고 말한다. "중학교 때 제가 그림을 되게 못 그렸어요. 그래서 그림 그리기 과제가 너무 싫었는데, 중학교 3학년 때 미술 선생님이 항상 저를 아껴 주었어요. 그래서 그분에게 보답하겠다는 마음으로 한번 열심히 해보자는 생각으로 1주일을 붙잡고 꼼꼼히 밑그림부터 그리기 시작했죠. 선생님이 제 그림을 칭찬했는데, 개인적으로는 그게 엄청난 성취였어요."

박성태 마스터는 힘든 순간이 찾아올 때마다 어린 시절 성취 경험들을 떠올렸다. 그럴 때마다 자신도 모르게 못하는 것들도 노력하면 해낼 수 있다는 자신감이 생겼나. 그 다음부터 그는 작고 사소하지만 뭔가를 성취했을 때, 그것을 의식적으로 기억하고 떠올리는 습관을 갖게 되었다. "부정적인 생각이 들 때도 이런 성취 경험을 떠올리다 보면 '나도 괜찮은 사람이구나' 하는 생각이 들었고, 이룰 수 있겠다는 믿음을 갖게 되었습니다."

하고 싶다,
할 수 있다!

대학에 와서도 박성태 마스터를 둘러싼 환경은 나아지지 않았다. 입학 후 처음 만난 대학교 동기들은 모두들 잘사는 것처럼 보였다. 그의 마음속에는 열등감과 상처가 다시 쌓여 가기 시작했다.

"대학교 첫 학기 때 공부를 하다가 동기한테 질문을 하나 했는데 '너는 공부도 안 하고 무임승차하려고 해?' 하며 답을 알려 주지 않았어요. 그게 상처였어요. 등록금을 내기도 어려워서 첫 두 달 동안 자퇴에 대해 진지하게 고민했어요."

다행히 그는 국가우수장학생으로 선정되어 4년 동안 등록금 걱정할 필요가 없게 되었다. 다시 기회가 온 것이 아닐까 하는 생각으로 공부를 시작했지만 가난은 여전히 그의 발목을 붙잡았다.

그러던 2013년 경북 영주에서 공익근무요원을 시작했다. 당시 그의 어머니는 100만 원이 안 되는 월급을 받으며 건물 청소 일을 했는데, 건강이 급격히 나빠져서 그마저도 어려워졌다. 한동안 서울에서 기숙사 생활을 하며 몰랐던 가난한 현실을 다시 처절하게 깨닫게 되었다. "당시 어머니와 단칸방에서 살았는데, 겨울에는 수도가 얼어서 씻지를 못했어요. 현실이 너무 암울해 죽고 싶다는 생각도 많이 했어요." 결국 생계 곤란으로 공익근무요원 소집이 해제되었지만 심각한 우울증이 찾아왔다. 그러나 그는 끝까지 희망을 잃지 않았다. 그 덕분일까. 주변 사람의 도움으로 정부 임대 아파트로 이사를 하게 되었고 정부보조금도 받게 되었다. 어머니도 국가에서 운영하는 사업을 통해 어린이집 청소 일을 시작했다.

"부정적인 생각이 들 때 제가 걸어온 길을 생각하며 긍정적인 생각으로 바꾸고자 노력했습니다." 그 힘든 순간들도 이겨 내고 성취를 이뤘던 과거 시절을 생각하며, 그는 다시 용기를 얻었다. 그가 지금까지 걸어온 길은 앞으로 걸어갈 길의 원동력이 되어 주었다.

덕분에 그는 대학 생활을 하는 동안 학업에 매진하면서 동시에 교내외 장학 프로그램을 이용해 네덜란드에 교환 학생, 홍콩에 방문 학생으로 다녀왔고 워싱턴과 오스트리아 등지에서 열린 각종 해외 프로그램에도 참가했다. 또한 봉사 활동도 게을리하지 않고 서울대학교 외국인 유학생 지원 단체 '스누버디'에서 활동하며 '베스트 버디(가장 좋은 친구)'로 뽑히기도 했다. 또한 공부방 선생님으로 관악구의 저소득층 가정 초등학생들을 가르치기도 하면서 자신이 받은 도움을 베풀고자 노력했다.

뭔가를 하는 데 필요한 동기에는 '하고 싶다'와 '할 수 있다' 두 가지가 있다. 사람은 할 수 있다는 마음이 선행될 때만 하고 싶다는 생각을 가진다. 가능성이 낮을지라도 무엇인가에 도전하기 위해서 할 수 있다는 마음가짐이 절대적으로 선행되어야 한다. 박성태 마스터는 누구보다 불우한 환경이었지만 할 수 있다는 믿음으로 그 어려움을 이겨 내고 뛰어난 성과를 거뒀다.

"정말 죽고 싶거나 사라지고 싶다는 생각이 들 만큼 힘든 순간이 많았지만, 그때마다 제가 이뤄 온 과거의 성취들을 떠올리고 미래의 성취를 계획했습니다. 그렇게 '내가 필요한 사람, 쓸모 있는 사람이구나' 하는 생각을 되새겼습니다. 할 수 있다는 마음만 있다면, 어떤 어려움도 극복할 수 있습니다."

그에게는 할 수 있다는 믿음이 있었고, 그 믿음은 사소하지만 작은 성공 경험을 통해 만들어질 수 있었다. 스스로에 대한 믿음은 죽을 듯한 어려움 속에서도 그의 길을 밝혀 주는 촛불이었다. 할 수 있다는 마음은 결코 남이 만들어 주는 것이 아니다. 오직 스스로 만들어 나가는 것이다.

많은 사람이 목표를 세우고 나면 아이러니하게도 그들은 '이걸 내가 해낼 수 있을까?' 하고 자신에 대한 의심으로 많은 에너지와 시간을 낭비한다. 어찌 보면 높기만 하던 어려운 문턱을 앞에 두고 두려움과 불안감이 드는 것은 당연할지도 모른다. 그럴 때마다 그저 할 수 있다는 공허한 외침을 넘어서 스스로 '내가 왜 이 문턱을 넘을 수밖에 없는가?'에 대한 근거를 만들어야 한다. 지금까지 내가 넘어 왔던 문턱들이 바로 지금 내 앞의 문턱을 넘을 수밖에 없다는 믿음의 근거가 된다. 그때도 그랬고 지금도 그렇다. 높기만 하던 문턱을 넘었듯, 지금 내 앞에 놓인 문턱도 결국은 넘을 수 있기 때문이다.

박성태 마스터에게 가장 최근에 이룬 성취 경험은 무엇이냐고 물었다. "예를 들어 여행을 간다 치면, 저는 여행 계획을 세우고 최대한 따르려고 한다는 점에서 스스로 유능하다고 생각해요. 계획을 합리적인 면에서 세울 수 있는 능력이 있는 거죠. 의미 없는 계획이 아니라 적당히 시간을 잘 보내면서 목표한 것을 이루는 그런 여행을 만들 수 있으니 저는 이런 점에서 유능하다고 생각해요."

이처럼 우리가 떠올려야 할 과거의 성취 경험이 결코 남이 봤을 때 거창하고 대단한 것이어야 할 필요는 없다. 정말 사소하고 작더라도 나에겐 넘기 어려운 문턱이었고 간절한 목표였다. 무엇이 되었든 노력해서 그걸 어떻게든 이뤄 냈다는 사실이 중요하다. 이를 통해 내가 얼마나 유능한 사람인지를 떠올리는 것이 중요하다. 우리 모두 스스로 생각하는 것보다 훨씬 유능한 사람이다. 하지만 그것을 기억하고 의식적으로 떠올리지 않을 뿐이다.

만약 내가 얼마나 유능한 사람인지를 스스로 떠올리기 어렵다면 자신의 유능함과 장점을 기억하고 떠올려 줄 수 있는 사람들 곁으로 가 보자. 그리고 그들의 이야기를 주의 깊게 들어 보자. 무엇보다 중요한 것은 모든 순간순간, 스스로를 믿는 것이다. 그러면 언젠가 그토록 높아 보이던 문턱을 넘어서 있을 것이다.

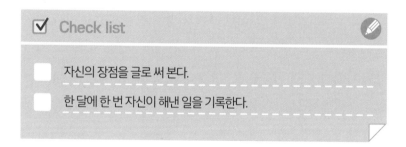

☑ Check list

☐ 자신의 장점을 글로 써 본다.

☐ 한 달에 한 번 자신이 해낸 일을 기록한다.

멘토와 라이벌은
최고의 공부 자극제

서울대학교 지리학과에 재학 중인 심용기 마스터는 중학교 시절 30명 중에 25등을 겨우 할 정도로 공부와는 거리가 멀었다. 고등학교에 전교 365명 중 뒤에서 4등이라는 성적으로 간신히 턱걸이로 진학했다. 고등학교 2학년 때까지도 공부와 담을 쌓고 살았다. 고등학교 2학년 말에 치른 모의고사에서 400점 만점에 200점 초반을 기록했다. 그랬던 김용기 마스터가 2학년 겨울 방학에 공부를 처음 시작해 3학년 수능 때 전 과목 평균 2등급을 기록했다. 하지만 재수를 결심해 그해 수능에서는 전 과목 1등급의 성적을 거둬 서울대학교 지리학과에 진학했다. 그의 기적 같은 성과의 비결을 묻자 그는 '멘토 그리고 라이벌' 덕분이라고 말했다.

쪽팔려서
시작한 공부

중학교 시절, 김용기 마스터는 친구들과 어울려 다니며 PC방에서 '리그 오브 레전드 LOL' 게임만 하루 4~5시간을 즐겨했다. 딱 한 번 수학 학원을 다녔는데, 그 목적은 공부가 아니라 좋아하는 여학생을 보는 것이었다. 집에서는 대부분의 시간을 텔레비전과 스마트폰을 보면서 지냈다. 막연하게 '인문계는 가야지' 하는 생각만 있었다.

중3이 되어서 처음 자신의 성적으로는 인문계 고등학교에 진학이 힘들다는 것을 알고 3학년 1학기 기말고사에 부랴부랴 시험공부라는 것을 처음으로 했다. 그 덕분에 합격선을 겨우 넘겨 인문계 고등학교를 아슬아슬하게 입학하게 되었다.

중학교 때 공부하는 시늉이라도 했다면 고등학교 때는 일부러 아예 하지 않았다. 함께 어울리던 친구들이 모두 공부를 하지 않다 보니, 친구들과 경쟁적으로 더 공부하지 않기 위해 노력했다. 매일 야간 자율 학습 시간에는 학교를 몰래 빠져나와 PC방을 가기 일쑤였다. 고2 때까지 '인문계에 왔으니, 전국에서 적어도 상위 60퍼센트에 든다'라는 생각이 그를 안일하게 만들었다. 그렇게 고2 마지막 모의고사에서 수학 10점대, 등급으로는 7등급, 그 밖의 과목도 5~6등급을 기록했다.

"마지막 모의고사를 보고 선생님과 상담을 했어요. 수도권 4년제 대학은 가고 싶다고 했더니 선생님이 '지금 성적으로 그건 불가능하다, 2년제 전문대 가서 기술을 배우는 게 좋지 않겠나'라고 했어요. 누구나 4년제는 다 갈 수 있다고 생각했는데, 그게 아니었어요. 그 얘기를 듣고 하루 종일 기분이 찜찜했어요."

김용기 마스터는 워낙 열심히 놀다 보니 그때까지만 해도 학교에서 연예인이라 불릴 정도로 인기가 많았다. 친구들의 관심과 인기가 자존감의 원동력이었다. 그런데 3학년이 되면서 친구들이 바뀌기 시작했다. 하나둘 공부를 시작하다 보니 친구들로부터 관심이 사라졌고, 그의 자존감은 무너졌다. 그렇게 그는 '쪽팔려서' 공부를 시작했다.

나만의 멘토를 만들어라

뒤늦게 마음먹고 공부를 시작해도 많은 학생이 수능에서도 결국 크게 달라지지 않은 성적표를 얻는다. 막상 책상에 앉았지만 공부를 제대로 해 본 경험이 없어 무엇부터 어떻게 시작해야 할지 막막하기 때문이다. 그런 상태로 시간은 금세 흐르고 결국 원하는 만큼의 성적이 안 나온다. 그렇다면 도대체 김용기 마스터는 어떻게 스스로 변화의 계기를 만들었을까?

"공부를 해야겠다고 결심한 겨울 방학 내내, 아침 10시까지 학교에 가서 저녁 9시까지 공부했어요. 그러나 사실은 그냥 앉아서 시간을 때우는 게 대부분이었습니다. 막상 공부를 어떻게 해야 할지 모르겠더라고요. 저처럼 공부를 처음 시작하는 학생들이 대부분 실패하는 이유는 '공부를 할 줄 모르기 때문'입니다. 한두 시간도 제대로 시도해 본 경험이 없어서 막상 10시간, 12시간을 공부한다고 해도 그 시간을 어떻게 채워야 할지 막막한 거죠."

그래서 김용기 마스터는 겨울 방학이 끝날 때쯤 무작정 선배들을 찾아갔다. "친구들에게 인기가 좋다 보니 선배들 권유로 학생회 임원 활동을 2년간 했어요. 학생회 선배들 중에 공부를 잘하는 사람들이 많았어요. 그래서 얼굴에 철판을 깔고 선배들에게 공부법, 교재 등등 하나부터 열까지 모든 걸 물어봤어요. 공부를 하는데 어떻게 할지, 무엇부터 시작할지 정말 하나도 몰랐거든요. 그때 고려대학교에 합격한 선배를 찾아갔어요. 그 선배는 참고서를 추천해 주면서 책과 인강을 열심히 듣고, 그 책 하나만 완벽히 따라서 해 보라고 했어요. 이후에 문제집도 추천해 줄 테니 책이랑 연계해서 공부해 보라면서 다른 거 신경 쓰지 말고 이 두 가지만 확실하게 하라고 했어요."

김용기 마스터는 공부를 처음 시작하고자 하는 학생들에게 다음과 같이 조언한다. "선배들이 알려 준 대로 공부를 하고 나니 3월 모의고사에서 이전 대비 정확히 100점이 올랐습니다. 정말 변하고 싶다면 주저하지 말고 주변 사람을 적극적으로 활용하세요. 선배, 선생님, 친구들 누구든 좋습니다. 얼굴에 철판 깔고 물고 늘어져야 해요. 그렇게 집요하게 물어보다 보면 적어도 그 사람이 길을 대충이라도 그려 줄 수 있어요. 전혀 가진 게 없더라도, 적어도 손에 펜은 쥐어 줄 수 있어요."

어떻게 해야 할지 잘 모르겠다면 먼저 그 길을 걸어간 경험이 있는 멘토를 찾아 나서야 한다. 누구도 처음부터 완벽할 수는 없다. 가만히 앉아 있으면 지금 모르는 것을 앞으로도 영원히 알 수 없다. 주변 사람을 활용해 자신의 부족한 부분을 채우고 배우는 것, 그것이 기적을 이루는 첫걸음이다.

따라잡을 수 있는 경쟁 상대를 찾아라

3월 모의고사를 치르고 나서 김용기 마스터는 '도장 깨기'라는 목표를 세웠다. 남에게 뒤처지는 걸 싫어하는 자신의 성격을 동기 부여의 수단으로 삼아 그는 의식적으로 매달 새로운 라이벌을 설정하기로 했다.

"저희 반에는 정시 준비에 올인하는 친구들이 많았어요. 모의고사 총점 10점 정도 간격으로 친구들이 한 명씩 있었는데, 10점씩 오를 때마다 그 점수대 친구를 라이벌로 설정했어요. 무술 영화에서 도장 깨듯 친구들을 한 명씩 이겨 나가는 걸 목표로 삼았죠." 그렇게 하다 보니 성적이 9월 모의고사 때까지 수직 상승했고, 수능에서도 목표했던 이상의 점수를 거뒀다.

그러나 그는 수능 성적표가 나오기도 전에 재수를 선택했다. 목표한 결과를 이뤘음에도 왜 재수를 결심했을까? 그해 자신의 마지막 라이벌인 친구의 영향이 컸다고 말했다. 서울대학교를 목표로 했던 친구는 고3 시절 단 하루도 흐트러진 모습을 보여 주지 않았다. "모의고사를 치고 나면 그날은 친구들이랑 함께 놀았어요. 근데 그 친구는 그날도 공부를 하는 거예요. 그래서 '공부 하루 안 한다고 성적이 떨어지겠냐'며 같이 놀자고 했어요. 그런데 그 친구가 '하루 안 한다고 성적이 떨어지진 않지. 그런데 만약 내가 수능을 못 보면 놀았던 이 하루가 후회될 거 같아'라고 하는 거예요. 그 친구는 결국 서울대학교는 못 가고 성균관대학교를 갔는데, 스스로는 엄청 만족했어요. 본인 스스로 후회 없는 하루하루를 살았기에 아쉬움이 없었던 거죠. 반면에 저는 결과를 떠나 후회와 아쉬움이 많았어요."

특히 9월 모의고사 이후 자만심에 빠져 10~11월에 열심히 공부하지 않았던 자신의 모습이 그 친구와 대조되어 스스로가 부끄럽게 느껴졌다고 했다. 그는 재수를 결심하며 1년 뒤 수능을 치고 나오는 날, 자신 또한 친구처럼 '할 수 있는 최선을 다했다'고 당당히 말하면서 시험장 나오는 모습을 매일 밤 떠올리며 공부를 했다고 말했다.

한편, 본격적인 재수 생활 때도 라이벌의 존재로부터 공부 자극을 받았다. "재수 학원에서 제 현역 때 수능 성적, 3월 모의고사 점수가 똑같은 여학생을 알게 되었어요. 그 친구는 이후 모의고사에서 매번 저보다 약간 높은 점수를 기록했어요. 그래서 그 친구를 라이벌로 삼았죠. 서로 경쟁하면서 둘 다 성적이 올라서 재수 학원에서 장학금도 타고 제일 높은 반으로 같이 올라갔어요." 결국 그해 수능에서 김용기 마스터는 그 친구보다 더 높은 점수를 기록할 수 있었다.

이처럼 김용기 마스터는 중요한 시기마다 라이벌을 설정하고 그 사람의 존재 자체가 동기 부여가 될 수 있도록 했다. "라이벌이라고 하면 라이벌, 롤 모델이라고 하면 롤 모델이라고 할 수 있죠. 선배나 너무 성적 차이가 많이 나는 친구보다 같은 학년의 친구 중에서 따라잡을 수 있을 만큼 차이가 나는 친구를 라이벌로 설정했어요. 그래서 그 친구를 이기는 것을 목표로 삼으면서, 목표를 이루고 나면 새로운 라이벌을 또 정했죠. 라이벌마다 배울 만한 공부법이나 좋은 습관이 하나씩 있어요. 그 방법, 습관을 내 것으로 만드는 것을 또 다른 목표로 삼다 보니 성적은 자연스럽게 올랐죠."

성공한 이들에게는 늘 경쟁자가 있었다. 스티브 잡스에게는 빌

게이츠가, 축구 선수 호날두에게는 메시가, 김연아에게는 아사다 마오가. 의식하든 그렇지 않든 경쟁자는 자기 자신을 점검하고 노력하며 흐트러지지 않게 하는 가장 강력한 자극제가 된다.

주변 사람의 경험과 지혜를 통해 제대로 된 출발선에 오르고 나면 함께 달릴 수 있는 경쟁자를 찾자. 육상 세계 신기록은 늘 혼자가 아니라 경쟁자들과 함께 달릴 때 나온다는 사실을 잊지 말자. 자신의 곁에 선의의 경쟁자가 있다면 옆길로 새지 않고 지치지 않고도 달려갈 수 있다. 함께 갈 때 높이 그리고 멀리 갈 수 있다는 사실을 명심하자.

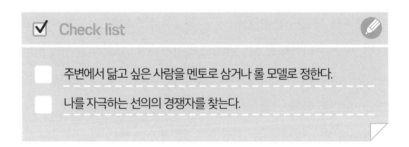

☑ Check list

☐ 주변에서 닮고 싶은 사람을 멘토로 삼거나 롤 모델로 정한다.

☐ 나를 자극하는 선의의 경쟁자를 찾는다.

공부의 나침반,
합격 수기

수능 상위 0.01퍼센트 성적으로 서울대학교 정치외교학부에 입학해, 2년 만에 행정고시(일반)에 합격한 이창환 마스터는 새로운 공부를 시작할 때마다 해당 분야의 합격 수기를 가장 먼저 찾아 읽었다.

부산의 그다지 학구열이 높지 않은 동네에서 학창 시절을 보낸 그가 합격 수기의 유용함을 처음 알게 된 것은 고등학교 1학년 때다. 이창환 마스터는 중학교 때까지만 해도 그렇게 공부를 잘하는 편은 아니었다. 고등학교에 진학한 뒤 본격적으로 공부를 시작하고자 마음먹었다. 제대로 공부한 경험이 없어서 어떻게 공부를 해야할지 막막했고, 더구나 그에게는 주변에 조언을 구할 선배나 멘토역시 없었다. 그러던 중 우연히 참고서를 사려고 들렀던 서점에서 합격 수기와 공부법 책들을 처음 발견했다.

"합격 수기나 공부법 책은 저에게 멘토이자 선생님이었어요. 이미 명문대에 입학한 사람들이 자기 경험을 토대로 시기마다 어떻게 공부했는지 하나하나 알려 주니까 큰 도움이 되었죠. 그때부터 서점에 참고서를 사러 갈 때마다, 합격 수기를 비롯해 공부법 책을 찾아 읽었어요. 또 입시 커뮤니티 같은 데서 누가 읽고 감명 받았다고 하면 그 책은 꼭 찾아 읽었어요."

공부를 어떻게 해야 할지를 알기 위해 읽기 시작했던 이창환 마스터에게 합격 수기는 '서울대학교 입학'이라는 목표를 세우는 데 중요한 영향을 끼쳤다. 그가 가장 감명 깊게 읽었다고 밝힌 합격 수기는 『공부가 가장 쉬웠어요』(2004)이다. 지금은 변호사가 된 장승수 씨는 불우한 집안 환경에 막노동판을 전전하며 본격적으로 공부를 시작한 지 2년 만에 서울대학교 인문사회계열 수석으로 입학해 엄청난 화제를 모았다. 그의 이야기는 많은 이에게 희망과 감동을 주었다.

"그 책을 여러 번 읽다 보니 문득 이런 생각이 들었어요. 장승수 씨는 낮에 공사판에서 일하고 밤에 공부하면서 정말 힘들게 했어요. 근데 나는 독서실비도 부모님이 내주고 인강 듣고 싶다면 결제해 주고 책 산다고 하면 책도 사 주죠. 그런 생각을 하다 보니 '나라고 못 할 게 뭐지' 하는 생각이 들더라고요. 그때 처음으로 이왕 시작할 거 제대로 해서 서울대학교에 가야겠다고 생각했죠."

합격 수기로
공부 방향 설정하기

이창환 마스터는 『공부가 가장 쉬웠어요』만큼이나 가장 기억에 남는 합격 수기로 당시 같은 부산 지역 출신 김현근 학생의 이야기로 베스트셀러에 올랐던 『가난하다고 꿈조차 가난할 수는 없다』(2006)를 꼽았다.

"제가 서울대학교에 가려면 경쟁자들은 서울에 있는 부유한 집의 친구들일 거라고 생각했어요. 근데 이 책을 읽다 보니 주변 환경보다 더 중요하다고 느껴진 점이 결국 내가 어떻게 하느냐에 달렸다는 점이었어요. 저도 서울에 있는 학생들에 비해 정보도 적고 중학교 때 많이 놀아서 남들보나 뒤처진다고 생각했어요. 그런데 책의 주인공이 과학고에서 꼴등으로 시작해 치열하게 노력해서 원하는 목표를 이룬 것을 보고 나도 할 수 있을 거라고 생각했어요."

그때부터 이창환 마스터는 합격 수기를 늘 곁에 두며 스스로를 담금질하고 새로운 공부법을 배우는 수단으로 활용했다. 슬럼프가 시작되고 좌절하는 순간이 왔을 때도 합격 수기가 큰 위로이자 용기가 되었다고 말한다.

"슬럼프에 빠지면 공부하기가 싫고, 이 생활이 영원할 것만 같은 느낌에 사로잡혀요. 그때마다 수기를 보면서 마음을 다잡을 수 있었어요. 시험이 끝나고 공부하기 싫거나 공부하다 불안한 마음이

들 때마다 수기를 읽으면서 마음을 단단히 먹었죠. 그러다 보니 몇 몇 합격 수기들은 고등학교 내내 네다섯 번씩 반복해서 읽었던 것 같아요."

행정고시 공부를 시작할 때도 합격자 수기는 이창환 마스터에게 공부 방향을 잡아 주는 중요한 나침반이었다. 그는 합격한 사람들이 어떻게 공부했는지 알기 위해 합격자 수기를 찾기 시작했다. "고시를 해야겠다고 마음먹었을 때 제일 먼저 고시 관련 커뮤니티에 가입해서 합격자 수기를 찾아 읽었어요. 무슨 선생님의 수업을 듣고, 어떻게 공부를 해야 하는지, 몇 시간을 해야 하는지 등. 모든 것을 알기 위해 커뮤니티를 샅샅이 뒤져 최근 3~4년간 합격한 사람의 수기를 모두 다 섭렵했죠."

그 뒤에 그는 행정고시를 준비하면서 시기마다 무엇을 해야 할지를 짧은 시간에 다 알 수 있었다. 더욱 중요한 것은 합격자가 사용했던 방법을 토대로 자신의 공부 방향을 수립하고 계획을 짜니 거기에 확신을 가질 수 있었다는 점이다. 그 결과, 공부를 하면서 스스로 이것이 맞는 방법인지 의심하며 시간을 낭비하기보다 하루하루 자신이 해야 하는 공부에만 집중하면서 목표를 향해 나갈 수 있었다. 그리고 2년 만에 합격의 쾌거를 이루었다.

합격 수기를 나만의
거울로 활용하라

합격 수기는 자신에게 부족한 부분을 깨닫게 하고 좋은 성과를 거둔 사람의 습관을 벤치마킹해 자신의 성공 습관으로 만드는 데 너무나 중요하다. 많은 마스터가 자신의 부족한 점을 채우고, 더 나은 공부법을 발견하는 수단으로 공부법 책이나 합격 수기를 활용했다.

서울대학교 의과대학 본과 1학년 재학 중인 황희범 마스터 또한 자신의 동기 부여 수단으로 합격 수기를 꼽았다. "가고 싶은 학교, 학과 정보를 찾아보면서 공부 의지를 다잡았고, 특히 합격 수기를 자주 읽었습니다. 그러면서 내가 합격자만큼 노력했는지, 이 사람들처럼 이 학교, 이 학과에서 공부할 능력이 있는지 생각해 보는 시간을 자주 가졌습니다."

황희범 마스터 외에도 많은 서울대학교 마스터들이 입시 합격 수기를 보면서 동기를 부여하고 자신을 되돌아보는 거울로 활용했다고 말한다.

서울대학교 국제대학원GSIS에 재학 중인 오세진 마스터는 이렇게 말했다. "공부가 잘 되지 않을 때 합격 수기나 자기 계발서를 찾아 읽었습니다. 롤 모델을 선정하고 본받을 만한 모습을 기록하며 구체적인 동기 부여 수단으로 삼았습니다. 이를 활용하기 위해 인상 깊게 본 글귀나 내용을 책상 앞 보드에 적어 두고 자극이 될 수 있도록 했습니다."

사람들은 성공한 이들을 보면 늘 그들이 이뤄 낸 성공의 겉모습만을 본다. 그러나 더 중요한 것은 성공하기까지의 과정이다. 이 점에서 목표를 달성한 사람의 이야기나 합격 수기는 그들이 노력해 온 과정을 잘 보여 준다. 그들이 이룬 성공의 결과만 보면 그저 동경의 대상으로 남을 뿐이지만, 그 과정을 따라가다 보면 언젠가 자신이 동경의 대상이 될 수 있다는 사실을 잊지 말자.

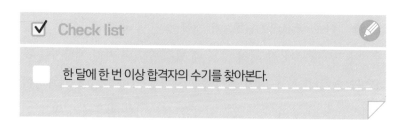

☑ Check list

☐ 한 달에 한 번 이상 합격자의 수기를 찾아본다.

공부의 원동력을
스스로 만드는 법

우리는 기계처럼 열심히 공부하는 것을 당연하다고 여긴다. 그러나 정작 '왜 공부를 하는가' 하는 질문을 스스로에게 던지는 것에는 익숙지 않다. 인간은 기계가 아니다. 그렇기 때문에 이 질문은 '무엇'을 공부할지, '어떻게' 공부할지라는 질문보다 훨씬 중요하다. 우리를 꿈꾸게 하고 지속 가능한 열정을 품게 만들어 주는 핵심 질문이기 때문이다.

바로 여기에 그 '왜'에 대한 답을 통해 전교 300등에서 서울대학교에 합격한 마스터가 있다. 중학교 2학년 때까지 축구 선수 생활을 하다가 뒤늦게 공부를 시작해 서울대학교 작물생명과학전공에 합격한 이우빈 마스터다.

서울대학교에서 축구를 좋아하는 사람들 가운데 학기마다 열리는 총장배 축구대회 득점왕과 최우수 선수 타이틀을 모두 거머쥔 그를 모르는 사람은 없다. 더불어 그는 목동 교육정보 커뮤니티 '엄알비(엄마만 알고 있는 비밀)'의 창립 멤버이자 185센티미터가 넘는 키에 잘생긴 외모까지 갖춰 청소년들은 물론 엄마들 사이에서 '훈남 멘토'로 유명하다. 더욱이 『더 이상 공부에 지지 않겠다』(2017)는 입시 수기까지 펴냈다.

이우빈 마스터는 대학 시절 몇 번의 창업을 거친 뒤 졸업했고 현재는 식품 관련 스타트업 대표로 활동하고 있다. "제가 축구 선수 출신으로 뒤늦게 공부를 시작해서 서울대학교 합격이라는 성과를 거둘 수 있었던 비결은 끊임없이 스스로에게 '왜'라는 질문을 던졌기 때문입니다. 내가 왜 공부를 하는지, 의식적으로 '왜'를 상기시켰기에 지속 가능한 노력을 할 수 있었습니다."

나는 왜 공부하는가?

어린 시절부터 초등학교 6학년 때까지 이우빈 마스터는 국내에서 촉망받는 축구 유소년이었다. 한때 국가대표 황의조 선수와 함께 뛰며, 학교에 우승컵을 안겨 주기도 했다. 중학교에 올라가면서는 아버지 일 때문에 미국에서 1년 반 동안 생활하게 되었다. 미국에서도 지역의 대표팀 선수로 활동하며, 미국 유소년 클럽 득점왕과 최우수 선수 타이틀을 모두 거머쥐었다.

그런데 미국 생활을 마치고 한국으로 돌아와서 문제가 생겼다. 미국에서의 선수 기록이 한국에서는 전혀 적용되지 않았다. 미국에서 좋은 성과가 있었음에도 그 기록이 인정되지 않자 그는 졸지에 2년간 미국에서 아무것도 하지 않은 선수가 되어 버렸다. 지원한 모든 중학교에서 입학을 거절당했다. 그렇게 그는 의도하지 않게 축구를 접어야 했다. 그때부터 꽤 오랜 기간 방황을 했다.

그런 아들의 모습을 안타깝게 생각한 부모는 한 가지 묘책을 생각해 냈다. 축구를 좋아하는 아들을 국내에서 거의 유일한 천연 잔디 구장이 있는 민족사관 고등학교로 데리고 간 것이다. 중학교 2학년이었던 그에게 민사고는 천연 잔디 구장에서 축구를 할 수 있는 꿈만 같은 곳이었다. 민사고가 어떤 학교인지를 몰랐지만 공부를 잘해야 입학할 수 있다는 사실만큼은 알게 되었다.

그때부터 민사고에 가겠다는 목표를 가졌다. 당시 이우빈 마스터의 성적은 전교 600명 중에서 300등 정도였다. 오로지 천연 잔디 구장에서 축구를 할 수 있다는 생각에 공부를 시작했다. 소박하고 철없어 보일 수 있지만 이우빈 마스터에게 처음으로 공부하는 이유, 즉 '왜'였다. 그때부터 매일 새벽 2시까지 공부를 하면서 민사고 진학을 준비했지만 안타깝게도 낙방의 고배를 들었다. 다행히 운이 좋게도 당시 처음 개교했던 용인 외고 국제반에 겨우 합격했으나, 그곳에서의 생활은 이전과 달랐다. 학교에 입학하고 나니 공부할 이유를 찾지 못한 것이다. 그러다 보니 매일같이 공부는 하지 않고 축구만 했다. '왜'를 잃어버린 그에게 공부할 동력이 없었고 성적은 복구가 어려워 보였다. 결국 고등학교 2학년에 올라가기 직전 자퇴를 선택했다.

그런데 언젠가부터 같은 교실에서 함께 공부하던 친구들이 미디어에 소개되기 시작했다. 한 친구는 컬럼비아 대학교에 조기 입학했다며 뉴스에 나오고 어떤 친구들은 책을 내고 유명해져서 그들의 사진을 서점에서 볼 수 있었다(당시 용인 외고 재학생들끼리 『외고 아이들』이라는 책을 출간했다). 그때 문득 그런 생각이 들었다.

"나중에는 그 친구들 모두 유엔이나 청와대에서 일하거나 아니면 의사나 유명 기업인이 되어 있을 거라는 생각이 들었어요. 근데 정작 나는 한낱 자퇴생에 불과했죠. 물론 그 친구들과 연락은 하고 지낼 수 있겠지만 그들에게 당당한 사람이 될 수 있을 거라고 확신할 수 없었어요. 그 친구들에게 자격지심을 느끼지 않을 만큼 성장해야겠다는 생각이 들었습니다."

그렇게 이우빈 마스터는 다시 공부를 시작했다. 그때가 고등학교 2학년 9월이었다. 이때 또 다른 사건이 터졌다. 안타깝게도 그가 수능을 치를 때쯤 그의 외할아버지는 시한부 선고를 받고 항암 치료를 받으며 투병 중이었다. 평소 할아버지는 손주가 서울대학교에 진학하기를 바랐으나 그것은 사실상 불가능했다.

"수능이 끝나고 외할아버지를 만나러 갔는데, 이모와 삼촌들이 할아버지께 거짓말을 했어요. 제가 서울대학교에 합격했다고. 얼떨결에 합격한 척을 했죠. 그런데 할아버지가 얼마 안 되어 돌아가셨어요. 너무 죄책감이 들었습니다. 그래서 그때 대학 등록금 쓸 돈으로 재수 학원에 가겠다고 부모님께 말씀드렸습니다."

외할아버지의 소원을 거짓말로 대신하고 하늘나라로 보냈다는 죄책감에 이우빈 마스터는 현실로 보답하겠다는 결심을 세웠고, 아이러니하게도 그것은 느슨하던 공부에 강력한 동기 부여가 되었다.

의식적으로
Why를 상기시킨다

재수 생활을 하면서 이우빈 마스터는 매일 세 시간만 자면서 공부했다. 물론 이것은 각종 대회에서 상을 휩쓸 정도로 타고난 체력이 있었기에 가능했다. "새벽 5시에 일어나서 한 시간 걸려 교대역에 있는 재수 학원에 도착했습니다. 이때가 재수 학원 철문이 열리는 시간이었어요. 그 앞에 서 있다가 경비 아저씨가 문을 열어 주면 제일 먼저 교실의 불을 켜고 아침 6시부터 8시까지 혼자 공부를 했습니다. 그리고 8시에 학원 수업이 시작되면 제일 앞에서 수업을 듣고, 쉬는 시간이나 점심시간에는 이어폰을 꽂고 공부를 했습니다. 그렇게 오후 4시에 학원 수업이 끝나면 밤 10시까지 공부하고, 집에서 다시 새벽 1시까지 공부한 뒤 2시쯤 잠들었습니다."

그렇게 9개월을 쉬지 않고 공부한 덕분에 그는 그해 수능을 치르고 결국 서울대학교 작물생명과학전공에 합격했다.

이우빈 마스터는 자신이 성과를 거둘 수 있었던 비결에 대해 늘 의식적으로 '왜'를 상기시켰기 때문이라고 말했다. 민사고를 가기 위해서, 친구들에게 뒤처지지 않고 싶어서 그리고 할아버지의 소원을 들어주기 위해서. 물론 이우빈 마스터의 이야기를 읽다 보면 이게 왜 공부하는 이유가 되는지 이해가 가지 않을 수도 있다. 중요한 것은 '왜'에 대한 답이 무엇이냐가 아니라 '왜'에 대한 답을 찾기 위해 의식적으로 노력하고 꾸준히 자기만의 이유를 찾기 위해 힘썼다는 점이다.

'왜'에 대한 답을 찾고 나면, 공부하는 동안 항상 그 답을 상기시켜야 한다. 이우빈 마스터 역시 민사고 진학을 원할 당시에 민사고 마크나 배지를 책이나 필통, 노트 곳곳에 붙여 두며 반드시 이곳에 가겠다고 다짐했다. 재수를 할 때는 늘 돌아가신 할아버지를 떠올리면서 슬럼프를 이겨 내고 진짜 자신이 원하는 것이 무엇인지를 되새겼다고 말한다.

이우빈 마스터는 정말 치열하게 노력하고 싶다면 스스로 불안감을 증폭시키는 것이 중요하다고 말한다. "사실 중3, 고1만 되어도 스스로 '왜'를 찾을 수 있습니다. 공부가 되었든 다른 목표가 되었든 '왜'라는 질문을 던질 때 본인의 미래에 대해 불안감을 가져야 합니다. 불안감을 증폭시키지 않고 미래에 대해 막연함만 갖고 있다 보니 치열함이 나오지 않습니다."

또한 이우빈 마스터는 '왜'를 육하원칙으로 확장시켜 볼 것을 권한다. "'왜'를 찾고 나면 이미 육하원칙 중에 '왜'에 대한 답은 찾은 것이죠. 또 누가 할 것인지는 명확하죠. 그렇다면 남은 건 '어떻게 할 것인가'입니다. 공부에서는 공부법이 되겠죠. 그에 대해 고민을 많이 하면 '왜'가 더 효율적인 성과로 이어질 수 있습니다."

'왜', '어떻게'란 질문에 대해 명확한 답을 갖고 있다면 이미 80퍼센트는 목표가 나온 것이나 다름없다. 이우빈 마스터뿐만 아니라 많은 마스터가 적극적으로 '내가 왜 공부하는가' 하는 질문을 던지고 답을 찾기 위해 노력했다고 말했다.

먼저 서울대학교 사회학과에 재학 중인 고휘성 마스터는 말했다.

"눈앞의 문제 하나, 단원 하나에 얽매이지 말고 큰 그림을 생각했어요. 큰 그림이란 지금 하고 있는 이 공부, 풀고 있는 이 문제가 왜 의미 있는지, 이 공부를 왜 해야 하는지, 공부를 통해 얻고자 하는 바는 무엇인지 등을 뜻합니다. 시켜서 하는 공부 말고 필요해서 하는 공부를 하고자 했습니다."

서울대학교 컴퓨터공학부를 졸업한 뒤 현재 같은 과 박사 과정에 재학 중인 이현규 마스터는 이렇게 말한다. "가능한 많은 분야를 접하고 느껴 보는 것이 가장 중요합니다. 그 와중에 제도에 구속되어 매달리는 것이 가장 하책입니다. 입시 제도에 관계없이 자신이 하고 싶은 것을 생각하며 현실적인 수단으로 입시 공부를 하는 것이 가장 상책이라고 생각합니다. 하지만 둘의 차이는 종이 한 장입니다. 자신이 무얼 하고 싶은지를 매일 생각할수록, 그 꿈이 성공할 확률은 높아진다고 생각합니다."

서울대 의학과에 재학 중인 황희범 마스터는 공부하는 이유의 중요성에 대해 이렇게 말한다. "공부를 할 때 가장 대답하기 어려운 질문 중 하나가 '공부를 왜 하나?'입니다. 아마 많은 학생이 이러한 질문에 스스로 답을 찾지 못한 채 그저 남들이 하니까, 부모님이 시키니까 마지못해 공부하는 경우가 많습니다. 사실 공부를 하는 이유는 사람마다 천차만별이고, 그것이 굳이 거창할 필요도 없습니다. '돈을 많이 벌고 싶어서'와 같은 추상적이고 현실적인 이유도 좋고, 불치병 환자를 위한 약을 만들겠다는 방대한 목표도 상관없습니다. 어차피 사람의 꿈이라는 건 계속 바뀌게 마련이니까요. 다만 중요한 것은 내가 왜 공부하는지 스스로가 안다는 사실인 것 같습니다. 그 자체가 공부를 하는 가장 큰 원동력이 될 테니까요."

이처럼 마스터들은 한결같이 '왜'에 대한 답을 찾고, 이를 통해 공부를 내 것으로 만들라고 조언한다. '왜'에 대한 답을 찾아야만 그때부터 공부는 '그저 해야 하는 것'이 아니라 '꿈을 위해 필요한 것'이 된다. 공부 마스터들이 가진 본질은 '주체성'과 '자율성'이다. 그리고 그 본질의 바탕에는 스스로 찾아낸 '왜'에 대한 답이 있다는 사실을 명심하자.

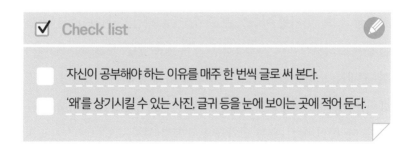

☑ Check list

☐ 자신이 공부해야 하는 이유를 매주 한 번씩 글로 써 본다.

☐ '왜'를 상기시킬 수 있는 사진, 글귀 등을 눈에 보이는 곳에 적어 둔다.

무언가에 미쳐 본 적 있다면
공부도 잘할 수 있다

오늘날 많은 학생과 학부모가 '덕질'을 두고 전쟁 중이다. 어떤 친구는 연예인에 빠져서, 어떤 친구는 게임에 빠져서, 어떤 친구는 스포츠에 빠져서 산다. 여기 덕질하는 학생들의 롤 모델이 되어 줄 한 사람이 있다.

서울대학교 법학전문 대학원에 재학 중인 김예진 마스터의 공부 이력은 '시험의 여왕'이라고 부를 수 있을 만큼 화려하다. 고3 9월 평가원 모의고사에서 전국 1등을 기록했고 재수 때 치른 수능에서 한 문제가 모자란 만점으로 서울대학교 경영학과에 합격했다. 김예진 마스터는 서울대학교에 입학한 후에도 최고의 성과를 거두었다. 매 학기 성적 우수 장학금을 졸업할 때까지 단 한 번도 놓치지 않았고 경영대 최상위 성적 우수자에게만 수여되는 딘스 리스트 Dean's list에 선발되기도 했다. 또한 로스쿨 입학을 위한 법학적성시험에서 응시자 중에 상위 4퍼센트 성적을 거두며 서울대학교와 고려대학교 법학전문대학원에 모두 합격했다. 게다가 해외 연수를 한 번도 가지 않고도 토플 119점(120점 만점), 토익 990점 만점, 중국어 HSK 인증시험 최고 급수인 6급을 획득했다. 한국어 능력시험에서는 만점을 받아 언론에 소개되기도 했다.

이런 김예진 마스터에게 어떤 시험에서든 완벽한 모습을 보이는 비결에 대해 묻자 이렇게 답했다.

"저는 덕질이 곧 공부 이유가 될 수 있다고 생각해요. 덕질을 무조건 부정적으로 볼 필요는 없습니다. 그 대상이 무엇이든 덕질하는 사람에게는 성공의 DNA가 있으니까요."

나를 서울대로 이끈 건
8할이 덕질

나는 김예진 마스터와 2016년의 봄, '말하기와 토론'이라는 학교 교양 수업에서 처음 만났다. 하루는 그녀와 상대팀으로 '특목고, 자사고 폐지'라는 논제에 대한 토론을 하게 되었다. 한국어가 서투른 중국인 친구와 팀을 이뤘음에도 불구하고, 그녀가 준비한 사전 자료의 질과 양에 혀를 내둘렀다. 주장하는 내용마다 그것을 반박할 수 있는 대부분의 자료를 미리 준비해 놓았다. 김예진 마스터에게 물었다. "도대체 그 토론을 왜 그렇게 열심히 준비했나요?" 그녀는 이렇게 답했다. "일부러 그런 건 아니에요. 제가 좀 덕질하는 성향이 있어서 한번 파고들면 끝을 보는 편이에요." 그녀는 이어 자신의 화려한 공부 성과의 핵심 비결로 자신의 덕질을 꼽았다. "저는 사실 제가 공부를 덕질처럼 하는지 몰랐어요. 그런데 대학교 2학년 때 친구가 그러더라고요. 제가 공부를 덕질하는 것 같다고. 그러면서 덕후의 마음, 덕심이 있어야 인생도 성공한다면서 이야기하더라고요."

　덕질의 본질은 그 대상이 무엇이든 끝까지 파고드는 것이다. 연예인이든 운동이든 게임이든 그것을 끝까지 파고들어 본 경험이 있는 사람이라면, 다른 대상에 대해서도 충분히 파고들 수 있는 힘을 이미 갖고 있다. 김예진 마스터 또한 어릴 때부터 많은 덕질 경험이 있었다. 중학교 시절부터 가수 동방신기, 박효신의 공식 팬클럽 회원이었다. 지금까지도 두 가수의 콘서트는 거의 빠지지 않고 찾아다닌다. 심지어는 소셜 네트워크 서비스[SNS]에서 팬클럽 활동을 하며 중국 팬들과 친해져 편지나 선물을 주고받고 종종 직접 만나기도 한다.

　"덕심이 있다 함은 하나의 대상에 깊이 빠져서 자신의 시간과 노력을 자기희생적으로 투자할 수 있다는 거예요. 보통 저 같은 여학생이 쉽게 하는 덕질 대상은 남자 연예인이에요. 덕질을 하면 그 사람의 생일, 키, 혈액형, 집, 가족 관계, 심지어는 어떤 사투리를 쓰는지, 얼굴에 점이 몇 갠지, 말할 때 습관이나 멋쩍을 때 하는 몸짓까지 하나하나 모두를 알게 돼요."

김예진 마스터는 덕질 습관이 공부에 그대로 이어졌다고 말했다. "수업에서 뭔가를 들으면 눈에 보이는 것만 받아들이는 게 아니라 더 적극적으로 그 내용을 덕질하는 거죠. 예를 들어 문학 수업을 들으면 작품을 보고 공부를 할 때 교과서나 수업 필기에서 멈추지 않고 자습서의 설명이나 인터넷에서 검색한 내용을 교과서에 추가해서 완전체를 만들었어요. 사회탐구 과목도 이해가 안 되는 부분은 인터넷을 검색해서 보충했죠. 다른 과목도 마찬가지로 오빠 좋아하듯이 모든 걸 꿰뚫겠다는 각오로 공부를 하다 보니 어디서 시험이 나와도 다 맞았던 것 같아요. 가끔은 선생님보다도 더 잘 알게 된 것 같아요."

시험공부를 할 때 그녀의 덕질은 더욱 빛을 발했다. "모든 시험의 유형을 깊이 파고들었어요. 예를 들어 유의어나 반의어처럼 어휘 위주로 시험이 나오는 과목의 경우에는 아예 따로 유의어, 반의어를 전자사전, 네이버 검색, 심지어는 영영 사전까지 활용해 다 찾아서 예상 문제로 만들었어요. 어떤 시험도 그 유형에 맞춰서 파고들면 모두 100점을 받을 수 있습니다."

하지만 9월 모의고사에서 전국 1등의 성적을 거둔 뒤 그녀는 방심했다. 마무리를 제대로 하지 못해 현역 수능에서 국어가 3등급이 떴다. 그녀는 재수를 결심했다.

"재수할 때는 아예 수능에 연계되는 EBS 교재들을 덕질하기 시작했죠. 특히 저는 과학 기술 지문이 어려워 아예 EBS 책을 따로 제본해서 글의 구조를 일일이 그려 가면서 공부했어요. 한번은 수능 특강을 깊이 파다 보니 이상한 문제를 발견했어요. 아무리 봐도 답이 안 나와서 선생님께 물어보니 글에서 내용이 일부 빠진 것 같다고 했어요. 그게 그해 수능에 최고 난이도 문제로 나왔죠. 이것저것 보기보다 시험에 가장 중요한 교재를 파고들어 득을 본 거라고 할 수 있죠."

열정의 대상을
공부로 돌리자

믿기 힘들지만 김예진 마스터의 경우 덕질이 공부를 하게 된 이유였다. "저는 중학교 때만 해도 부모님이 하라고 하니까 생각 없이 공부를 하다가 고등학교에 와서 진로에 대해 고민하면서 가장 큰 취미인 덕질과 관련된 일을 하고 싶다는 꿈을 가졌습니다."

현재 김예진 마스터는 로스쿨을 졸업하고 나면 문화 콘텐츠 산업 분야에서 일하고 싶다는 꿈을 키우고 있다.

"만약 좋아하는 가수, 아이돌 그룹이 있다면 그 가수들에게는 소속사가 있어요. 그 소속사들은 대기업만큼 규모가 커요. 연예인이 춤추고 노래하면 끝이 아니라 광고도 찍고 여러 콘텐츠도 수출하는 큰 산업이기 때문에 그런 회사에는 여러 사람이 필요해요. 변호사도 필요하죠. 거길 들어가겠다고 생각하면 제일 편할 듯해요. 내가 좋아하는 게 누구든 열심히 하다 보면 그 사람을 만날 수 있다고 생각했어요. 실제로 연예 기획사에서 일하는 법조인 중에 가수를 덕질하다가 아예 그 분야에서 일하게 된 경우도 많아요."

많은 학생과 학부모는 덕질과 공부가 서로 마이너스 관계라고 생각한다. 그러나 덕질할 정도로 좋아하는 대상이 생겼을 때 그것을 억지로 하지 않거나 못 하게 만드는 일은 거의 불가능에 가깝다. 그럴 때 오히려 생각을 바꿔서 덕질을 공부 이유로 만들 수 있도록 관점을 전환해 보면 강력한 공부 이유를 찾아낼 수도 있다. 실제로 서울대학교를 다니며 축구가 너무 좋아서 대한축구협회나 국제축구연맹에 들어가기 위해 공부를 열심히 했다거나 게임이 너무 좋아서 아예 게임을 만들고 싶어 공부를 시작했다는 친구들의 이야기는 어렵지 않게 들을 수 있었다. 어쩌면 덕질의 대상을 바라보는 기울어진 편견이 무엇보다 강력한 공부 동기가 될 수 있는 가능성을 지워 버리는 게 아닐까?

김예진 마스터는 덕질과 공부의 상관관계에 대해 이렇게 말했다.

"저는 덕질하고 있다면 충분히 성공할 수 있다고 생각해요. 덕질하는 사람들에게는 성공의 DNA가 내재되어 있어요. 그 DNA는 몰입, 열정 그리고 끈기죠. 특히 덕질은 꾸준히 지속적으로 시간과 노력을 들여야 하는데, 넉질하고 있다면 그 사람에게는 무언가를 꾸준히 지속할 수 있는 능력, 끈기가 충분히 있다고 생각해요."

덕질하고 있다면 당신은 이미 무언가에 뜨거운 열정으로 몰입하는 잠재력 그리고 목표를 이루기 위해 인내하고 버티는 끈기를 갖고 있다. 만약 좋아하는 대상이 있다면 그것을 억지로 그만두기보다는 오히려 단순히 소비하는 걸 넘어서서 적극적으로 만들어 보고자 하는 관점의 전환을 시도해 보자.

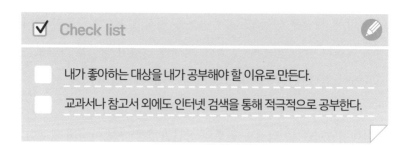

☑ Check list

☐ 내가 좋아하는 대상을 내가 공부해야 할 이유로 만든다.

☐ 교과서나 참고서 외에도 인터넷 검색을 통해 적극적으로 공부한다.

모두가 시궁창에 빠져 허우적댈 때,
누군가는 밤하늘의 별을 본다.

STUDY MASTER PLAN

02

공부 마스터들의
두 번째 비밀
_ #목표 중심적 사고

이길 수밖에 없는 **전략**을 세운다

인생은 곱셈이다.
어떤 찬스가 와도 네가 제로면
아무런 의미가 없다.

전국 1등의
완벽한 공부 계획 5단계

임다윤 마스터(가명)는 고교 시절 각종 모의고사에서 전 과목 만점 또는 전국 1등의 성적을 거두었다. 수능에서는 한 문제를 틀렸고 수시 일반전형으로 서울대학교 경제학과에 합격했다. 그리고 1년 반의 수험 생활 끝에 재경직 행정고시 시험에 합격했다.

임다윤 마스터는 목표 달성을 위해 어떻게 효율적으로 시간을 분배하고 공부 성과를 냈을까? 계획을 세우는 구체적인 방법에 대해 묻자 그녀는 이렇게 답했다.

"큰 목표를 세운 다음 작은 목표들로 최대한 나누어야 합니다. 그래야만 지금 내가 해야 할 것이 무엇인지, 잘하고 있는지를 확인할 수 있습니다."

목표는
최대한 잘게 나눈다

임다윤 마스터는 고교 시절 성적이 떨어진 적이 한 번도 없을 정도로 철저하게 시험을 준비하는 편이라고 자신 있게 말했다. 식상하게 들릴 수도 있지만 그녀가 말하는 '철저함'에는 매우 중요한 포인트가 포함되어 있다. 바로 시험에 필요한 모든 공부를 작게 쪼개 계획을 빈틈없이 세우는 일이다.

"시험을 치르는 데 제일 중요한 건 실력입니다. 시간 관리를 못했다, 계산을 잘못했다와 같이 이런저런 핑계를 댈 수 있지만 결국 과목에 대해 준비가 잘 되어 있으면 실수 범위는 줄어듭니다." 임다윤 마스터가 입시나 시험을 준비하면서 가장 먼저 하는 것은 큰 목표를 세우고 그것을 작은 목표들(세부 계획)로 최대한 나누는 일이다.

고등학교 1학년 때 임다윤 마스터는 서울대학교에 가겠다는 목표를 세웠다. 그러기 위해서 수능에서 만점을 받겠다는 목표를 세웠다. 또한 수능 만점을 받으려면 모의고사 성적을 3년간 얼마나 올려야 하고 이를 위해 3년간 공부해야 하는 총량이 얼마인지를 파악했다. 그리고 과목별로 성적을 올리려면 무엇을 해야 하는지 하나씩 디테일하게 큰 그림을 그려 나갔다.

"예를 들어 저는 수학 과목에서 기본서 보는 것을 선호했습니다.

그래서 1학년 여름 방학 때는 '수능 때까지 『수학의 정석』 시리즈를 모두 일곱 번 보기'라는 세부적이고 구체적인 목표를 세웠어요. 이후엔 지금부터 수능 때까지 총 네 학기가 남았으니 일곱 번을 보기 위해서는 어떤 책을 한 학기에 몇 번 돌려야 하는지 계획을 세웠죠. 그렇게 세 번째 푸는 데까지는 각각 3개월씩 총 9개월, 네 번째는 한 달 반, 다섯 번째는 3주, 이런 식으로 각 회독에 소요되는 기간을 설정했어요. 마지막으로는 1주일 단위로 어디부터 어디까지를 봐야 하는지 계획을 세웠죠. 그때그때 상황에 맞춰 계획을 세우는 게 아니라 가장 큰 목표와 3년이라는 기간을 기준으로 이번 주의 계획을 세운 거예요."

임다윤 마스터는 내신 시험이나 대학교 전공 시험처럼 단기적인 시험을 준비할 때도 목표를 최대한 잘게 나누는 식으로 계획을 세웠다. "내신 시험에서 국어를 예로 들면, 교과서 150쪽이 시험 범위라고 했을 때 3주 후에 시험을 본다면 150쪽을 세 번 공부하기 위해서는 하루에 몇 쪽을 봐야 하는지, 그래서 이번 주까지 끝내야 하는 구간을 설정했죠."

그녀는 이렇게 큰 목표를 작은 목표로 나누어 그것을 바탕으로 한 주, 하루 해야 할 일의 목록To do list을 만들었다. 그 효과에 대해서 임다윤 마스터는 이렇게 말한다. "공부를 하다 보면 중간에 놀고 싶은 마음이 들고 하기 싫은 마음도 생겨요. 그런데 하루 단위로 계획을 짜면 놀다가 계획을 실천하지 못해도 책임감이 들지 않게 돼요. 구멍이 나도 내일 하면 되지, 이런 마음이 생기는 거죠. 그런데 3년의 계획을 토대로 하루 단위 계획을 세우면, 오늘 계획을 실천 못 하면 한 주 계획을 못 채우고, 그렇게 되면 한 달 계획을 못 채우게 되어 결국 3년의 계획이 틀어진다는 생각이 들죠. 그러다 보면 자연스럽게 오늘의 계획에 대한 책임감을 느끼고 동기 부여를 받을 수 있어요."

장기적인 목표에서 출발해 단계별로 목표를 나누고 계획을 세움으로써 계획을 달성하지 못한 '오늘의 나'가 '내일의 나'를 괴롭힐 것이라는 사실을 의식적으로 깨닫고자 했다. 매일의 계획을 완벽하게 지키지 못하더라도 최소한 주마다 혹은 월마다 해내야 할 목표 지점을 명확히 해놓음으로써 최종 목표 지점을 향해 제대로 가고 있는지를 점검했다.

임다윤 마스터의 계획 세우기 5단계를 요약하면 다음과 같다.

① 시험 범위 및 주어진 공부 기간을 파악한다.
② 결과형 목표(점수)에 맞게 눈에 보이는 공부의 '완성' 단계, 즉 행동형 목표를 설정한다. 이는 목표나 시험의 스타일에 따라 다르게 설정한다. 예를 들면 시험 때까지 교재 5회독 하기, 내용을 안 보고 쓸 수 있을 정도 만들기 등과 같이 스스로 달성 여부를 확인할 수 있는 상태로 목표를 설정한다.

③ 위 목표를 이루기 위해 필요한 공부의 총량을 파악한다. 봐야 할 교재는 어떤 게 있는지 그리고 그 교재들은 몇 번을 볼지 등과 같은 해야 할 공부의 총량을 정한다.

④ 주어진 공부 기간에 맞춰 공부의 총량을 분배한다.

⑤ 월, 주, 일마다 달성해야 할 목표량이나 도달해야 할 중간 구간을 설정해 작은 단위로도 실천 여부를 점검할 수 있게 만든다.

계획은 갑자기
바꾸지 않는다

이러한 '나누기 습관'은 수능보다도 공부량이 훨씬 많은 행정고시 시험을 준비하는 데 큰 도움이 되었다. "수능을 준비할 때는 특정 범위에 살짝 부족한 부분이 있어도 맞힐 수 있는 경우도 많고 한 문제 틀려도 당락이 크게 좌우되지 않죠. 하지만 고시 공부는 범위는 넓은데 과목당 세 문제가 나와요. 하나라도 얕게 알면 떨어질 수밖에 없는 거죠. 그래서 완벽히 준비하는 데 시간이 오래 걸렸어요."

임다윤 마스터는 고시 공부를 시작하면서 고등학교 시절 직접 만들어 사용했던 '목표 나누기' 양식을 활용했다. "고등학교 때 한글 파일로 3년 목표, 연간 목표, 그리고 매월의 목표, 매일의 목표를 적는 양식을 전부 직접 만들었어요. 그러고는 매월의 목표와 그것을 이루기 위한 주 목표 4~5개를 함께 인쇄하고 언제까지 뭘 끝내야 하는지를 상세하게 적었죠. 그렇게 1년 하면 월 목표가 12개가 되고 주간 복표가 50~60개 정도가 완성됩니다. 한마디로 그 양식에는 1년 동안 제가 공부한 모든 것이 다 적혀 있는 거죠."

다만 고시 공부가 수능과 다른 점이 있다면 처음에 뭘 얼마만큼 해야 하는지 파악하기가 쉽지 않았다. "고시 공부를 처음 하다 보니 공부를 하면 할수록 해야 할 것이 계속 생겼어요. 처음에는 이만큼만 하면 될 줄 알았는데 막상 시험지를 쓰고 답안지를 비교해 보면 답안 사례집도 봐야 하고 인강도 들어야 하고. 이런 것이 많이 생겼죠. 처음에는 그 때문에 스트레스를 너무 받았어요."

임다윤 마스터는 중간중간 새롭게 해야 할 것이 생기더라도 큰 틀의 계획은 유지하는 것이 중요하다고 말한다. "갑자기 새로운 일을 계획에 끼워 넣으면 모든 계획이 다 틀어져요. 그래서 저는 새로운 일을 최대한 쪼개 부담을 줄였어요. 예를 들어 새롭게 봐야 할 30회 인강이 생겼다고 했을 때 1회를 들어 보고 한 번 들을 때 얼마나 시간이 걸리는지를 파악하고 2~3일에 1회씩 해서 기존 계획에서 시간이 많이 초과되지 않도록 했습니다."

한편으로는 계획을 다 실천하지 못하는 경우를 대비해 임다윤 마스터는 1주일에 하루 정도는 여분의 시간으로 활용했다. 공부 계획은 월요일부터 토요일 오전까지만 짜고 비워 둔 토요일 오후와 일요일은 실천하지 못한 계획을 마무리하는 시간으로 활용한 것이다. 그녀는 그 시간을 동기 부여 수단으로도 활용했다고 말한다. 만약 계획을 토요일까지 정해진 시간 내에 모두 달성했다면 여분의 시간은 곧 자유 시간이 된다는 것을 의미했다. "저는 잠이 많아서 하루 늦잠 자는 걸 정말 좋아했어요. 만약에 토요일까지 계획을 다 못 끝내면 일요일 아침에 나와서 공부해야 하는 불상사가 생겨요. 그래서 토요일 안에 최대한 계획을 끝내려고 노력했죠."

절대 포기하지 않는 계획 노하우

임다윤 마스터는 대학 시절 아르바이트로 학생들을 가르치는 과외 수업을 하며 한 가지 사실을 깨달았다. "학생들을 보면 자신의 능력치나 현실적인 실천 가능성이 얼마나 되는지 파악이 안 되는 경우가 많아요. 예를 들어 수업 때 숙제를 이만큼 내주면 다할 수 있다고 하지만 제가 보기엔 무리에 가깝거든요. 실제로 학생이 하루 해 보면 할 수 있는지, 없는지를 알게 되죠. 결국 하루 해 놓고 안 되면 너무 많다 싶으니 모든 걸 포기해요."

이러한 상황에서 임다윤 마스터는 큰 목표를 작게 나눠 부담감 자체를 줄이는 효과가 중요하다고 말한다. "예를 들어 계획을 짤 때 『수학의 정석』 실력 편 문제 20개를 세 시간에 걸쳐서 풀겠다고 하면 집중력이 지속되기가 어려워요. 성과가 눈에 보이지 않기 때문이죠. 그래서 저는 일부러 20문제를 5문제로 나눠서 체크 리스트를 하나씩 만들고 5문제 다 풀 때마다 체크를 했죠. 그리고 20문제를 다 못 풀더라도 '달성률 80퍼센트' 이런 식으로 체크를 했어요. 이렇게 게임하면서 퀘스트 깨는 기분으로 공부를 하면 스트레스도 훨씬 덜 받게 되고 동기 부여하는 데 도움이 됩니다."

만약 세 시간짜리 계획을 세우면 여러 변수로 인해 30분에서 한 시간 정도의 오차가 생길 수 있다. 그렇게 되면 무의식적으로 '어차피 이거 다 못 할 것 같은데' 하는 생각이 들고 포기하게 된다. 해야 할 일을 큰 덩어리로 내버려 두면 뭔가 조금이라도 어그러졌을 경우 모든 것이 하기 싫어지는 심리가 생기기 때문이다. 이럴 때 목표를 작게 나누면 그것을 미룰 확률도 줄고 조금 못해도 모든 것을 포기하는 일을 방지할 수 있다. 조금 하지 못한 것은 다음 날로 미뤄서도 할 수 있다.

임다윤 마스터는 실천 가능성이 높은 계획을 세우기 위해서는 무엇보다 '자신의 능력치'를 파악해 무엇을 공부할 때 얼마나 시간이 소요되는지를 파악하는 것이 중요하다고 말한다.

"처음 접하는 교재나 내용은 반드시 공부를 시작할 때 소요되는 시간을 측정했어요. 예를 들어 수학 문제집을 새로 샀을 때 5문제 정도 풀어 보고 시간이 얼마나 걸리는지를 파악했죠. 그렇게 해야만 계획과 실천의 오차를 줄일 수 있어요."

또한 임다윤 마스터는 계획을 세울 때 주객전도하지 말라고 당부한다. "만약 계획을 짜고 다 실천하지 못했다면 '나는 망했다, 나는 안 되겠다'가 아니라 처음부터 계획이 잘못되었지, 이런 식으로 계획의 탓으로 돌려야 해요. 그로부터 계획을 수정해 나가면 되는 거죠. 처음부터 한 달 계획을 짜면 중간에 수정하기가 어려워요. 한 주 해 보고 피드백이 불가능해요. 그러면 그 계획이 의미가 없어져요. 짜 놓고 끝이다, 이게 아니라 계획을 스스로 수정해 가면서 통제해야 해요. 계획이 나를 관리하는 게 아니라 내가 계획을 관리하고 현실과 알맞게 조정해 나가는 게 중요합니다."

임다윤 마스터와 마찬가지로 서울대학교 마스터들은 성과를 내기 위해서는 가장 큰 목표를 세우고 그것을 손에 잡힐 만큼 직고 구체적인 목표와 계획으로 나눠야 한다고 말한다.

서울대학교 정치외교학부에 재학 중인 김민혁 마스터는 큰 목표를 작은 목표로 나누어 꾸준히 실천해야만 성과로 이어질 수 있다고 조언한다. "공부하는 데 중요한 것은 폭발력보다 '꾸준함'이라는 점입니다. 그렇기 때문에 큰 목표를 세우되, 그것을 최대한 나눠 눈앞의 작은 목표들로 만들고 하나하나 차근차근 달성해 나가는 과정 속에서만 큰 목표를 이뤄 낼 수 있습니다."

같은 과에 재학 중인 유도혁 마스터 또한 큰 목표를 세우되, 늘 초점은 작은 목표와 계획 그리고 그것을 달성해 나가는 과정에 있어야 한다고 말한다. "큰 목표나 최종적인 결과보다 과정을 돌아보는 습관을 길러야 합니다. 물론 과정만큼 결과도 중요하지만 결과는 운이라는 요소에 많은 영향을 받기 때문에 내가 직접 컨트롤할 수 있는 것이 아닙니다. 작은 목표와 계획을 토대로 자신이 만족할 만한 과정을 만들고 결과는 하늘에 맡겨야 합니다. 우리가 성장하는 순간은 결과가 나올 때가 아니라 그 과정 중에 있고 과정들이 쌓이면 결과는 따라오게 되어 있습니다."

진짜 목표를 이루고 싶다면 가장 큰 목표를 분명히 정의하자. 그런 다음 큰 목표를 최대한 나누고, 하루하루를 작은 목표를 이뤄 내는 것에 집중하라. 그것이 성공적인 학습 계획을 세우는 핵심 메커니즘이다.

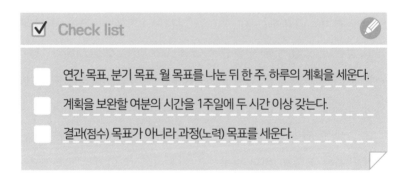

☑ Check list

- 연간 목표, 분기 목표, 월 목표를 나눈 뒤 한 주, 하루의 계획을 세운다.
- 계획을 보완할 여분의 시간을 1주일에 두 시간 이상 갖는다.
- 결과(점수) 목표가 아니라 과정(노력) 목표를 세운다.

스스로 발등에 불을 떨어뜨리는 방법

쌍둥이 형제인 여호원, 여호용 마스터는 2011학년도 서울대학교 자유전공학부와 경영학과에 동시 합격했다. 큰형 역시 서울대학교 경영학과였기 때문에 결과적으로는 세 형제가 모두 서울대학교에 몸을 담게 되었다. 쌍둥이 형제의 서울대학교 합격 소식은 큰 화제를 모았고 그들은 합격 당시 유명 연예인만 출연할 정도로 인기 예능인 「현장토크쇼 택시」를 비롯해 각종 방송과 언론에 출연했다.

세 형제가 모두 서울대학교에 진학할 수 있었던 비결을 묻자, 그들은 쌍둥이답게 입을 모아 말했다.

"공부 현황판과 스케줄러를 꾸준히 작성했어요. 이것을 활용해 학습량을 주기적으로 체크하며 효율적으로 공부할 수 있었죠."

공부 현황판이 주는
2가지 효과

어린 시절 그들의 부모님은 세 형제에게 항상 뭔가를 할 때 A4 용지에 학교 숙제나 학습지 등 그날 해야 할 일을 모두 적게끔 했다. 계획표에 적힌 할 일을 모두 끝내야만 자유 시간을 누릴 수 있었다. 그렇게 만들어진 계획 세우기 습관은 중학교를 지나 고등학교 때까지 이어졌다.

그들의 부모는 공부를 억지로 시키지 않았지만 최소한 뭔가를 할 때는 해야 할 것을 적고 언제 할지에 대해 계획을 세우는 습관만큼은 자녀들이 지닐 수 있도록 했다. 그 덕분에 그들의 계획 세우기 습관은 시간이 지날수록 정교해졌다. 그렇게 만들어진 것이 '공부 현황판' 만들기 습관이다.

"고등학교 때부터 공부 현황판을 만들기 시작했습니다. 시험 기간이 되면 A4 용지나 노트에 해야 할 모든 공부를 적었습니다. 그리고 과목별로 공부해야 할 교재와 범위를 상세히 적고 그것을 총 몇 번씩 볼지, 어떤 식으로 복습할지 같은 세부적인 목표들을 해야 할 일의 목록 형태로 모두 적었습니다."

세부적인 목표들은 소단원 또는 쪽수별로 최대한 나누어 표기했다. 결과적으로 시험 기간에 해야 할 공부의 '총량'을 한눈에 볼 수 있도록 만들었다. 하나씩 세부 목표들을 끝내고 나면 옆에다가 동그라미를 치면서 해야 할 것들을 하나씩 지워 나갔다. 이 공부 현황판을 바탕으로 스케줄러에 어떤 목표를 언제까지 끝낼지 적고 전체 일정을 관리했다. 그들은 공부 현황판의 효과에 대해 다음과 같이 말한다.

"먼저 내가 시험 때까지 해야 할 일이 무엇인지를 모두 한눈에 파악할 수 있었습니다. 그렇게 되면 대부분 '내가 시험 기간 때까지 해야 할 것들이 이렇게 많구나' 하는 압박을 느끼게 됩니다. 의식적으로 발등에 불을 떨어뜨리는 겁니다. 내가 할 것이 얼마나 많은지를 직접 눈으로 확인하면 결코 시간을 낭비할 수 없게 됩니다."

실제로 시험 기간을 앞두고 해야 할 것들을 머릿속에서만 생각하면 그 양을 체감하기 힘들다. 결국 하루하루 해야 할 것들을 미루게 마련이다. 하지만 해야 할 것들을 직접 손으로 적어만 봐도 해야 할 것들의 총량을 체감할 수 있고 그것들을 미룰 가능성이 낮아진다.

한편, 반대의 효과도 있다. 많은 학생이 시험 기간이 되면 불안감을 느낀다. 대부분 '해야 할 것 같은데 아직 하지 못한 것'들에 대한 불안감이다. 그렇기 때문에 해야 할 것들 중에서 이미 해낸 것과 하지 않은 것을 직접 적고 확인하는 것만으로도 그 불안감을 잠재울 수 있다. 실제로 여호원 마스터는 고등학교 2학년 초까지만 해도 이 정도로 공부 현황판을 꼼꼼하게 만들지 않았다. 그러던 중 중간고사를 열흘 정도 남기고 갑자기 불안감에 시달리며 극심한 스트레스를 받았다.

"내가 이 스트레스를 왜 받는 걸까를 고민해 봤습니다. 고민 끝에 준비가 안 된 뭔가가 있어서 스트레스를 받는다는 사실을 깨달았습니다. 그때부터 실제로 뭐가 되어 있고 뭐가 안 되어 있는지를 찾아 적기 시작했습니다. 그렇게 현황판을 다 만들고 안 된 부분을 어떻게 할지 계획을 세우고 나니 불안감이 모두 사라졌습니다."

그들에게 공부 현황판은 그 자체로 시험 기간의 불안이나 나태함을 모두 잠재울 수 있는 최고의 수단이었다.

항상 보이는 곳에 두어라

여호원, 여호용 마스터에게는 공부 현황판을 만드는 것은 곧 시험 기간의 시작을 의미한다. "저희는 시험 기간과 시험 기간이 끝날 때 완전히 다른 사람이 되는 편입니다. 이를 위해 공부 현황판을 만드는 것을 시험 기간 시작을 알리는 나만의 '의식'처럼 활용했습니다."

그들은 이런 몰입의 상태를 시험 기간 내내 유지하기 위해서는 공부 현황판이 항상 쉽게 눈에 들어올 수 있도록 만들어야 한다고 말한다. "시험 기간에는 항상 이 현황판을 책상 위에 두었습니다. 매일매일 공부한 것과 해야 할 내용을 확인했습니다. 그뿐만 아니라 내가 당장 무엇을 해야 하는지 고민 없이 파악할 수 있었습니다."

그들이 내신 시험 기간에만 이렇게 공부 현황판을 만든 것은 아니다. 시험이 끝난 뒤 일정 기간은 비교적 자유롭게 공부하더라도 다시 충분한 휴식을 취하고 나면 한 달마다 수능과 모의고사를 대비하기 위한 공부 현황판을 만들었다. 특히 방학 기간에는 시험 기간만큼 빠듯한 공부 현황판을 만들어서 부족한 점을 완벽하게 채우는 시간으로 만들었다.

여호용 마스터는 말한다. "예를 들어 1학년 여름 방학에는 지수와 로그, 행렬과 수열을 마스터하겠다는 목표를 세웠습니다. 그 부분을 마스터하기 위해 어떤 공부를 해야 할지를 구체적으로 세웠습니다. 어떤 인강을 들을지, 어떤 교재들을 끝낼지를 정하고 방학 기간 내내 현황판을 확인하며 방학이 끝날 때까지 모두 마칠 수 있도록 했습니다."

안 될 때는
과감히 수정한다

그들은 공부 현황판을 제대로 활용하기 위해서는 두 가지를 반드시 유의해야 한다고 말했다. "공부 현황판을 처음 만들게 되면 의욕이 넘쳐서 너무 많은 목표를 적을 수 있습니다. 하지만 공부 현황판을 제대로 활용하기 위해서는 현실적인 계획을 세울 줄 알아야 합니다. 저도 처음에는 계획을 계속 고쳤어요. 월간 계획을 세워도 1주일만 지나면 그게 틀어질 가능성은 높죠. 하지만 그렇다고 계획이 의미 없는 건 아닙니다. 지우고 다시 쓰더라도 계속 계획을 세우는 연습을 해야만 현실적으로 얼마만큼 할 수 있는지에 대한 감을 잡을 수 있습니다."

공부 현황판을 활용하면서 필요하다면 지속적으로 계획을 수정하고 현실적으로 해낼 수 있는 학습량을 파악해 가며 공부 현황판의 달성률을 높여 나가는 것이 중요하다.

한편, 그들은 여느 마스터들과 마찬가지로 계획이 틀어질 경우를 대비해 여분의 시간을 갖도록 했다. 그럼에도 어느 시점이 되면 공부 현황판에서 끝내 하지 못하는 것이 생길 수 있다. 그들은 이러한 상황에서 최상의 성과를 거두기 위해서는 항상 우선순위를 정해 두는 것이 필요하다고 말한다.

"엄밀히 말하면 우선순위는 무엇부터 할지를 정하는 것이 아니라 무엇부터 하지 않을지를 정하는 것입니다. 어차피 다할 수 있는 거라면 우선순위는 크게 의미가 없는 것이니까요."

특히 이를 통해 여러 과목의 시험을 치를 때 과목별 공부 균형을 잡을 수 있다. 먼저 공부 현황판은 그 자체로도 과목별로 공부 균형을 맞추는 데 큰 도움을 줄 수 있다. 내가 어떤 과목을 많이 공부했고 적게 공부했는지 한눈에 알 수 있으니 그로 인해 조금 더 균형을 맞출 수 있게 된다. 여기에 우선순위까지 세우면 과목별 공부 균형은 더욱 정교해질 수 있다. 과목별, 과목 내에서도 교재별로 우선순위를 정해 두면 시간이 부족할 때 무엇부터 하지 않을지를 파악할 수 있다. 이를 바탕으로 과감하게 주어진 시간 내에 더 성과에 도움 되는 것에만 집중할 수 있다. 이렇게 하면 과목별 공부 편차를 줄여 모든 과목에서 좋은 성과를 거두는 데 도움이 된다.

사람은 어두운 길에 들어서면 무엇이 나타날지 몰라 두려움을 느낀다. 그 상황에서 두려움을 사라지게 만드는 최고의 방법은 밝은 불빛을 비춰 시야를 확보하는 일이다. 마찬가지로 공부 현황판을 만드는 것은 내가 해야 할 것에 대해 빛을 비춰 시야를 확보해 주는 것과 같다. 눈으로 직접 확인하는 것만으로도 해야 할 것을 미지의 대상이 아니라 내 손 안에서 조절할 수 있다.

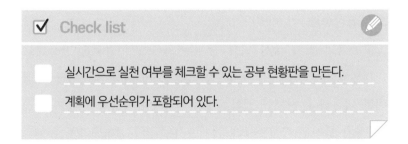

☑ Check list

☐ 실시간으로 실천 여부를 체크할 수 있는 공부 현황판을 만든다.

☐ 계획에 우선순위가 포함되어 있다.

목표와 현실의 차이를
알아야 성적은 오른다

김영훈 마스터는 2011학년도 입시에서 서울대학교 자유전공학부 정원 160명 중 15명을 뽑는 우선 선발에 합격했다. 그는 경찰대에도 합격했으며 '불수능'이라 불렸던 그해 수능에서 500점 만점에 489점의 성적을 거두었다. 압도적인 스펙이 아닌데도 기라성 같은 학생들을 제치고 그가 우선 선발로 합격한 비결은 성적이 폭발적으로 급상승한 덕분이었다.

고등학교 입학 당시 치른 반 배치고사에서 김영훈 마스터는 160명 중 110등을 기록했다. 첫 중간고사에서는 평균 4~5등급대를 기록했다. 하지만 정확히 1년 뒤인 2학년 1학기, 문과 전체 4등까지 성적을 끌어올렸다. 그리고 1년 뒤인 3학년 1학기 때는 전교 1등으로 올라섰다. 그중에서도 수학 과목에서 성적이 급상승한 것은 믿기 힘든 것이었다. 비교적 어렵게 출제된 반 배치고사에서 수학 18점을 받고 1학기 수학에서 5등급을 받았다. 하지만 3학년 1학기에는 뛰어난 학생들을 모두 제치고 문과 전체 수학 1등으로 올라섰다. 그리고 2017년 그는 2년 반의 수험 생활 끝에 공무원 시험의 '끝판왕'이라 불리는 행정고시 재경직에 합격했다.

김영훈 마스터는 자신의 기적 같은 성적 급상승의 비결에 대해 이렇게 말한다. "스스로를 점검하는 시간이 절대적으로 중요하다고 생각합니다. 단순히 자신의 장단점뿐 아니라 수험 생활에서 내가 지금 필요한 점이 무엇이고, 부족한 점이 무엇인지를 살펴야 합니다. 그러려면 스스로 시간을 갖고 철저히 고민해야 합니다."

열정과 냉정 사이에 서라

 열정: 반드시 오를 거라는 믿음을 가져라

김영훈 마스터는 고등학교에 입학을 해서 치른 첫 배치고사에서 충격적인 등수를 받았다. 특히 수학 과목에서는 거의 꼴찌에 가까운 성적이 나왔다. 그것이 트라우마가 되어 시험 기간이면 밥도 제대로 먹지 못했다. 극도의 압박과 지나친 스트레스로 먹는 족족 토했기 때문이다.

"아무리 열심히 해도 성적이 오르는 게 눈에 보이지 않는 것이 너무 힘들었습니다. 예를 들어 게임은 열심히 하면 캐릭터가 강해지는 것이 보이는데 공부는 그게 안 보이는 거죠. 그래서 포기하고 싶었던 순간이 참 많았어요. 그런데 누가 그러더군요. 성적은 원래 수직 상승하는 게 아니라 계단처럼 단계별로 오르는 거라고. 그래서 그냥 이렇게 하면 언젠가는 성적이 오를 거라 믿었습니다. 한 계단을 넘어서는 극적인 변화의 순간이 언젠가 올 거라고 믿었습니다."

그때부터 김영훈 마스터는 어떻게 그 목표 지점에 최대한 빨리 도달할 수 있을까를 고민했다. "정말 별 방법을 다 써봤습니다. 2학년 때까지 세상에 존재한다는 모든 공부법을 다 시도해 본 것 같습니다. 예를 들어 단권화 공부법을 알게 되었을 때는 공책 하나에 사탐 교과서 4~5개에 참고서까지 모두 정리를 해 보기도 했습니다. 또 문제집을 많이 푸는 게 중요하다는 이야기를 들었을 때, 정말 심할 때는 1주일 동안 11권의 수학 문제집을 풀기도 했습니다. 그렇게 하면서 조금씩 저만의 공부법을 찾아가기 시작했습니다."

언젠가는 성적이 오를 거라 굳게 믿었던 덕분일까. 생각보다 성적 상승 속도가 빨랐다. 2학년 1학기 3월 모의고사에서 지금껏 받지 못했던 성적을 받았다. 그때부터 시작해 내신 성적도 수직 상승하기 시작했다. 김영훈 마스터는 성적이 오르지 않아 고민하는 학생들에게 이렇게 조언한다.

"'할 수 있다'를 넘어서 '이미 할 수 있게 되어 있다'라고 생각하세요. 다만 그 기간은 사람마다 다를 수 있습니다. 그렇다면 우리에게 남은 건 한 가지 '어떻게 하면, 최대한 빨리 되게끔 만들 것인지'만 고민하면 됩니다. 생각보다 많은 사람이 성과가 나오는 게 눈에 보이지 않으면 '이게 맞는 건가, 할 수 있을까' 스스로 의심을 합니다. 하지만 그 시간까지도 더 나은 전략과 방법을 찾기 위해 쓴다면 나도 모르는 새 이미 한 단계를 넘어설 수 있습니다."

 냉정: 제3자의 눈으로 자신을 보라

'이미 할 수 있게 되어 있다'라는 믿음을 가셨다면 다음으로 해야 할 일은 '어떻게 해낼 것인가'이다. 이 질문에 대한 답을 찾기 위해서는 자신의 능력치와 부족한 점을 객관적으로 알아야 한다. 그래야만 빠른 시간 내에 실력을 끌어올릴 수 있다.

김영훈 마스터는 말한다. "성과를 내기 위해서는 스스로에게 냉정해야 합니다. 모르는 것을 안다고 얘기하는 건 자기 스스로를 과대평가하는 것입니다. 한 번 봐 놓고 다 안다고 생각하는 학생들이 많습니다. 하지만 진짜 알기 위해서는 몇 번씩 봐야 합니다. 머릿속에서 '이제 다했다'라는 말을 지워야 합니다. 정말 다했다면 만점을 받을 수 있어야 합니다. 우리의 목표는 단순히 아는 수준을 넘어서 응용한 문제를 풀 수 있을 정도가 되는 것입니다. 그러기 위해서는 직접 적용해 봐야 하는데 그런 점에서 저는 하나의 주제나 유형 하나만 갖고 적어도 200~300개의 문제는 풀어 봐야 진짜 알게 된다고 생각합니다."

한편, 김영훈 마스터는 스스로에게 냉정해지기 위해서 충격 요법이 가장 효과적인 방법이라고 말한다. "목표와 현실의 차이가 얼마나 큰지를 냉정하게 파악해야 합니다. 당장 고등학교 때는 성적이 제일 객관적으로 드러나죠. 목표와 실제 성적 차이가 얼마나 나는지를 확인하고 그 차이를 인정해야 합니다."

김영훈 마스터의 말처럼 '스스로 80점 실력이라고 생각했더라도, 60점이 나왔다면 내 실력은 60점이구나'라는 걸 받아들여야 한다. 실제로 많은 수험생이 성과를 내지 못하는 중요한 이유 중의 하나가 여기에 있다. 예를 들어 시험이 끝나면 분노에 젖어 시험지를 찢어 버리거나 '실수만 아니었으면 10점은 더 올랐을 텐데' 하고 핑계 대는 친구들이 있다. 그들이 그런 행동을 하는 이유는 결국 객관적인 자신의 성적을 인정하지 않고 받아들이지 못하기 때문이다. 하지만 현실을 인정하지 않으면 나아지는 것은 아무것도 없다.

서울대학교 언론정보학과에 재학 중인 조민기 마스터 또한 스스로 냉정해야 한다고 말한다. "부모님이나 친구들, 선생님 중에서 단 한 명이라도 열심히 했다고 하지 않으면 열심히 하지 않은 것입니다. 왜냐하면 한 명이라도 열심히 하지 않았다고 말한다면 그 말은 곧 더 열심히 할 수 있는 여지가 있었다는 뜻이기 때문입니다. 쉬지 말라는 것도 아니고 남에게 공부하는 모습을 보이도록 노력하라는 것이 아닙니다. 열심히 하는 사람은 그 사람이 생색내지 않아도 다른 사람에게 보이게 마련입니다. 스스로는 물론 주변의 사람이 자신에 대해 냉정하게 평가 내린 것을 받아들일 수 있다면 시험에서 만족할 만한 성적을 거두게 될 것입니다."

계획을 점검하며
나의 능력치 파악하기

김영훈 마스터는 현재 상태를 제대로 파악하기 위해 가장 중요한 것은 '자신을 객관적으로 보는 능력', 즉 자기 객관화를 잘해야 한다고 말한다.

"자기 객관화를 위해 제일 중요한 것은 자기 합리화를 하지 않는 것입니다. 합리화가 들어가는 순간 객관화는 불가능합니다. 저는 고등학교 때나 행정고시를 준비할 때도 항상 모든 이유를 저에게서 찾고자 했습니다." 자기 객관화를 위해서 그는 두 가지를 강조한다. 객관적으로 내가 무엇이 부족한지를 파악하는 일과 스스로의 능력치를 정확히 파악하는 것이다.

무엇이 부족한지를 철저히 파악하기

먼저 김영훈 마스터는 항상 무엇이 스스로 부족한지를 적극적으로 찾으라고 말한다. "예를 들어 국사 같은 경우 저 혼자 시험 전날에 기숙사 샤워실에 들어가 혼자 수업하듯 말해 보면서 부족한 점을 찾고자 노력했습니다. 다른 과목도 책을 안 보고 머릿속으로 내용을 순서대로 정리하는 연습을 했습니다. 항상 저만의 '탐지기'를 켜 두고 의식적으로 모르는 걸 찾았습니다. 보통 한 시간 반 단위로 공부했는데, 끝나고 나면 반드시 10분 동안은 머릿속으로 공부한 내용을 순서대로 다시 떠올렸습니다. 그렇게 되면 어딘가 비어 있는 부분이 있습니다. 그 부분을 다시 채워서 공부했습니다. 문제를 풀 때 조금이라도 헷갈리는 게 있다면 다시 공부해야 합니다. 저는 늘 공부의 목표치를 차례만 보고도 무슨 내용이 있는지, 머릿속에 체계적으로 정리되도록 했습니다."

김영훈 마스터는 그렇게 부족한 점을 찾았다면 그 부분부터 우선적으로 채워야 한다고 말한다. "제가 수학에서 성적이 급상승한 것도 결국 내가 부족한 것에 절대적으로 많은 시간을 썼기 때문입니다. 많은 수험생이 모르거나 약한 과목이 있으면 그걸 피하려고 합니다. 재미없고 싫기 때문에 잘하는 것만 하다가 다시 돌아옵니다. 결국 그렇게 포기하게 됩니다. 싫고 두렵더라도 부족한 점부터 채워 나갈 수 있는 용기를 가져야 합니다."

그는 부족한 수학 과목을 채우기 위해 고등학교 1학년 내내 거의 모든 시간을 수학에 투자했다. 이 과정에서 그는 선생님들이 출제 범위로 나눠 준 프린트물의 수학 문제를 다섯 번도 넘게 풀었다. 다른 친구 가운데 수학 문제를 그렇게 여러 번 푸는 것을 본 적이 없었다. 부족한 점을 어떻게든 채우려는 그의 집념이 지금의 성과를 만들어 낸 것이다.

동서고금의 현인들은 다음과 같이 일관되게 모두 내가 아는 것과 모르는 것을 정확히 구분해야 진짜 앎의 상태에 도달할 수 있다고 설파한다.

- 진정한 앎은 당신이 아무것도 모른다는 것을 아는 것에서 시작한다. 먼저 너 자신을 알라.   - 소크라테스
- 아는 것을 안다 하고 모르는 것을 모른다 하는 것이 진정한 앎이다.   - 공자
- 지식을 완전히 내 것으로 만들려면 자신이 무엇을 모르는지, 무엇을 알려고 하는지부터 분명히 정하라.   - 다산 정약용

💡 스스로의 능력치를 파악하기

김영훈 마스터는 두 번째로 자신의 능력치를 제대로 파악해야만 효율적인 공부 계획을 세울 수 있다고 말한다. 많은 수험생이 보통 계획을 짤 때 공부량 또는 공부 시간 중 한 가지만을 계획에 적는

다. '수학 공부 한 시간' 또는 '수학 문제 30개 풀기'와 같은 식이다. 하지만 그렇게 했을 때 시간은 채웠지만 별로 효율이 나지 않거나 반대로 양은 채웠지만 시간이 계획을 초과하는 경우가 생긴다.

이를 위해서 김영훈 마스디는 항상 계획을 세울 때 시간과 목표량을 함께 설정하는 것이 바람직하다고 말한다. 이를 위해서는 기본적으로 내가 주어진 시간 동안 얼마만큼의 공부를 해낼 수 있는지에 대한 파악이 전제되어야 한다. 이런 점에서 자신의 능력치를 제대로 파악하는 것은 지속 가능한 공부를 이끌어 내는 바탕이 된다. "계획을 제대로 짜기 위해서는 우선 스스로의 능력치를 제대로 파악해야 합니다. 한 문제 푸는 데 시간이 얼마나 걸리는지를 알면 주어진 시간 안에 내가 몇 문제를 풀 수 있는지에 대한 목표량을 정할 수 있습니다. 만약 그 목표량을 제대로 채우지 못했다면 내가 제대로 집중을 못 한 거죠. 그런 식으로 공부 구간마다 효율과 집중력 또한 점검할 수 있었습니다."

그는 항상 공부가 끝나고 나면 그날의 계획과 실천 결과를 점검해서 스스로에 대한 능력치를 객관적으로 파악하는 시간을 가져야 한다고 말한다. 그렇게 자기 역량에 대한 파악이 지속되면 어떤 과목도 내가 어떻게 공부했을 때 얼마만큼의 시간이 소요되고 실제로 어떤 결과가 나올지에 대한 파악까지 할 수 있다.

위의 설명이 바로 '메타 인지'와 관련된 내용이다. 메타 인지란 1970년대 발달 심리학자 존 플라벨에 의해 만들어진 용어로 자신의 인지 과정에 대해 판단하는 능력이다. 한 다큐멘터리에서 상위 0.1퍼센트 성적을 거둔 이들의 공통점이 메타 인지에 있다는 연구 결과를 내놓으면서 많은 사람의 주목을 받기 시작했다. 메타 인지가 뛰어난 학생들은 '자신의 기억이 정확한지', '내가 공부하는 데 시간이 얼마나 걸릴지', '지금 하는 공부가 나에게 꼭 필요한 것인지' 등에 대해 정확히 파악한다. 메타 인지를 통해 우리는 스스로의 부족한 부분을 인식하고 이를 보완하는 방법을 찾을 수 있다. 그래서 공부를 할 때 메타 인지는 핵심적인 능력이다. 마스터들 또한 의식적으로나 무의식적으로 메타 인지에 대한 내용을 이해하고 이를 적극적으로 활용하고 있었다.

서울대학교 경영학과에 재학 중인 권승빈 마스터는 자신의 능력과 한계를 파악하는 것의 중요성에 대해서 이렇게 말한다. "공부하는 데 '자신이 하루에 최대 할 수 있는 공부량이 어느 정도인지', '공부 시간은 얼마나 걸리는지', '내가 할 수 있는 것과 없는 것은 무엇인지' 등을 정확히 아는 것은 매우 중요합니다. 메타 인지를 토대로 자신의 능력과 한계를 명확히 깨우쳐야 자신에게 적절하면서도 효과적인 공부 방법과 계획을 세울 수 있기 때문입니다. 그래서 이러한 인지가 공부의 시발점이 되어야 합니다."

또한 서울대학교 컴퓨터공학과를 졸업하고 현재 같은 과 박사 과정에 재학 중인 이현규 마스터는 자기 객관화의 중요성에 대해서 이렇게 말한다.

"바둑 격언 중에서 '반외팔목^{盤外八目}'이 있습니다. 두 사람이 바둑을 두면 관전자가 대국자보다 8집을 더 본다는 말입니다. 바둑에서의 8집은 바둑판에 먼저 돌을 놓는 흑이 상대인 백에게 제공하는 덤에 해당하는 크기입니다. 한 수를 더 볼 수 있다는 말입니다. 그만큼 객관적인 시선은 중요합니다. 1인칭에 얽매이지 말고 3인칭의 시선에서 자신을 바라볼 수 있도록 한다면 생각보다 큰 발전이 있다는 것입니다. 그렇게 자신을 한 수씩, 한 수씩 발전시켜 나간다면 좋은 결과가 있을 것입니다."

성과를 거두고 싶다면 항상 나를 점검하고 되돌아봐야 한다. 스스로를 알아 가기 위해 노력해야 한다. 그리고 내가 무엇을 모르는지 항상 의식적으로 찾으며 그 부분부터 채워 나가야 한다.

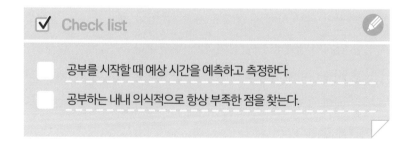

☑ Check list

- 공부를 시작할 때 예상 시간을 예측하고 측정한다.
- 공부하는 내내 의식적으로 항상 부족한 점을 찾는다.

날기를 배우려는 사람은
우선 서고 걷고 달리고 오르고
춤추는 것을 배워야 한다.

STUDY MASTER PLAN

공부 마스터들의
세 번째 비밀
_ #가성비

가장 빠르고, **쉬운 길**을 찾는다

처음에는 우리가 습관을 만들지만,
그다음에는 습관이 우리를 만든다.

공부 가성비를 높이는
전제 조건

최석영 마스터는 고교 시절 한 과목 2등급을 제외하고 3년긴 모든 과목에서 내신 1등급을 받았다. 서울대학교 언론정보학과, 연세대학교 언론홍보영상학부, 고려대학교 미디어학부에 수시 전형으로 합격해 '3관왕'에 올랐다. 한때 뉴스 앵커가 꿈이었던 그녀는 대학에 다니면서 언론학자로 진로를 바꿔 서울대학교 언론정보학과를 최우등으로 졸업한 뒤 같은 과 석사 과정 또한 최상위권 성적으로 졸업했다.

2017년 최석영 마스터는 한국에서 가장 권위 있는 장학재단인 한국고등교육재단의 유일한 언론학 전공 장학생으로 선발되어 해외유학 장학금을 받았다. 현재는 미국 최고 명문 중 하나로 꼽히는

USC ^{University of Southern California}에서 박사 과정을 밟고 있다. 그녀가 재학 중인 The Annenberg School for Communication and Journalism, USC는 QS 세계 대학교 순위 언론학 부문에서 3년 연속(2015~2017) 1위를 차지했다.

최석영 마스터는 대학 시절 시험공부를 할 때 자정을 넘겨 늦게까지 공부한 적이 거의 없었다. 게다가 서울대학교 홍보 대사를 비롯해 각종 대외 활동을 하고 서울대학교에서 공부를 타이트하게 시키기로 유명한 외교학 부전공을 병행했지만, 최우등으로 졸업할 만큼 우수한 학업 성적을 유지했다.

사실 최석영 마스터는 고등학교 시절에도 3년간 밤 12시를 넘겨서 공부한 적이 없었다. 그럼에도 오랫동안 좋은 성적을 유지할 수 있었던 이유는 '가성비' 높은 공부 덕분이다.

"저는 가성비를 높이기 위해 깨어 있는 시간에 가장 고도의 집중을 할 수 있도록 만들었습니다. 또한 내용을 여러 번 볼 수 없었기 때문에 한두 번만 봐도 내용을 기억할 수 있도록 목표를 세우고 공부를 했습니다."

최석영 마스터는 체력이 약한 편이라 밤 12시를 넘겨서는 공부를 하고 싶어도 할 수가 없었다. 자신의 성격 유형과 장단점을 알고 있었기 때문에 가장 효율적인 공부 방법을 찾으려고 노력했다.

공부 시간을 늘리지 말고
낭비 시간을 줄인다

최석영 마스터는 이와 같은 학업 성과의 비결에 대해서 이렇게 말한다. "수업에 집중하는 것을 넘어서 수업 때부터 시험에 대비한다는 자세로 임해야 합니다. 만약 수업에 집중하지 않고 다른 것을 하면 언젠가는 더 많은 시간을 들여 그것을 채워야 하기 때문에 수업에 집중하는 것이 가장 효율적인 공부의 첫 단계입니다."

최석영 마스터는 수업 들을 때 항상 예민한 상태로 '무엇이 문제로 나올지' 촉각을 곤두세우고 있었다. 또한 수업을 들으며 출제 가능성이 높은 내용을 색깔별로 다르게 표시했다. 선생님이 설명해주는 일반적인 내용은 검은색으로, 출제 가능성이 높은 내용은 정도에 따라 빨간색이나 파란색 등으로 구별해 필기했다. 또한 시험 전에 꼭 봐야 하는 부분, 예를 들어 서술형 예상 문제 같은 경우 형광펜으로 표시했다. 그러다 보니 시험 기간의 맨 마지막 순간에는 그녀가 표시한 곳에서 거의 모든 시험 문제가 출제되었다. 그 덕분에 그녀는 한 내용을 여러 번 볼 필요가 없었다.

"객관식 문제는 물론, 특히 서술형 문제는 선생님이 반드시 수업 때 힌트를 주거나 강조한 부분에서 출제가 되었습니다. 그것을 알고 시험을 대비하는 사람과 그렇지 않은 사람은 당연히 결과에서 차이가 납니다. 자습서나 문제집 같은 여러 소스에서 내용을 보완하면 효율성은 떨어지고 시간을 낭비할 수밖에 없습니다.”

최석영 마스터가 모든 과목에서 1등급을 받다가 딱 한 번 2등급을 받은 경험은 수업 집중의 중요성을 다시 한 번 상기시켜 주었다. 2학년 1학기 중간고사를 앞두고 그녀는 국어 문법 수업을 제대로 듣지 않고 그녀의 표현을 빌리자면 ‘삐딱선’을 탔다. 처음으로 교과서도 보지 않은 채 자습서로 혼자 공부를 했다. 그리고 중간고사 문법 과목에서 100등 밖의 성적이 나왔다.

“기말고사를 다시 제 원칙에 맞게 선생님 수업과 교과서 위주로 했더니 과목 3등을 했어요. 덕분에 2등급을 받을 수 있었습니다. 제 원칙을 무너뜨린 행동을 해서 실패했다가 다시 원칙을 지켜 성공한 사례라고 할 수 있죠. 그때부터 더 열심히 원칙을 지키고자 노력했습니다. 내신을 잘 관리하는 사람은 크게 두 종류가 있는 것 같습니다. 수업 시간을 잘 활용한 사람과 수업에 집중하지 않더라도 학원 등 다른 통로를 통해 좋은 성적을 얻는 사람. 후자 중에 성적을 잘 받는 사람도 있지만 수업에 집중하는 게 훨씬 더 시간을 절약할 수 있다고 생각합니다.”

수업을 듣는 것이 중요한 이유는 단순히 모르는 내용을 알 뿐만 아니라 수업을 진행하는 선생님, 즉 출제자가 무엇을 출제할지를 파악할 수 있는 ‘단 하나뿐인 기회’이기 때문이다. 이를 위해 최석영 마스터는 가능하다면 최대한 교실 앞자리에 앉을 것을 권한다.

"저는 3년간 단 한 번도 수업 시간에 학교 공부 이외의 딴짓을 하지 않았습니다. 선생님의 수업이 지루하거나 시간이 아깝게 느껴지는 수업이 있더라도 일관되게 수업 시간에 집중하는 것이 장기적으로 높은 성적을 유지하는 데 매우 중요합니다."

공부는 원칙의 싸움이다. 성적을 올리기 위해서는 그 원칙을 꾸준히 실천에 옮기는 것이 중요하다. 그때그때 급하다는 이유로 수업 시간에 행하는 다른 공부와 학원 숙제가 오히려 공부 성과를 조금씩 갉아먹고 있음을 기억해야 한다. 아이러니하게도 많은 학생이 잠을 줄여서 공부를 하겠다고 시작하는 순간 오히려 깨어 있는 시간을 더 낭비하기도 한다.

이러한 선택을 하는 순간 공부 효율이 떨어지고 수면 시간이 줄게 되면 체력도 저하되고 다시 공부 효율이 떨어지는, 말 그대로 악순환의 반복이 시작된다. 이 때문에 최석영 마스터는 잠자는 시간을 줄여서 공부 시간을 늘리기보다 깨어 있는 시간에 허투루 낭비하는 시간부터 줄이기를 권한다. 그녀는 잠에서 깨는 순간부터 공부를 마치기 직전까지 1분 1초도 낭비하지 않고 매우 '전략적으로' 시간을 사용했다. 예를 들면 학교에서 쉬는 시간의 경우, 화장실 가는 시간을 제외하고는 쪽잠을 잘지 혹은 숙제를 할지, 영단어를 외울지 등으로 그날그날 계획을 세웠다. 수업 시간에 집중하는 것이 그녀에게는 제일 중요했기 때문에 쉬는 시간 잠깐 눈을 붙이는 것도 전략적으로 매우 중요한 계획 중의 하나였다.

"시간의 가성비를 높인다는 것은 1분 1초도 쉬지 않고 공부한다는 의미가 아닙니다. 그 시간대와 상황에 맞춰 가장 효율이 높은 최적화된 무언가를 해야 한다는 것입니다."

또한 선생님이 가끔씩 수업 대신 주는 자습 시간을 적극적으로 활용했다. 그 시간에 다른 공부를 하기보다는 선생님에게 미리 정리해 둔 내용을 물어보면서 거의 일대일 지도처럼 궁금한 점들을 해소할 수 있었다고 말한다.

이해 없는 암기는
금방 무너진다

이렇게 공부 가성비를 중시하는 최석영 마스터의 습관은 같은 내용을 더 빠르게 공부하고 기억할 수 있는 방법을 찾는 것까지 이어졌다. "한두 번 만에 공부를 끝내야 하니까 저는 한 번 볼 때 정말 자세히 봤습니다. 책에 나온 모든 글자를 다 꼼꼼히 읽고 이해하기 위해 노력했습니다. '암기'만 하는 것이 아니라 '왜 그렇지?'라고 스스로 질문을 던지며 내용을 전부 이해하려고 노력했기 때문에 한두 번을 봐도 기억할 수 있었습니다."

고교 시절 한번은 영어 내신 시험을 앞두고 여느 때와 마찬가지로 그녀는 문법 문제를 풀기 위해 지문 전체를 막무가내로 암기하는 것이 아니라 문법 사항을 하나하나 철저히 이해하면서 공부했다. 그런데 하필이면 시험에서 선생님이 지문을 조금 변형해서 냈고 정답을 맞힌 사람이 전교에 두 명뿐이었다. 원래 영어를 잘해서 지문을 외우지 않고 시험을 본 친구 그리고 최석영 마스터였다.

　이해하기 위한 노력의 과정이 없는 암기는 금방 무너지게 되어 있다. 조금만 문제를 응용해서 출제하면 틀릴 수밖에 없다. 그러나 시간이 조금 걸리더라도 한 번 볼 때 최대한 그 흐름과 인과 관계를 이해하면 서너 번 보지 않더라도 그 내용은 자연스럽게 기억하게 된다. 또한 어떤 응용문제가 나와도 이해를 기반으로 한다면 충분히 문제를 풀어낼 수 있다. 그렇게 꼼꼼히 공부를 하다 보니 종종 최석영 마스터는 교과서나 참고서, 문제집의 오류를 찾아내는 일도 자주 있었다.

공부 내용의
설계도 만들기

　　　　최석영 마스터는 더 빠르게 공부하고 단시간에 많은 내용을 기억할 수 있었던 또 하나의 비결로 '구조화 공부법'을 꼽았다. 구조화는 최석영 마스터를 비롯해 많은 마스터가 공통되게 강조하는 공부 전략으로 기억해야 할 내용을 '설계도' 같은 구조로 만들어 기억하는 방법을 의미한다. 중요한 내용으로 토대를 만들고 그 안에 덜 중요한 내용을 채워 넣는 식이다. 그 설계도는 주로 차례를 의미한다.

마치 어떤 내용을 기억해야 할 때 내가 기억해야 할 단어의 개수가 몇 개인지만 알아도 훨씬 기억이 잘 나는 것이 구조화의 효과다. 이와 비슷하게 내용의 설계도라는 큰 틀을 미리 머릿속에 넣고 세부 내용들을 채워 가면 세부 내용들을 하나씩 따로 기억할 때보다 훨씬 더 기억의 효율이 높아지는 것을 경험할 수 있다.

"저는 한 번에 공부를 해야 하니 저만의 교과서를 보는 법이 있었어요. 책을 볼 때 반드시 차례를 먼저 훑어보고 항상 큰 흐름을 의식하면서 세부적인 내용을 보려고 했습니다. 그러다 보니 큰 틀에서 세부 내용이 끼워 맞춰져 내용 하나하나를 억지로 암기하지 않아도 자연스럽게 모든 내용을 기억할 수 있었습니다." 그렇기 때문에 그녀는 공부를 할 때 차례를 옆에 두고 공부하거나 소단원을 넘길 때마다 차례를 다시 볼 것을 조언한다.

최석영 마스터의 구조화 공부법은 대부분 100퍼센트 서술형으로 치르는 대학 시험에서도 높은 학점을 거두는 기반이 되었다. 특히 읽어야 할 논문이 많은 수업의 경우 논문을 여러 번 읽기가 힘들기 때문에 그녀는 아예 논문의 차례를 종이 여백에 조금씩 메모해 가며 다시 볼 때 그 차례만 봐도 전체 내용을 파악할 수 있도록 했다. 그 덕분에 30쪽이 넘는 영어 논문을 1주일에 열 편도 넘게 읽어야 하는 석사 과정 때도 좋은 성과를 거둘 수 있었다.

머릿속에 내용을
넣지 말고 꺼낸다

　　　　　　　　　구조화 공부법과 더불어 최석영 마스터가 공부 가성비를 최대로 끌어올리기 위해 사용한 또 다른 방법은 바로 '끄집어내기'다. 이는 머릿속에서 내용을 제대로 이해하고 기억하는지를 확인하는 원리로 공부한 내용을 안 보고도 다른 사람에게 설명하기, 백지에 쓰기와 같은 방법을 활용할 수 있다.

　"구조화를 통해 머릿속에 내용을 다 집어넣고 나면 반대로 구조화된 틀을 이용해서 설명하는 연습을 했습니다. 아는 내용을 두서없이 이야기하는 것이 아니라 구조와 흐름에 맞춰 설명을 하다 보니 자연스럽게 공부한 내용을 보지 않고도 정확히 꺼내는 연습을 할 수 있었습니다."

　의식적으로 공부 내용을 구조화하고 끄집어내는 연습을 한 덕분에 실제로 최석영 마스터는 사회탐구나 역사 과목을 공부할 때 문제집 한 번 풀지 않고도 100점을 받을 수 있었다. 이를 통해 문제집 풀이, 오답 정리의 시간을 축약한 것은 물론 문제집을 푸는 것 이상의 효과를 낼 수 있었던 것이다.

"만약 설명을 하다가 막히는 게 있으면 그건 제대로 이해를 못 했거나 기억하지 못하는 겁니다. 그러면 그 부분을 다시 공부하면 돼요. 사회나 역사처럼 개념을 응용하기보다 정확히 기억하는 것이 중요한 과목들은 이렇게 끄집어내는 것이 문제집을 푸는 것보다 훨씬 더 좋은 효과를 낼 수 있습니다."

한편, 최석영 마스터는 설명하는 시간조차 아끼기 위해서 자투리 시간을 적극적으로 활용했다. 체력을 키우기 위해 매일 저녁 집 근처 올림픽 공원을 어머니와 함께 산책을 하며 그날 공부한 내용을 설명했다. "운동을 할 때나 차를 타고 있을 때는 책이나 노트를 보기 어렵죠. 저는 그 시간을 오히려 다른 사람에게 또는 혼자서 설명하는 시간으로 활용했습니다. 이런 식으로 자투리 시간에도 그에 최적화된 공부를 할 수 있었습니다."

최석영 마스터는 과목과 내용의 효율성을 고려해 설명하기와 백지에 쓰는 연습을 병행해 사용하기도 했다. 백지에 쓸 때는 구조화된 내용들을 바탕으로 차례를 적고 큰 얼개를 그린 뒤 세부적인 내용에 대해서는 말로 설명을 해보는 식이었다. 백지에 쓰는 연습을 할 때는 마인드맵을 활용하는 것도 좋은 방법이 된다고 조언한다. "백지에 제가 맵핑하기 편하게 큰 얼개를 적습니다. 그리고 그 안을 채워 가면서 작은 가지, 더 작은 가지로 뻗어 나가면서 혼잣말로 제가 직접 설명해 보는 거죠."

그녀는 백지에 쓰거나 설명을 할 때도 효율성의 원칙을 잘 지켜야 한다고 말한다. "예를 들어 내용이 조선 혁명군과 한국 독립군에 대한 것이라고 하면 세부적인 내용을 다 쓰기보다 간단히 말을 할 수 있게, 기호를 표시하거나 키워드만 적는 식으로 조금 더 자유롭게 꺼내는 연습을 했습니다."

공부 구멍을 메우는
백지 복습법

서울대학교에서 건축학을 전공하고 여성학 석사 과정에 재학 중인 신유진 마스터 또한 '백지 복습법'에 대해 말했다. "공부할 때 반복적으로 읽어서 '인다고 생각하는 것'과 '진짜로 아는 것'은 큰 차이가 있습니다. 아는 것처럼 느껴진다고 해도 그것을 질문형으로 마주쳤을 때 그것에 대해 설명하려고 하면 생각만큼 쉽지 않은 경우가 많으니까요. 그럴 때를 대비해 시험 전에는 공부한 부분의 차례를 모두 적은 다음 거기에 대해 아는 내용을 모두 적어 보았습니다. 혹시 내가 못 쓰는 부분이 없는지 체크했고 스스로 문제를 내고 맞히면서 점검하기도 했어요."

그녀 또한 최석영 마스터와 마찬가지로 내용을 머릿속에 집어넣는 것보다 제대로 끄집어낼 수 있는지를 점검하는 것이 더 중요하다는 사실을 잘 알고 있었다. 이를 위해 차례를 보고 내용을 써 보는 연습을 하면서 '공부 구멍'을 메우는 연습을 했다.

2015년 수능 만점자이자 서울대학교 경영학과에 재학 중인 이동헌 마스터 또한 구조화와 머릿속에 있는 내용 '꺼내기'의 중요성에 대해 이렇게 말한다. "공부한 내용을 암기하기에 가장 좋은 방법은 자주 반복해서 '보는 것'이 아니라 머릿속에서 자주 '꺼내 보는 것'이라고 생각합니다. 그러면 단순히 읽는 것보다 머리를 더 많이 쓰게 되어 뇌에서 해당 지식과 관련된 뉴런의 연결이 더 강화되기 때문입니다. 공부한 내용을 밖으로 꺼내 놓을 때 사용할 수 있는 가장 좋은 구조화 툴이 '차례'와 '마인드맵'이라고 생각합니다. 실제로 복습을 할 때 백지를 펼쳐 놓고 이 두 방법을 많이 활용했습니다."

성적의 차이를 만드는 핵심은 똑같이 배운 내용을 '누가 더 끄집어내는 연습을 많이 하는가'에 달렸다. 머릿속에 얼마나 많은 내용을 집어넣는지가 아니라 제대로 끄집어낼 수 있는지를 평가하는 것이 시험이다. 그런데 대부분의 학생이 끄집어내는 연습은 거의 하지 않는다. 학교 수업, 학원, 인강, 과외 등 대부분의 시간이 집어넣기의 반복이다. 그러다 보면 정작 '공부 구멍', 즉 어설프게 이해했거나 알고 있지만 정확히 모르는 내용은 끝내 메워지지 않은 채 시험을 보게 되고 늘 그곳에서 뼈아픈 점수가 나간다.

우리가 시험을 준비하면서 그토록 많은 문제집을 푸는 이유도 바로 어디에 구멍이 있는지를 찾기 위해서다. 성적은 구멍을 잘 찾는 것에 비례한다. 구멍이 난 곳부터 다시 공부하여 자신이 모르는 구멍을 점점 줄여 나가야 한다. 구멍이 있음에도 이미 알고 있는 내용만 또 공부하는 것만큼 어리석은 행동은 없다. 아인슈타인은 이렇게 말했다. "만약 당신이 어떤 것을 단순하게 설명할 수 없다면 그것을 충분히 이해하지 못한 것이다."

공부를 열심히 하는데도 점수가 잘 나오지 않는다면 바로 이것부터 의심해 봐야 한다. 스스로에게 '나는 공부 구멍을 찾는 연습을 제대로 하고 있는가?' 하고 질문을 던져 보자.

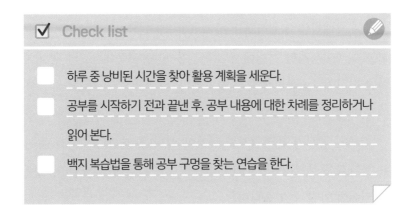

☑ Check list

- [ ] 하루 중 낭비된 시간을 찾아 활용 계획을 세운다.
- [ ] 공부를 시작하기 전과 끝낸 후, 공부 내용에 대한 차례를 정리하거나 읽어 본다.
- [ ] 백지 복습법을 통해 공부 구멍을 찾는 연습을 한다.

포기와 선택으로
공부의 효율성 높이기

박규진 마스터는 서울대학교 법학전문대학원(로스쿨)을 졸업하고 변호사 시험에 합격한 뒤 현재는 춘천 지방 검찰청에서 공익법무관으로 근무하고 있다. 일반고를 졸업한 그는 재수 끝에 정시 전형으로 서울대학교 경제학과에 합격했다. 대학을 4년 만에 '칼 졸업'하고 법학적성시험 시험에서 고득점을 받아 서울대학교와 연세대학교 법학전문대학원에 모두 합격했다.

"공부를 하는 데 분명 욕심이 필요합니다. 또한 그 욕심에 걸맞은 강도의 공부가 무엇인지를 알아야 합니다. 하지만 과도한 욕심과 부담감은 목표를 이루는 데 나쁜 영향을 끼칠 수 있습니다. 버릴 수 있어야 가질 수 있습니다."

모든 문제를
맞히려 하지 않는다

　　　　　　　박규진 마스터는 성적을 높이기 위해 세 가지를 과감히 포기했다고 말한다. 첫 번째는 시험장에서의 한 문제, 한 문제에 대한 과도한 집착이다. 그의 고3 시절은 항상 초조함의 연속이었다. 그러다 보니 고2 때부터 쉬는 시간에 늘 수학 문제를 풀고 점심시간에 영어 단어를 외웠다. 초조함을 없애려면 더 열심히 해야 한다는 생각 때문에 항상 긴장한 채 하루하루를 보냈다. 하지만 그럴수록 초조한 마음은 더 심해지기 마련이었다.

　결국 수능 날까지, 그는 과도한 심리적 중압감을 이겨 내지 못했다. 지나친 긴장과 초조함은 한 문제, 한 문제에 대한 집착으로 이어졌다. 풀기 어렵거나 헷갈리는 문제 하나하나에 너무 많은 시간을 쏟았고 끝내 남은 문제를 다 풀지 못했다. 그해 대학에 원서조차 넣지 않고 재수를 결심했다.

　"이완이 없으면 긴장감이나 집중이라는 말이 성립될 수 없습니다. 축구에서 공격수가 폭발력을 가지려면 미드필더처럼 계속 뛰어다니는 게 아니라 강약을 조절해야 하듯 이완을 해야만 순간적인 집중력을 발휘할 수 있습니다. 의도적으로라도 휴식을 취해야 합니다. 항상 '강, 강, 강'의 속도로 살면 언젠가 과부하가 걸릴 수밖에 없습니다. 시험 전날처럼 시간이 부족한 때도 의식적으로 조금이라도 휴식을 취해야 합니다. 그래야만 진짜 필요할 때 집중할 수 있습니다."

노트 정리의
강박을 버린다

　　　　　　박규진 마스터는 두 번째로 '정리'에 대해 과도한 집착을 버렸다. 고교 때나 대학, 로스쿨 시절에도 요약 노트를 만들지 않았다. 어린 시절부터 공부를 잘하는 편이 아니라서 스스로 공부 노하우에 대한 신뢰가 부족했다.

노트 단권화를 하기 위해서는 뭐가 중요한지 정확히 알아야 하지만, 항상 놓치는 것이 없을까 하는 불안감이 있었다. 이 때문에 아예 단권화 같은 요약 정리법을 포기하고, 그 대신 공부하면서 다시 봐야 할 부분을 체크하고 확인하며 반복적으로 복습하는 전략을 사용했다. 이 과정에서 의식적으로 시험 전날 볼 것과 시험 1주일 전에 볼 것 등을 나누어 체크해 공부했던 내용을 다시 볼 수 있도록 만들었다.

실제로 많은 학생이 공부하면서 요약 노트를 만든다. 그런데 조금 더 예쁘고 화려하게 정리를 하려다 보니 어느새 주객이 전도된다. "분명 요약 노트를 만드는 목적은 시험 전에 공부한 내용을 모두 알기 위함인데, 그보다는 요약 노트를 만드는 것 자체가 목적이 되곤 합니다. 체크를 해 두고 다시 펼쳐 보든 요약 노트나 오답 노트를 만들든 시험 전에 빠르게 다시 훑어볼 수 있는 시스템을 갖추는 것이 주목적이라는 사실을 잊어서는 안 됩니다. 요약 노트를 만드는 것이 비효율적으로 느껴진다면 차라리 정리를 해야 한다는 강박을 버리고 정리하는 데 드는 시간과 노력을 한 글자라도 더 보는 데 쓰는 것이 낫습니다."

실제로 그는 로스쿨 재학 시절 1학년 2학기 때 단권화를 시도하다가 큰 실패를 경험했다. "로스쿨 공부는 양이 많기 때문에 강약 조절이 필요한데 모든 걸 단권화 작업을 하려다가 완전히 성적을 말아먹었습니다. 그때 깨달았죠. 공부를 하면서 중요하지 않은 건 버릴 줄도 알아야 한다는 걸요."

또한 어떤 방식으로 복습을 할지 결정할 때는 시험 성격을 잘 고려해야 한다고 말한다. "개념을 철저히 다져야 한다면 요약 정리를 하거나 단권화하는 게 도움이 될 수 있습니다. 하지만 양이 많고 여러 사례나 내용을 다루는 시험이라면, 시험 직전에 많은 양을 봐야 하기 때문에 단권화보다 그 책을 자주 보면서 내용을 눈에 바르는 게 더 중요합니다."

한 번 보느니,
보지 않는 게 낫다

박규진 마스터는 세 번째로 많은 교재를 봐야 한다는 집착을 버리라고 조언한다. 그는 중학교를 전교 100등 밖의 성적으로 졸업했다. 항상 열심히 한다는 생각으로 시중의 많은 교재를 보며 공부했지만 성적은 오르지 않았다. 고등학교 1학년 1학기 중간고사를 앞두고 같은 반에 있던 전교 1등 친구에게 기술가정 과목의 한 내용에 대해 질문했다. 교과서 본문이 아닌 부가 정보에 있던 아주 세세한 내용이었다. 그때 그 친구는 완벽하게 그 부분을 통째로 외워서 답을 했고 그는 충격을 받았다. "저는 열심히 한다고 했지만 그 친구가 열심히 한다는 것과 제가 열심히 한다는 것은 아예 그 개념이 다른 거였어요. 그걸 계기로 하나를 보더라도 최대한 적극적이고 꼼꼼하게 공부하기 시작했습니다."

그렇게 치른 중간고사에서 그는 전교 13등을 기록했다. 그렇게 성적은 계속 오르기 시작했고 고등학교 2학년 때부터는 전교 1~2등을 놓치지 않았다. "공부를 하는 데는 포기와 선택이 중요합니다. 다시 볼 수 있는 부분이 아니라면 공부를 하지 않는 게 낫습니다. 한 번만 봐서는 시간만 뺏기게 마련입니다. 차라리 그 시간을 공부하고 나서 애매하거나 긴가민가하다고 느껴지는 부분을 다시 보는 데 쓰는 게 훨씬 효율적입니다."

특히 한 학기에 깨알 같은 글씨로 쓰인 책을 3000~4000쪽씩 소화해야 하는 로스쿨 공부 때 이와 같은 전략은 큰 도움이 되었다. 공부해야 할 내용이 많을수록 포기와 선택의 미덕이 필요하다. 많은 학생이 공부하면서 갖는 불안 가운데 하나는 여러 권을 봐야 하는데 다 못 봤다고 집착하는 것이다.

하지만 시간은 제한되어 있고 결코 모든 책을 다 볼 수는 없다. 정말 중요하고 필요한 것을 선택하고 그렇지 않은 것은 포기할 줄도 알아야 한다. 많은 마스터가 일관되게 '여러 권을 한 번 보는 것보다 한 권을 여러 번 보는 것'이 중요하다고 말한다. 무턱대고 이 교재도 보고 저 교재도 보는 식으로 의미 없이 공부양을 늘리는 것은 효율이 매우 떨어진다. 그보다는 기존에 공부했던 것을 다시 보면서 제대로 익히는 것이 훨씬 중요하다.

박규진 마스터는 고교 시절 수학 과목에서 『수학의 정석』, 『개념원리』 문제집과 개념서만 보았다. 어려운 문제집을 더 푸는 대신 두 문제집을 여러 번 반복해서 풀었더니 거의 모든 문제가 풀렸다고 말한다. "하나만 제대로 공부해도 응용력은 따라오게 마련입니다. 암기와 응용력, 문제 해결력은 결코 별개의 것이 아닙니다. 암기를 해서 문제 푸는 데 필요한 재료를 단단하게 만들어 놓으면 여러 권을 보지 않아도 충분히 응용할 수 있습니다."

어떤 분야에서나 그렇듯이 비현실적인 욕심은 목표를 망치게 마련이다. 버릴 줄 알아야 가질 수 있고 버릴 수 없다면 가질 수 없다.

좋은 성과를 내기 위해서는 절제의 미덕이 필요하다. 현명한 사람은 진짜 성과를 이뤄 내고 어리석은 사람은 성과를 쫓아가기에 급급하다. 특히 의욕이 넘치는 사람일수록 신중하게 자신이 할 수 있는 것과 할 수 없는 것을 구분해야 한다.

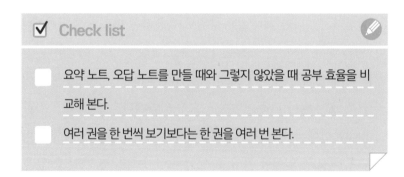

☑ Check list

☐ 요약 노트, 오답 노트를 만들 때와 그렇지 않았을 때 공부 효율을 비교해 본다.

☐ 여러 권을 한 번씩 보기보다는 한 권을 여러 번 본다.

모든 시험에 통하는
국어 공부법 4단계

2019학년도 불수능은 많은 학생에게 충격을 주었다. 그중에서도 학생들을 혼란에 빠뜨린 건 단연 국어 영역이었다. 국어 영역은 해마다 1등급 커트라인 점수가 90점이 넘었지만, 지난 수능의 경우 1등급 커트라인 점수(2018년 12월 초 기준)가 85~86점으로 예측될 만큼 초고난이도로 출제되었다. 더 이상 국어 영역 시험이 '국어'가 아니라 외국어처럼 느껴질 정도라는 우스갯소리가 나올 만큼 난이도가 높았다.

안타깝게도 성인이 되었다고 해서 '국어인 듯 국어 아닌' 시험이 끝나는 것은 아니다. 취업이나 로스쿨에 진학하기 위해서는 수능 국어 영역의 상위 호환 버전 시험을 치러야 한다. 그것도 수능만큼이나 잘 치러야 한다. 각종 국가 공무원 시험이나 공기업 시험 등은 물론 삼성 같은 대기업에 들어가기 위해서도 삼성 직무적성검사GSAT 같은 시험에서 '언어 논리'라는 관문을 거쳐야 한다.

최근에는 행정고시(5급 공무원) 1차 시험에 해당하는 공직 적격성 평가PSAT를 7급 공무원은 물론 9급 공무원 시험으로 확대한다는 이야기까지 나오고 있다. 또한 사법고시 폐지 이후 많은 대학생이 진학을 희망하는 법학전문대학원에 들어가기 위해 필요한 법학적성시험에서도 언어 이해 과목이 합격의 당락을 매우 크게 좌우한다. 공직 적격성 평가와 삼성 직무적성검사, 법학적성시험 모두 수능 국어 영역 시험과 출제 유형은 비슷하되, 난이도가 더 높은 시험이라 보면 이해하기 쉽다.

이 같은 상황에서 문혜영 마스터는 뛰어난 국어 실력으로 좋은 성과를 거둔 이다. 그녀는 항공대학교 항공교통물류우주 법학부를 수석 및 조기 졸업하고 2018학년도 입시에서 서울대학교와 고려대학교 법학전문대학원에 모두 합격했다.

문혜영 마스터가 합격할 수 있었던 핵심 이유는 법학적성시험에서 매우 높은 점수를 받았기 때문이다. 그녀는 난다 긴다 하는 전국의 명문대생이 응시하는 법학적성시험에서 과목별로 각각 네 문제를 틀려 전체 상위 1퍼센트의 점수를 기록했다.

서평을
활용한다

문혜영 마스터는 합격 이후 로스쿨 진학을 희망하는 사람들이 많이 이용하는 '서로연(서로 돕는 로스쿨 연합)' 카페에 자신의 합격 수기와 공부 노하우를 공유했다. 그녀의 합격 수기는 3만 명이 넘는 조회 수를 기록할 정도로 많은 이에게 희망과 동기 부여가 되고 있다.

특히 이 수기에는 문혜영 마스터의 국어 공부 비결이 자세히 담겨 있다. 국어 공부법은 크게 세 가지로 요약할 수 있다. 첫 번째는 글의 유형을 파악하는 연습, 두 번째는 글의 구조를 파악하는 연습, 세 번째는 오답 경향을 철저히 분석하는 연습이다.

먼저 첫 번째 글의 유형을 파악하는 연습에 대해서 이야기를 해보자. 문혜영 마스터는 수능 비문학이나 법학적성시험 모두 비슷한 출제 유형을 갖고 있다고 말한다. 출제 유형이 비슷할 수밖에 없는 이유는 시험에 사용되는 글의 유형이 비슷하기 때문이다.

"출제자 입장에서는 글의 내용이나 구조, 주제가 명확해야만 문제를 낼 수 있습니다. 그러다 보면 결국 시험에 출제되는 비문학 글은 깊이가 있는 글보다 압축적인 글이 많습니다. 그런 글은 대부분 '설명, 비판, 의의, 비교, 장단점 소개' 등과 같이 몇 개의 유형으로 한정되어 있습니다. 시험을 볼 때 글이나 문제를 보자마자 그 글이 어떤 유형에 속하는 글인지를 파악할 수 있다면 문제를 풀기가 훨씬 수월합니다."

이를 위해 문혜영 마스터는 평소 시험에 출제되는 글과 비슷한 유형의 글을 꾸준히 읽고 분석하는 연습이 필요하다고 말하며, 그 효과에 대해 이렇게 말한다. "이렇게 압축된 글을 읽고 글의 유형을 파악하는 연습을 해 나가다 보면 문제만 봐도 어떤 유형에 속하는 글인지를 쉽게 짐작할 수 있습니다. 그렇게 되면 이미 머릿속에 어떤 유형의 글이 어떻게 전개되는지 감이 잡혀 있기 때문에 글을 훨씬 쉽고 빠르게 읽어 나갈 수 있게 됩니다."

또 이와 같은 연습을 위해 '압축된 글'을 적극적으로 찾아 읽었다. 그녀가 생각하기에 압축된 글의 가장 좋은 표본은 바로 '서평'이다. "수능 국어나 법학적성시험 모두 제3자가 뭔가에 대해 객관적으로 서술하지만 약간의 가치 판단이 들어가는 글입니다. 이런 점에서 책에 대한 비평을 담은 서평이 시험에 출제되는 글과 가장 비슷한 유형의 글이라고 할 수 있습니다."

문혜영 마스터의 말대로 보통 서평에는 책 내용에 대한 설명과 비평자의 비판적 관점이나 생각하는 의의, 책의 장단점이 모두 포함되어 있다. 실제로 그녀는 이러한 글을 읽고 분석하기 위해 함께 시험을 준비하는 사람들과 독서 스터디를 운영했다. 카페에 올린 합격 수기에서 그녀는 독서 스터디에 대해 이렇게 말했다. "독서 스터디를 하면서 서울대학교 추천 도서 100권을 읽었는데 이는 아무래도 쉽지 않고 각 책들이 모두 읽기에 부담되는 분량이기 때문에 무턱대고 읽는 것이 아니라 (……) 『서울대 권장도서로 인문고전 100선 읽기』(2017) 3권짜리 시리즈가 시중에 판매되고 있습니다. 이 책을 보면 100권의 책이 각 10장 정도의 길이로 짧게 요약되어 간단한 평론과 함께 실려 있고 마지막 장에는 어디 출판사의 어떤 책을 참고했다고 나옵니다."

나만의
색인을 붙인다

두 번째로 문혜영 마스터가 깅조히는 국어 공부법의 핵심은 글의 구조를 파악하는 연습이다. 국어 영역에서 문제를 풀기 전 처음 글을 읽을 때 절대로 세부 내용에 집착하지 말라고 당부한다. 그 이유에 대해 이렇게 말한다. "국어 영역의 비문학이나 법학적성시험을 볼 때 세부 내용에 집착하면서 글을 읽기보다 한 발 물러서서 글의 구조와 층위를 파악해야 합니다. 어차피 처음 읽을 때의 세부 내용은 문제를 풀 때 잘 기억이 나지 않습니다. 그렇기 때문에 문제를 풀 때 관련 내용을 빠르게 찾도록 한다는 생각을 갖고 글을 읽어야 합니다. 글에다가 나만의 색인을 붙이는 거죠."

국어 독해를 하면서 문제가 A에 대해서 묻고 있을 때 글에 나만의 색인을 만들어 놓으면 다시 글로 돌아가 A가 어디 있는지를 바로 찾을 수 있다. 내가 만난 대부분의 마스터 또한 이와 비슷한 방식으로 수능 국어 영역 문제를 풀었다고 말했다.

문혜영 마스터는 색인 작업을 능수능란하게 하기 위해서는 평소에 글의 구조를 파악하고 문단별로 주제를 정리해 보는 연습을 꾸준히 하기를 권한다. 그녀가 연습했던 방식은 다음과 같다.

"보통 문제 풀이에 드는 만큼의 시간을 타이머로 맞춰 놓고 글을 읽습니다. 그리고 글을 덮은 다음에 포스트잇에다가 제가 생각한 문단별 색인을 써 봅니다. 색인은 보통 문단의 핵심 키워드나 주제라고 할 수 있습니다. 그렇게 연습을 하다 보면 긴 글이라 해도 한 장의 포스트잇에 글의 전체 구조와 흐름을 모두 정리할 수 있습니다."(이는 최석영 마스터가 사용했던 '공부 내용의 설계도 만들기' 전략과 상통하는 방법이다. 그녀는 글을 읽고 문단별로 키워드만 뽑아서 옆에다가 메모하는 방식으로 많은 양의 정보를 짧은 시간 내에 효율적으로 기억할 수 있었다.)

이렇게 꾸준히 연습한 덕분에 문혜영 마스터는 수능 시험장에서나 법학적성시험을 치를 때 글을 읽고 나면 자연스럽게 머릿속에 글의 구조와 범주가 그려질 수 있었다고 말한다. 더불어 그렇게 포스트잇을 모아 놓은 덕분에 부수 효과까지 얻을 수 있었다. 포스트잇들을 '빅 데이터'처럼 활용해 자신이 어떤 식으로 색인을 붙이고,

어떤 분야의 글에 취약한지를 파악할 수 있었다.

"보통 제가 취약한 분야의 글을 읽으면 색인을 붙이는 게 쉽지 않거나 다시 글을 읽어야만 하는 경우가 생깁니다. 그러면 의식적으로 시험을 치면서 시간을 분배할 때 취약했던 분야의 글에 더 많은 시간을 써야겠다고 미리 계획할 수 있습니다."

이런 식의 색인 활용법은 수능을 준비할 때 큰 도움이 되었다. 그래서 문혜영 마스터는 아예 법학적성시험 준비를 할 때는 스터디원들과 글을 읽고 서로 색인을 붙여 보고 비교해 가며 더 정교화된 연습을 해 나갔다. 그녀는 글 구조 파악의 중요성에 대해서 이렇게 말한다.

"예를 들어 커피를 얘기하는 글이라고 했을 때 나올 수 있는 내용은 커피의 종류나 의의, 커피 프랜차이즈, 커피 로스팅 등에 대한 것이겠죠. 그러면 각 주제별로 하위 차례가 나옵니다. 중요한 건 탐앤탐스, 엔젤리너스, 스타벅스를 얘기하는데 거기에 바닐라 라떼가 들어가면 안 된다는 겁니다. 마찬가지로 글과 문제가 속한 범주나 층위만 잘 찾아도 훨씬 쉽게 문제를 풀 수 있습니다. 핵심은 어떤 문제가 글의 어떤 범주에 대해서 묻고 있는지를 찾아내는 것입니다."

실제로 수능 문제를 보면 문단별로 문제가 출제되는 경우가 많다. 첫 문단이 첫 번째 문제, 두 번째 문단이 두 번째 문제에 연관되어 있는 식이다. 이와 관련해 학생들이나 학원, 인강 강사들 사이에서는 항상 '문제를 읽고 지문 보기'와 '지문을 읽고 문제 보기'에 갑론을박이 존재한다. 그러나 중요한 건 둘 중에 어떤 방식이 맞느냐가 아니라 전체 구조와 핵심 내용을 파악하고 이를 토대로 문제를 해석할 술 아는 능력이다. 사람마다 맞는 방식이 다르므로 본질을 더 잘 이끌어낼 수 있는 방법을 사용하면 그만이다.

이런 점에서 문혜영 마스터는 무작정 인강이나 학원 강의를 통해 국어 실력을 향상시키려는 생각을 지양해야 한다고 말한다. "사람마다 자신만의 색인 작업 노하우가 있습니다. 강의만 듣고 공부하면 나만의 색인을 만들기가 어렵습니다. 나만의 방식으로 흐름을 파악하고 구조를 찾는 연습을 해야만 실력을 키울 수 있습니다."

나의 오답 경향을 분석한다

문혜영 마스터는 세 번째로 국어 시험 성적 향상을 위해서는 절대적으로 자신의 오답 경향을 분석하는 일이 필요하다고 말한다. 그녀는 '서로연' 카페에 다음과 같이 수험생 시절 자신의 오답 경향을 분석한 파일을 캡처해 올렸다.

법률저널 1회 모의고사

언어 이해

1. 단순 실수 / 근대론자를 민족주의로 봄(원조론)

3. 해석 오류 / 14세기에 공통어인 라틴어가 아닌 지방어인 영어로 성격의 번역이 이루어졌다(문어 존재)

5. 해석 오류 / 제한 효소는 단백질(제한 효소가 단백질임을 간과)

6. 시간 부족 / CS9 단백질은 생산할 필요 X(시간이 없어서 확인을 못 함)

9. 해석 오류 / 필연적이라는 것에 대한 분석을 제대로 못 함

14. 보기 비교 오류 / X선의 에너지 = 광자?(다른 번호는 시간 때문에 확인 못 함)

21. 해석 오류 / 나비가 바다를 건넌다는 사실을 인정하기 싫은 게 아니라 너무 놀랍다는 것

23. 단순 실수 / 보기 5번을 아예 보시 못 함

24. 시간 부족 / 시간 없어서 아예 문제 제대로 못 읽음

31. 보기 비교 오류 / 정당 지도부의 힘은 커지게 된다

32. 해석 오류 / 진보나 보수 같은 라인으로 나눌 수 없다

34. 시간 부족 / 시간이 없어서 풀지 못 함

언어 1회

3. 해석 오류 / 고향과 전쟁에 대해 확인하지 못 함

4. 해석 오류 / 본문 제대로 확인 못 함

6. 해석 오류 / 글 제대로 해석 못 함

7. 단순 실수 / 글쓴이의 견해를 철학자의 견해로 봄

10. 단순 실수

11. 단순 실수

14. 단순 실수

16. 단순 실수

19. 해석 오류 / 글 제대로 해석 못 함

• 비판하기 위해서 자신은 그 특성을 아예 안 가지고 있어야 가능하다. (빨간색으로 표시)
• 확실하다고 생각하는 선지도 본문에서 한 번 더 확인하자. (빨간색으로 표시)

오답의 경향을 '단순 실수, 해석 오류, 시간 부족, 보기 비교 오류' 등으로 분류해 유형을 분석하고 가장 많이 오답이 나오는 유형부터 해결해 나가고자 했다.

카페에 올린 합격 수기에서 오답 경향 분석법에 대해 매우 상세히 언급한 내용을 소개하면 이렇다.

이 엑셀 파일은 제가 시험을 준비하는 순간부터 끝내는 순간까지 제일 소중하게 생각했던 파일이자 저만의 로드맵 같은 것이었습니다. 조금 단순하기는 했지만 모든 오답 유형을 '나만의' 단어로 정리했고 '나만의' 경향으로 만들었습니다. 그리고 이러한 경향을 계속해서 쌓고 문장을 반복해서 읽고 어느 부분이 틀렸다고 생각하는지 꼼꼼하게 체크하는 것이 결국 다음번에 같은 실수를 하지 않게 도와주었습니다.

엑셀 파일에 보면 빨간색 문장들이 하나씩 추가되는 것을 볼 수 있는데 그 문장을 1주일에 한 개씩 숙지하려고 애썼습니다. 다이어리에 쓰기도 하고 아침마다 보기도 하는 식으로 해서 문제를 풀기 시작하면 바로 그 생각이 머리에 콕 박히도록 했습니다. 그렇게 1주일에 하나씩만 습관을 고쳐도 그런 유형은 아예 틀리지 않는다는 것을 스스로 느낄 수 있습니다.

| 엑셀 파일 만드는 법 |

1. 하나의 문장을 만들기 위해서 법학적성시험 언어이해 및 추리논증 전 기출 문제를 네다섯 가지 유형으로 나누어 분류한다. 그런 다음 유형마다 접근법을 따로 만들어서 그대로 따라 가는 훈련을 반복한다.

2. 틀린 이유를 꼼꼼하게 적어 보며 틀리는 유형을 분석한다.
   (예시: 시간이 부족 / 비판 문제에 약함 / ㄱ, ㄴ, ㄷ 선지 문제에 약함 / 논리 게임 접근이 힘듦 / 과학 기술 지문 이해가 안 됨)

3. 위의 두 항목에 따라서 해결할 수 있는 방법을 만들어 본다.
   (예시: 문제마다 시간 2분씩 재고 풀기, 안 되면 3분에서 2분 50초로, 2분 50초에서 2분 30초로 줄이기 / 논리 게임만 모아 놓은 문제지를 찾아서 하루에 다섯 문제씩 접근법 파악하기 / 답지 필사해 보기)

4. 1주일에 하나씩만 실천하고 체화시킨다. 만약 1주일 안에 못 하면 체화할 때까지 반복한다.
   (예시: 이번 주에는 무조건 과학기술 지문을 6분 안에 풀기 / 이번 주에는 ㄱ, ㄴ, ㄷ 문제 풀 때 실수하지 말기)

5. 위 과정을 반복하다 보면 접근법을 스스로 깨닫게 된다.
   (예시: 주어를 꼼꼼하게 읽자 / 각 ㄱ, ㄴ, ㄷ은 어딘가에 분명 해당하는 내용이다. 잊어버리지 말고 당황하지 말고 지문에서 자리를 찾기)

이처럼 철저한 오답 경향 분석을 통해 문혜영 마스터는 평소에 할 수 있는 거의 모든 유형의 오답에 대해 대비하고 실수를 방지할 수 있었다. 이는 곧 법학적성시험 초고득점이라는 성과로 이어졌다.

국어 문제를 풀 때
절대 하지 말아야 할 2가지

문혜영 마스터는 국어 문제를 풀 때 두 가지를 경계해야 한다고 말한다. 첫 번째는 배경지식을 잘못 활용하는 경우다. 국어 독해 시험은 디테일한 내용에 대해서 얼마나 잘 기억하느냐가 아니라 글의 구조와 흐름, 핵심 내용을 제대로 읽어 낼 수 있는가를 평가하는 시험이다. 그런데 종종 자신이 글의 주제에 대해 지식이 많다고 생각하면 글을 대충 읽게 되는 경우가 생긴다. 하지만 글에서는 자신이 알고 있는 것과 다른 층위의 이야기를 할 수도 있고 혹은 자신이 알고 있는 것이 틀렸을 수도 있다.

"실제로 법학적성시험 때 경제학 관련 지문에서 경제학과 출신이 오히려 더 틀리는 경우가 있습니다. 저도 이과 출신이지만 국어 문제를 풀 때 제일 도움 안 된 것이 과학에서의 배경지식입니다. 배경지식은 종종 사람들로 하여금 안일하게 독해를 하게 만들고 그것이 오히려 독이 되곤 합니다. 이런 점에서 국어 문법 문제 또한 문법 지식으로 푸는 게 아닙니다. 이미 정보는 다 나와 있기 때문에 제대로만 읽으면 충분히 풀 수 있습니다. 독해를 할 때는 아예 배경지식이 없다고 생각하고 철저하게 주어진 글의 정보에만 충실해야 합니다."

두 번째로 문혜영 마스터는 국어 지문을 읽을 때 글에 함부로 밑줄을 치지 말라고 조언한다. "모든 내용에 밑줄 치면서 글을 읽으면 마치 내가 글을 모두 제대로 '독해'하고 있다고 착각하게 됩니다. 특히 국어는 중요한 내용을 찾는 게 핵심인데 모든 내용에 줄을 치면 중요한 내용이 무엇인지를 알 수 없습니다."

독해라는 글자는 읽을 '독讀', 풀 '해解', 즉 읽고 이해한다는 뜻이다. 하지만 주변에서 보면 대부분 학생이 글의 모든 줄에 밑줄을 치면서 그저 글을 따라 눈만 움직이며 읽는 것을 독해라고 착각하는 경우를 볼 수 있다. 이렇게 해서는 결코 글의 구조와 핵심 내용을 파악할 수 없다. 이러한 상황을 방지하기 위해 그녀는 국어 지문을 읽을 때 문단별로 한 줄 이상 줄을 치지 않고 기호는 몇 개 이하로만 표시하는 원칙이 있다고 말한다.

이와 관련해 문혜영 마스터는 글에 뭔가를 표시할 때도 무엇이든 최대한 의미 있게 표시하라고 조언한다. "예를 들어 적절한 것을 고르는 문제에서 잘못 골랐다면 몇 주 동안은 '적절한'이라는 단어에 동그라미를 의식적으로 치면서 같은 실수를 하지 않고자 노력했습니다. 또 주어를 제대로 안 읽어서 문제를 틀렸다면 반복적으로 주어에 동그라미 치는 연습을 하는 거죠. 이런 식으로 어떤 의미가 있는 부분에만 의식적으로 표시하도록 노력하면 표시하거나 밑줄 치는 것이 그 자체로 매우 효과적인 시험 풀이 스킬이 될 수 있습니다."

꾸준한 연습으로
감을 익힌다

문혜영 마스터의 국어 공부법은 아래와 같이 요약해 볼 수 있다.

① 평소 시험에 출제되는 글과 유사한 글을 충분히 읽고 분석한다.
② 글을 읽으며 핵심 키워드로 색인을 붙인다.
③ 나의 오답 경향을 유형별로 정리, 분석하고 철저히 대비한다.
④ 배경지식을 남용해 문제를 풀거나 함부로 밑줄 치지 않는다.

수능 국어 영역이나 각종 공무원 시험의 언어 과목, 법학적성시험 등 모두 지식이 아닌 근본적인 독해의 기술이 필요하기 때문에 다른 과목보다 성적 향상이 쉽지 않다. 이른바 '감'을 잡기 위해서는 아무래도 기본에 충실해야 한다. 평소 꾸준히 시험 유형에 맞는 글을 읽고 독해하는 연습과 글의 구조를 파악하며 철저히 자신의 오답을 분석해야 한다.

전교 꼴찌에서 서울대학교 국어교육과 합격이라는 놀라운 성과를 거둔 송시복 마스터 또한 수능 국어 만점 비결에 대해 비슷하게 말한다.

"비문학 실력을 키우려면 독서를 많이 해야 한다는데 고등학교 때는 독서할 시간이 없었습니다. 다행히 수능 국어는 심도 있게 이해해야 하는 학문이 아닙니다. 문제를 풀어내는 기술이 관건이라고 생각합니다. 저는 비문학 지문을 모두 모아 저만의 문제집을 만들었어요. 특히 EBS 문제은행 기능을 이용해서 경제나 과학, 기술처럼 제가 취약한 분야의 글을 죽어라 팠습니다. 그때 공부법은 크게 4단계입니다. 먼저 문단별로 주요 내용을 적습니다. 그다음 전체 지문을 다시 한 번 읽고 지문의 전체 주제를 적습니다. 마지막으로 글의 구조를 마인드맵이나 그림으로 그립니다. 이런 패턴화를 연습하면 훨씬 더 글의 구조에 대해 이해할 수 있습니다. 글의 내용을 '종류, 정의, 과정, 인과 관계'와 같이 메타적인 구조로 쉽게 파악할 수 있습니다. 이렇게 꾸준히 연습하면 결국 수능에서 지문이 한눈에 들어오는 효과를 경험할 수 있습니다."

이처럼 국어 영역에서 성적을 거두기 위해서는 제대로 된 원리에 기반해 꾸준히 연습하는 것만이 상책이다. 기본에 충실하다면 나도 모르는 새 성과는 따라올 것이라는 사실을 잊지 말자.

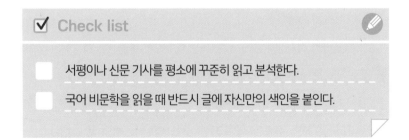

☑ Check list

☐ 서평이나 신문 기사를 평소에 꾸준히 읽고 분석한다.

☐ 국어 비문학을 읽을 때 반드시 글에 자신만의 색인을 붙인다.

최상위권은 문제 풀이의 '키'부터 찾는다

서울대학교 경제학과 석사 과정을 졸업한 고원식 마스터는 내가 본 서울대학교 문과생 가운데 가장 수학을 잘하고 수학을 잘 가르치는 이다. '선형대수학, 미분방정식, 해석개론, 확률의 개념 및 응용, 수리 통계……' 등 대학에 재학하며 그는 수학과 통계학과의 학부, 대학원 전공 수업을 수강했다. 문과생임에도 그 수업들에서 우수한 성적을 거두었다.

고원식 마스터는 이렇게 말했다. "수학 문제를 풀 때 가장 중요한 것은 그 문제의 '키key'를 찾는 일입니다. 최상위권 학생들은 그 '키'를 의식적으로든 무의식적으로든 찾아냅니다. 만약 수학 성적을 올리고 싶다면 문제의 실마리를 찾는 연습을 해야 합니다."

문제 풀이의
'키'를 찾는 방법

　　　　　　"고등학교 때는 제가 문제의 '키'를
찾고 있다고 인식하지 않았어요. 무의식중에 하고 있었던 거죠. 근
데 과외 아르바이트를 하면서 학생들을 가르치다 보니 제가 문제
를 푸는 방식에 대해 의식할 수 있었습니다. 난이도 중상의 문제,
소위 말하는 '좋은 문제, 킬러 문제'라는 것에는 항상 그 문제를 푸
는 '키'가 있어요. 그 실마리 찾는 연습을 해야만 어려운 문제를 풀
어낼 수 있습니다."

　고원식 마스터가 말하는 '키'는 '출제자의 의도, 응용 패턴' 등과
도 비슷한 말이라고 볼 수 있다. 예를 들어 다음과 같은 문세가 있
다고 해 보자. 자동차에 가려진 숫자는 과연 무엇일까?

(출처 : puzzling stack exchange)

정답은 87이다. 이 문제를 푸는 '키'는 이 그림을 뒤집어 보는 것이다. 그렇지 않으면 이 문제는 결코 풀 수가 없다. 이처럼 난이도 중상 정도 되는 문제에는 항상 그 문제를 풀어내는 '키'가 있다. 예를 들어 중학교 때 도형 부분에서 나오는 도형에 보조선 그어서 풀기, 내접원이나 외접원을 이용해 각의 정보를 길이 정보로 바꿔 풀기, 방정식에서 임의의 식 덧붙여서 문제 해결하기 등이 대표적인 문제 풀이의 '키'라고 할 수 있다. 문제를 푸는 데 필요한 '키'가 하나일 수도, 그 이상일 수도 있지만 중요한 사실은 '키'라는 것이 무궁무진하지 않다는 점이다.

"수학 문제에서 응용은 다양하게 되지만 응용이 되는 패턴은 정해져 있을 수밖에 없습니다. 그래서 패턴을 파악하는 게 중요합니다. 만약 일부 최상위권처럼 무의식으로 파악하기 어렵다면 이 패턴을 찾고 기억하는 연습을 해야 합니다."

실제로 수학 문제를 출제하는 사람의 입장에서 생각해 보면 고원식 마스터의 말이 훨씬 더 쉽게 이해된다. 수학 문제를 내는 사람들은 절대 무에서 유를 창조하지 않는다. 그것은 너무 많은 시간과 에너지를 요구할 뿐만 아니라 비효율적인 일이다. 그보다는 기존 문제 사이에 존재하는 '키'를 정해 놓고 그 '키'를 기반으로 새로운 문제를 만드는 것이 훨씬 합리적인 일이다.

"수학은 철학과 함께 인류 역사상 가장 오래되어 체계가 매우 잘 잡힌 학문입니다. 교과서 순서, 그 정의와 개념, 하나도 의미가 없는 게 없습니다. 그 의미 속에서 출제자가 문제를 출제하기 때문에 '키' 또한 일정하게 제한될 수밖에 없습니다."

고원식 마스터의 말처럼 '키' 또한 임의로 만들어지는 것이 아니다. 교육 과정에서 배우는 수학 개념은 개념적으로 이미 어떤 '키'로 적용될 수 있을지 정해져 있다. 예를 들어 '피타고라스의 정리'는 각의 정보가 길이 정보로 전환될 수 있는 대표적인 개념이다. 따라서 피타고라스의 정리가 무슨 내용인지를 아는 것보다 더 중요한 것은 그 개념이 어떻게 문제에 적용될 수 있는지를 아는 것이다. 이러한 점에서 철저한 개념 학습이 문제 풀이의 실마리를 찾는 기본이다.

"문제에 주어진 조건을 이용해 풀기 위해서는 조건에 관련된 지식을 잘 꺼내 와야 합니다. 개념이 주어지면 이미 꺼낼 수 있는 '기'의 가짓수는 제한되기 때문에 접근 방식 또한 한정되어 있습니다. 개념이 잘 잡혀 있으면 어디서 접근 방식을 빼와야 할지가 파악이 가능합니다."

나아가 고원식 마스터는 시험 문제를 풀 때 시험지를 받자마자 풀지 말고 잠시 문제를 관찰하라고 조언한다. 문제에서 의미 없는 조건이나 표현은 없기 때문에 전체적인 문제의 흐름을 관찰하다 보면 문제 풀이의 '키'를 발견할 가능성이 높아진다고 말한다.

대부분 학생이 수학 문제를 받자마자 별 생각 없이 계산식부터 세운다. 그렇게 되면 문제 풀이의 '키'는 오히려 더 깊이 숨어 버린다. 문제를 풀어내더라도 '키'를 발견해서 논리 정연하게 문제를 풀기보다는 말 그대로 꾸역꾸역 문제를 푸는 경우가 더 많다. 이렇게 해서 기본적인 수학 실력을 끌어올리기가 어렵다. 그렇기 때문에 난이도 중상의 문제를 풀 때면 항상 머릿속에 가장 먼저 이 문제를 푸는 '키'가 무엇인지를 떠올려야 한다.

답지를 보면
패턴이 보인다

"아무리 문제를 열심히 관찰해도 문제 풀이의 '키'가 보이지 않을 땐 어떻게 하나요?" 그는 이렇게 답했다. "저는 아무리 고민을 해도 '키'가 보이지 않으면 과감하게 답지를 봤습니다. 중요한 건 풀기 싫어서 또는 고민하기 싫어서 답지를 보면 약이 아니라 독이 됩니다. 반드시 답지를 보기 전에 충분히 고민하고 답지를 보고 나면 다시 내 손으로 풀어 보고 그 패턴을 익혀야 합니다. 만약 답지를 보고 나서 다시 답지를 보지 않고 문제를 풀었을 때 문제를 풀지 못한다면 그 답지를 제대로 익힌 게 아닙니다."

고원식 마스터는 답지를 볼 때 항상 '이런 패턴으로 푸는 구나', '이 문제의 키는 이거구나' 하는 생각이 들게끔 공부하라고 조언한다. 의식적으로 이런 연습을 하다 보면 어느 순간 나도 모르게 어려운 문제를 앞두고도 '키'가 보이는 경험을 할 수 있다고 말한다. 또한 그는 모르는 문제가 있을 때 답지의 모든 풀이 과정을 보기보다 답지를 부분적으로 활용하는 것이 더 좋은 방법이 될 수 있다고 말한다. "문제를 풀다가 막혔을 때 저는 막힌 부분에서 다음 단계로 어떻게 넘어갔는지만 보려고 노력했습니다. 그 단계만 기록해 놓고 다시 문제를 풀어 보았죠."

고원식 마스터는 '키'가 아닌데 '키'로 착각하고 그것을 기록하고 기억하려는 경우를 경계해야 한다고 조언한다. 이를 위해서는 철저하게 '이 문제가 왜 이렇게 풀리는지, 나아가 왜 이렇게 풀릴 수밖에 없는지'를 이해하고자 노력해야 한다.

"가, 나, 다의 조건을 줬을 때 '이 조건을 왜 줬지' 하는 의문에서 출발하면 이렇게 풀릴 수밖에 없는지를 이해하게 됩니다. 문제를 맞히고 나서 다시 보면 문제에는 단 한 단어도 의미 없는 게 없습니다. 문제를 처음 풀 때는 안 보이지만 풀이를 정돈해서 쓰고 나면 문제에 있는 모든 단어, 조건이 풀이 과정에 모두 연결됩니다."

그렇게 했는데도 문제 풀이의 '키'가 잘 보이지 않는다면 문제의 '키'를 기록하고 유형별로 정리해서 그 자체를 암기하면 된다.

문제와 풀이 과정을 대칭한다

고원식 마스터는 '키'를 찾는 또 다른 연습으로 풀이 과정과 문항의 모든 조건, 단어를 연결 지어 보는 방법을 추천한다. "마치 국어 영역 문제를 풀듯이 수학 문제를 풀면 이 연습을 잘할 수 있습니다. 예를 들어 'n이 홀수 일 때' 같은 사소한 조건들도 결과적으로는 모든 풀이 과정과 연결됩니다. 좋은 문제는 이런 게 탁탁 연결된다고 할 수 있습니다."

수능 국어 영역의 문제집을 보면 문제를 통해 출제자의 의도를 파악하고 이 답이 무엇에서부터 나오는지, 추론한 근거를 찾는 분석을 열심히 연습하게 만든다. 그는 수학도 이와 똑같은 방식으로 연습해야 한다고 말한다. 만약 문제를 풀었는데 문제의 조건과 풀이 과정이 잘 이어지지 않으면 다시 공부해야 한다.

"처음엔 보이지 않더라도 역으로 이런 연습을 계속해 나가면 내공이 쌓입니다. 어느 순간에는 문제를 풀면서도 이게 보이기 시작합니다. 최상위권 학생들은 마치 이걸 무의식적으로 하고 있다고 볼 수 있습니다." 분명 수학 과목은 타고난 재능이 적지 않은 비중을 차지한다. 그러나 수능과 내신 시험이 수학 올림피아드가 아닌 이상 노력과 연습을 통해 충분히 좋은 성과를 거둘 수 있다. 이런 점에서 수학을 기본적으로 잘하지 않는 사람이라면 이 같은 연습을 통해 문제의 본질을 이해하고 성실히 문제를 풀어낼 사고력을 기를 수 있다.

특히 중위권 정도 되는 많은 학생이 성적을 끌어올리기 위해 난이도 중상 이상의 문제 풀이 연습에 시간을 집중해야 함에도 그저 기계처럼 풀 수 있는 산수 문제에 시간을 쏟는 경우가 많다. 하지만 정작 자주 틀리거나 어려워하는 문제를 풀기 위해서는, 적은 수의 문제라도 필요한 문제를 제대로 풀고 익히는 연습이 중요하다. "오랜 시간 적은 문제를 푸는 것이 중상위권 학생에게는 중요합니다. 적은 문제를 풀더라도 많이 고민하고 그래도 풀지 못했다면 답지를 통해서라도 풀이 과정을 철저하게 익히는 연습을 해야 합니다."

실제로 인터뷰를 진행한 대부분의 서울대학교 마스터가 문제를 많이 푸는 것보다 한 번 푼 문제의 풀이 과정을 모두 익히는 것에 공부의 우선순위를 두었다고 말했다.

서울대학교 사회복지학과에 재학 중인 김승민 마스터는 이렇게 말한다. "300문제를 푸는 것보다는 100문제를 세 번씩 보는 것이 훨씬 더 효과적인 공부법입니다. 지겹더라도 반복해서 풀어야만 진짜 내 것으로 만들 수 있습니다."

서울대학교 사회학과에 재학 중인 고휘성 마스터 또한 한 권 여러 번 풀기의 중요성을 더욱 강조한다. "모든 공부의 최종 목표는 다른 사람에게 말로 설명하는 것인데, 이를 위해서 한 권의 문제집을 여러 번 푸는 것보다 좋은 방법은 없다고 생각합니다. 수학의 경우도 문제집 50권을 푸는 것보다 한 권의 문제집을 다섯 번 정확히 풀어 보는 것이 100배 이상 효율적이라고 생각합니다. 매번 풀고 익힐 때마다 목표로 하는 이해의 수준을 정해 반복적으로 공부한다면 절대 잊지 않을 만큼 깊이 있는 공부를 할 수 있습니다."

공부는 뭔가를 하면 뭔가를 포기해야 하는 과정이다. 무엇을 선택하면 늘 그것을 위해 포기해야 하는 기회비용이 발생한다. 너무도 쉽게 해낼 수 있는 것보다 지금 내가 쉽게 해내기 어려운 것에 도전해 보는 것이 어떨까. 도전하여 내 것으로 만들 때, 한 단계 더 앞으로 나아가며 성장할 수 있다.

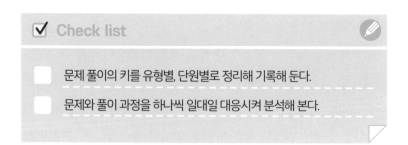

☑ Check list

- [ ] 문제 풀이의 키를 유형별, 단원별로 정리해 기록해 둔다.
- [ ] 문제와 풀이 과정을 하나씩 일대일 대응시켜 분석해 본다.

고교 3년 평균 내신 1.12의
문제집 활용법

김도현 마스터는 2018학년노 수능에서 만섬을 받았다. 그리고 그 해 입시에서 3년 평균 내신 1.12로 서울대학교 경제학과에 지역균형 전형으로 합격했다.

"제 공부 모토는 혁명가 체 게바라가 말했던 '리얼리스트가 되자. 그러나 가슴속에는 불가능한 꿈을 꾸자'입니다. 공부를 하면서 많은 학생이 자신의 실력을 과대평가하곤 합니다. 공부를 잘하기 위해서는 자기 객관화가 잘 되어야 합니다. 불가능한 꿈을 꾸되, 항상 자신의 실력에 대해서는 엄격한 리얼리스트가 되어야 합니다."

그의 말처럼 지금껏 소개한 서울대학교 공부 마스터들은 공통적으로 자기 자신에게 철저히 엄격하다. 절대 자신의 실력을 과대평가하지 않고 항상 자신의 부족한 점을 찾기 위해 노력했다. 김도현 마스터는 스스로에게 엄격한 리얼리스트가 되기 위해 주로 문제집을 활용해 공부했다. 기본 개념을 다지고 나면 각종 문제집을 통해 자신의 부족한 점을 집요하게 찾아다녔다.

문제집을 푸는 목적은
'틀리기 위해서'

김도현 마스터는 7세 때부터 초등학교 6학년 때까지 바둑에 미쳐 살았다. 초등학교 6학년 때 이미 아마추어 5단을 획득했다. "바둑을 두면 생각하는 힘이 길러집니다. 이렇게 두면 이렇게 흘러가고 저렇게 두면 저렇게 흘러가는구나 생각하면서 가장 좋은 수를 찾는 것이 바둑입니다. 이때의 경험이 공부하면서 문제를 풀 때도 다양한 시도를 할 수 있게 해 줬습니다. 저에게는 문제를 푸는 것이 바둑을 두는 방식과 같았습니다."

어릴 적 그는 바둑 대국에서 지고 온 날이면 집에서 혼자 그 대국을 다시 두며 패배 요인을 분석했다. '이렇게 두면 더 좋았을걸' 하고 생각하며 패배한 대국에서 많은 것을 배우고자 노력했다.

"혼자 바둑을 두게 되면 이렇게 뒀을 때는 어떻게 될지, 다르게 뒀을 때는 어떻게 될지 끊임없이 생각하게 됩니다. 공부도 마찬가지입니다. 오지선다형 문제에서 보통 5개 중에 2개 정도가 헷갈리는데, 저는 항상 문제를 풀고 나면 이걸 왜 골랐고 다른 건 왜 고르지 않았는지를 다시 복기합니다. 헷갈리는 게 있으면, 헷갈리는 두 선지가 싸우는 거라고 생각할 수 있어요. 얘는 이게 맞고, 얘는 이게 맞고 서로 열띤 토론을 하는 거죠. 그러면 서로를 반박하기 위해서 근거를 찾아야 해요. 맞는 것보다 틀린 이유를 찾기 위해 노력을 하는 거죠. 이렇게 머릿속에 일종의 알고리즘을 그려 나가는 겁니다."

마치 바둑을 두며 한 수 놓을 때 왜 여기가 아니라 저기에 놓아야만 하는지 따져 가듯, 왜 이것이 답이 될 수밖에 없는지를 철저하게 분석하고 또 분석했다. A는 답이 되고 B는 답이 될 수 없는지에 대한 논리적인 근거들을 따져 그것이 납득될 때까지 물고 늘어졌다. "시험을 칠 때나 문제집을 풀 때 헷갈리는 문제가 있으면 반드시 그 문제를 복기해야 합니다. 설사 문제를 맞혔다고 해도, 내가 선택하지 않은 답은 왜 틀린 것인지를 완전히 이해할 때까지 봐야 합니다."

문제집을 푸는 것은 모든 문제를 맞히기 위해서가 아니다. 헷갈리는 문제가 나왔을 때, 어떤 부분에서 헷갈렸고 무엇이 부족한지 아는 것이 문제집을 푸는 목적이다. 서울대학교 마스터들 또한 일관되게 '문제를 푸는 것은 틀리기 위함'이라고 말했다.

서울대학교 경제학과에 재학 중인 김민중 마스터는 이렇게 말한다. "공부를 할 때 문제를 푸는 목적은 개념의 이해를 더 철저하게 하고 그것을 응용하기 위함이지 단순히 정답을 맞히기 위함이 아닙니다. 따라서 맞는 선지는 왜 맞았는지 그리고 틀린 선지는 왜 틀렸는지 정확히 이해하고 넘어가는 것이 중요하다고 생각합니다. 특히 문제 출제자들이 틀린 선지를 만들 때 개념에서 중요 포인트가 되는 부분을 바꿔서 내는 경우가 많기 때문에 왜 틀렸는지 적어 보는 것은 더욱 중요하다고 생각합니다."

문제를 풀 때는 깨끗이 풀더라도 풀고 나면 철저히 문제집을 더럽혀서 문제집이 하나의 또 다른 참고서가 될 수 있도록 만들어 보자. 내가 무엇을 헷갈렸는지, 몰랐는지를 기록해 놓은 문제집은 세상 그 어떤 교재보다 훌륭한 참고서가 되어 줄 것이다.

모르는 부분을
끊임없이 찾는다

김도현 마스터는 말한다. "제가 공부하는 시간의 가장 핵심 목표는 어디가 부족한지를 찾는 것이었습니다. 수능 때 부족한 부분이 거의 '제로'에 가까웠다고 자부할 수 있습니다. 그랬기 때문에 시험을 치고 나서도 만점이라고 예상할 수 있었죠." 그는 공부 기반을 다지고 난 후에는 항상 '공부 구멍'을 찾는 것을 핵심으로 공부했다. 공부를 하고 나면 반드시 공부 내용을 보지 않고 백지에 써 보면서 구멍 난 부분이 없는지를 찾았다. 그렇게 반복해서 연습하다 보면 시험을 하루이틀 남기고는 머릿속에서 쓰지 않고도 내용이 정리되었다.

일반적으로 수능 만점자들이 언론 인터뷰에서 말하는 것과 달리, 김도현 마스터는 자신의 공부 비결이 철저한 예습, 복습 덕분이라고 말하지 않는다. 그는 공부를 하면서 항상 부족한 점을 의식적으로 찾았던 것이 자신의 핵심 비결이라고 말한다. 특히 개념 공부보다 비교적 문제집 풀이에 더 많은 시간을 쏟으며, 문제집을 푸는 동안만큼은 철저한 리얼리스트가 되고자 노력했다.

"저는 문제집을 풀 때마다 제가 부족한 것을 계속 찾았습니다. 그리고 만약 부족한 점을 찾으면 바로 그걸 채웠습니다. 예를 들어 수학에서 미적분을 푸는데, 전 과정에서 함수 그래프 그리는 게 잘 안 되거나 틀렸다면 바로 문제집을 덮고 함수 파트로 돌아가서 그 부분을 다시 공부했습니다."

김도현 마스터는 3년간 오답 노트를 만들지 않았다. 부족한 것, 모르는 것이 나오면 반드시 그 자리에서 바로바로 채웠기 때문이다. "그날 부족하다고 깨달은 건 절대 나중으로 미루지 않고 곧바로 공부했습니다. 요즘은 해설지가 잘 나와서 해설지만 봐도 뭐가 틀렸고, 뭘 더 해야 하는지를 알 수 있습니다. 발견한 '공부 구멍'에서 앞으로 나아가야 할 방향을 찾았다고 할 수 있습니다."

한번은 고등학교 시절 한 중간고사에서 국어 시험을 봤는데,

70점대 성적을 받았다. 그는 그 자리에서 어떤 문제를 왜 틀렸는지 철저하게 분석한 뒤 문학의 기본 개념이 부족하다는 사실을 알게 되었다. 그날로 문학 개념을 다질 수 있는 인터넷 강의를 신청했고 덕분에 기말고사에서 훨씬 향상된 성적을 받을 수 있었다.

"예전 단원을 다시 보는 것, 예전 진도로 돌아가는 것에 과감해야 합니다. 부족하다는 사실을 인지하고도 그 부분을 채우지 않으면 언젠가 그 구멍이 모든 것을 무너뜨리기 때문입니다."

공부는 꾸준히 하나하나 벽돌을 쌓아 가는 과정이다. 많은 공부 마스터가 클리셰처럼 얘기하듯 성급하게 쌓기만 하다 보면 그 건물에는 분명 빈틈이 생기게 마련이다. 결국 시간이 지날수록 조금씩 물이 새게 마련이고 언젠가 그 틈은 걷잡을 수 없이 커져, 결국 건물 자체를 무너뜨린다. 벽에 틈이 생기면 만사 제쳐두고 그곳부터 보수해야 하듯 공부의 빈틈을 발견하면 그것부터 채워 넣어야 한다.

삼수 끝에 서울대학교 체육교육과에 합격한 이인환 마스터는 이렇게 말한다.

"틀린 문제가 나오면 정말 기뻤습니다. 문제를 틀렸다는 것은 나의 부족한 부분을 아주 객관적이고 신속하게 보여 주는 방법이기 때문입니다. 부족한 부분을 스스로 알아내는 것은 정말 어렵습니다. 그 때문에 틀린 문제는 언제나 대환영이었습니다. 단 한 번 틀렸다면 두 번 다시 틀리지 않도록 이 악물고 그 문제를 집요하게 공략해야 합니다. 틀린 것을 또다시 틀린다는 것은 부족한 것이 아니라 어리석은 것이기 때문입니다."

한편, 김도현 마스터가 가장 좋아하는 바둑기사는 이창호 9단이다. "이창호 9단은 바둑을 되게 단단하고 두껍게 두는 스타일입니다. 자기 형세와 상대 형세를 계속 비교하면서 자기가 부족한 점을 계속 찾아 나갑니다. 그래서 끝내기에 강한 스타일입니다. 저 또한 이창호 9단이 바둑 두는 걸 보며 따라 하려고 노력했습니다. 몇 집 차가 나는지, 어디서 메우면 될지를 의식적으로 분석해 나갔습니다."

기초가 단단한 공부만이 진정한 성과를 가져다줄 수 있다. 그러니 항상 의식적으로 무엇이 부족한지를 찾고, 그것을 즉시 채우고 보완하는 습관을 들이도록 노력해야 한다.

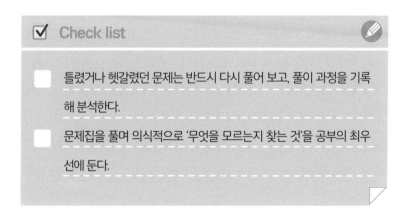

☑ Check list

- 틀렸거나 헷갈렸던 문제는 반드시 다시 풀어 보고, 풀이 과정을 기록해 분석한다.
- 문제집을 풀며 의식적으로 '무엇을 모르는지 찾는 것'을 공부의 최우선에 둔다.

문제 푸는 시간을
120퍼센트 활용하는 방법

서울대학교 사회학과를 졸업한 이광명 마스터는 2008년 탈북했다. 그 뒤 1년 반의 수험 생활 만에 2010년 수능에서 영어 1등급, 국어 2등급, 사탐 전 과목 2등급을 받았다. 그해 그는 북한이탈주민 특별전형을 통해 서울대학교에 합격했다. 낯선 환경에서도 단기간에 성적 상승을 거둔 그의 비결은 무엇이었을까?

　이광명 마스터는 북한에서 세 번째로 큰 도시인 함경북도 청진에서 나고 자랐다. 그가 중학교에 입학할 때쯤 아버지가 지병으로 돌아가시면서 급속히 가세가 기울기 시작했다. 결국 어머니는 돈을 벌기 위해 중국으로 떠났고 중3부터 고3 때까지 그는 혼자서 생활해야 했다.

그렇게 졸업을 앞두고 있을 즈음 어머니가 아예 돌아오지 않을 것이라는 소식을 들었다. 그리고 친척으로부터 어머니가 그에게 중국으로 건너올 수 있는 방편을 마련했다는 소식을 들었다.

고등학교 졸업식이 끝난 이틀 뒤, 그는 동네 사람들 모두 잠든 새벽에 홀로 화물 트럭 적재함에 몸을 숨기고 영하 15도의 추위 속에서 무려 24시간을 달려 중국과 국경 지대인 혜산시에 도착했다. 그리고 그날 새벽 혼자서 압록강을 건넜다. 무사히 중국에 도착해 6개월을 중국 심양에서 숨어 살았다. 집으로 찾아온 중국 공안에게 잡힐 뻔하고 기차를 타다가 중국 공안에게 가짜 신분증을 들켜 세 시간여를 뒤도 돌아보지 않고 내달리며 도망치기도 하는 등 영화 같은 일을 겪기도 했다 그 뒤 겨우 라오스로 건너가 한국 대사관을 거쳐 2008년 11월 한국에 무사히 도착했다.

문제를 풀 때는
항상 타이머를 곁에 둔다

이광명 마스터는 2009년 봄부터 본격적으로 북한이탈주민 학생들이 다니는 학교를 다니기 시작했지만 크게 실망했다. "3개월 정도 다녔는데 학교에서는 별로 특별한 걸 시키지 않았어요. 대부분의 친구는 놀기만 했습니다. 하지만 저는 그렇게 살면 연고도 없고 친척도 없는 한국 땅에서 살아남기 어려울 거라고 생각했습니다. 이럴 거면 왜 그렇게 힘든 시간을 거쳐 탈북했나 하는 생각이 들어서 결국 그 학교를 그만두었습니다."

이광명 마스터는 대학교에 가기 위해서 과감하게 일반고 진학을 선택했다. 그렇게 수원의 한 일반고로 전학을 갔다. 그게 고등학교 2학년 2학기였다. 교과 과정을 이해하는 데 큰 어려움이 없었다. 이론이나 개념, 지식이 부족한 것은 아니었다. 대신 그가 진짜 어려움에 봉착한 것은 '시험' 그 자체였다. 그는 입시에 필요한 수능이나 내신 시험을 본 적이 없었기 때문에 시험에 적응하는 것이 너무나 어려웠다.

처음으로 모의고사를 쳤는데 평균 6~7등급에 가까운 성적이 나왔다. 자신이 있던 영어도 시간이 턱없이 부족해 4등급이 나왔다. 그때부터 그는 시험 자체에 적응하는 것을 최우선 목표로 삼고 닥치는 대로 문제를 풀기 시작했다. 시험에 적응하기 위해서 모든 공부 시간을 문제 푸는 데 사용했다.

특히 이광명 마스터가 시험에 적응하는 데 가장 힘들었던 점은 제한된 시간 안에 많은 문제를 풀어내야 했던 것이다. 그래서 그때부터 어떤 문제를 풀든지 항상 시간이라는 개념을 머릿속에 인지시키고자 했다. 심지어는 한 문제를 풀더라도 항상 타이머로 시간을 재고 시험 볼 때와 같은 상황에서 문제를 풀겠다는 원칙을 세웠다. "시간을 쪼개 한 문제를 몇 분에 푸는지부터 확인하면서 전체 시간을 맞추는 연습을 끊임없이 했습니다. 그리고 문제 풀이 시간을 줄일 방법에 대해 연구하기 시작했습니다. 예를 들어 영어 문제를 풀 때 처음에는 선택지를 먼저 보고 글을 읽기도 하고 앞줄과 뒷줄만 읽고 문제를 풀어 보면서 최대한 효과적인 방법을 찾고자 했습니다.”

이광명 마스터는 몇 개월 동안 여러 방법을 시도했지만 성적이 오르지 않았다. 여전히 시험을 어떻게 풀어야 할지 막막했고 열 가지가 넘는 방법으로 풀어도 시간은 줄어들지 않았다. 하지만 그는 언젠가는 분명 성과가 나올 거라고 믿으며 열 번으로 부족하다면 스무 번, 스무 번으로 부족하다면 서른 번을 하면 되겠지 하는 생각으로 포기하지 않았다. 필요하다면 학교 선생님이나 친구들을 따라다니며 물어보고 메가스터디나 EBS 인강을 활용해 강사들의 풀이 방법을 벤치마킹하기 위해 노력했다. 그렇게 수개월의 노력 끝에 드디어 과목별로 효과적으로 문제 푸는 방법을 조금씩 찾아 나갈 수 있었다.

“저에게 제일 효과적인 방법은 지문을 전체적으로 먼저 읽고 눈에 들어오는 핵심 키워드 위주로 문제를 푸는 것이었습니다. 처음에는 맞든 틀리든 우선 제한된 시간 안에 문제를 풀어내는 연습을 했습니다. 시간이 부족하면 앞뒤 문장만 읽고 문제를 풀고 다 풀고 시간이 남으면 다시 그 문제로 돌아가서 풀어내는 식이었습니다. 항상 시험 때처럼 문제를 풀어야 합니다. 정확히 시간을 정해 두고 타이머를 재면서 그 시간이 다른 요소에 의해 끊기거나 방해받지 않도록 하고 문제를 풀어야 합니다."

수능 시험이나 모의고사 같은 시험에서는 지식이 부족해서 문제를 틀리는 경우보다 시간이 부족하거나 짧은 시간 내에 정확히 문제를 풀기가 어려워 틀리는 경우가 훨씬 많다. 내신 시험도 큰 차이는 없다. 만약 시간제한이 없다면 훨씬 더 많은 문제를 쉽게 풀 수 있다. 그렇기 때문에 이광명 마스터는 어떤 문제를 풀더라도 항상 수능 시험장에서 문제를 푸는 것과 동일한 상황을 염두에 두라고 말한다. 항상 문제 풀기라는 개념에 이미 '제한 시간'이라는 네 글자가 포함됐다는 사실을 기억하도록 하자. 그는 다양한 방법을 시도하는 과정에서도 항상 최우선 순위는 어떻게든 주어진 시간 안에 모든 문제를 풀어내는 것이었다고 말한다.

문제를 푸는 과정조차
공부하는 과정으로 만든다

그렇게 어느 정도 제한 시간 내 문제 풀기와 풀이 정확도에 여유가 생기자 이광명 마스터는 두 번째로 모든 과목 문제를 조금씩이라도 매일 푸는 것을 목표로 삼았다. 하루에 모든 과목을 다 풀기가 쉽지 않았기 때문에 종종 새벽 두세 시까지 공부를 하고 다시 아침 6시에 일어나 문제를 푸는 강행군을 한 적도 있었다. "저는 어떻게든 매일 국어, 영어, 수학, 사탐 모든 과목을 조금씩이라도 하루에 다 풀려고 시도했습니다. 이유는 간단합니다. 수능 날 모든 과목을 하루에 다 시험 봐야 하니까요. 그렇게 하다 보니 매일 공부했던 내용을 잊지 않고 그 감각을 유지하면서 성적이 오르기 시작했습니다."

당시 이광명 마스터는 수도권 대학에 들어가는 것이 목표였다. 그런데 성적이 오르는 것을 본 담임 선생님이 서울대학교에 북한 이탈주민 특별전형이 있다는 사실을 알려 주었고 성적이 오르면서 해 볼 만하다는 생각을 했다. 그때부터 더 철저히 공부를 해 나가기 시작했다. 2학년 때는 시험 자체에 적응하고 제한 시간 안에 문제 푸는 것을 최우선으로 생각했다면, 3학년 때는 문제 풀이를 통해 기존에 해 놓았던 공부들을 정교하고 단단하게 만드는 것에 초점을 두었다.

그 과정에서 여느 마스터들이 그랬듯이 문제 풀이를 통해 자신이 모르거나 부족한 것을 찾아내는 것에 최우선 순위를 두었다. 예를 들어 영어의 경우, 그는 모의고사나 기출문제를 풀고 나면 시험지를 다시 보면서 두 권의 노트를 작성했다.

첫 권은 영어 단어 노트였다. 기출문제를 풀면서 모르는 단어가 나오면 반드시 단어 노트에 적었다. 그러고는 매일 그 노트를 들고 다니면서 몰랐던 단어들을 암기하기 위해 노력했다. 두 번째는 영문법 노트였다. 그는 문제를 풀면서 헷갈리거나 모르는 문법 지식이 나오면 반드시 문법책의 관련 파트를 다시 찾아 문제와 함께 그 부분의 문법 내용을 공부해 노트에 함께 적어 두었다. 특히 이는 수능에 나오는 문법, 어법 문제에서 오답률을 줄이는 데 큰 도움이 되었다.

"어느 정도 기본기가 다져지면 이미 아는 문제를 푸는 건 아무런 의미가 없습니다. 그 시간에 하나라도 더 부족하거나 모르는 문제를 풀어야 합니다. 그리고 문제를 풀면서 모르는 게 나오면 반드시 문제를 풀 때 생각했던 논리나 사용했던 지식을 참고서의 내용과 비교해 가면서 정교하게 다듬어야 합니다. 그래야 같은 내용이 나왔을 때 다시는 틀리지 않을 수 있습니다."

만약 문제만 풀고 끝이라면 문제를 푸는 시간은 절대 공부하는 시간이 아니다. 새로운 걸 배우거나 성장하는 게 없기 때문이다. 하지만 문제를 풀고 나서 부족했거나 몰랐던 것을 채워 넣고 다시 공부를 한다면 문제를 푸는 시간은 공부하는 시간으로 만들 수 있다. 그렇게 이광명 마스터는 자신의 부족한 점을 채워 나갔다. 그 덕분에 그는 1년 반 만의 수험 생활 끝에 일반 학생들도 힘든 성과를 거뒀다.

"포기하지 않으면 언젠가는 목표 지점에 도착할 수 있습니다. 물론 포기도 선택이지만 정말 성과를 내고 싶다면 포기해서는 안 됩니다. 사람마다 능력의 차이는 있을 수 있습니다. 하지만 한 번 문

제를 풀어서 부족하다면 다섯 번이고 열 번이고 도전하면 언젠가
는 분명 성적은 오릅니다. 성적이 오르지 않는 사람은 도중에 포기
하기 때문입니다. 느리게 왔더라도 골인은 골인이라는 사실을 잊지
않았으면 좋겠습니다."

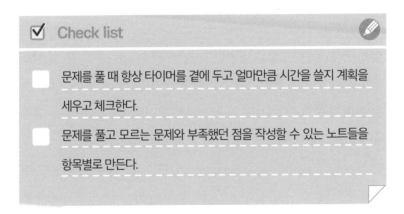

☑ Check list

☐ 문제를 풀 때 항상 타이머를 곁에 두고 얼마만큼 시간을 쓸지 계획을
세우고 체크한다.

☐ 문제를 풀고 모르는 문제와 부족했던 점을 작성할 수 있는 노트들을
항목별로 만든다.

나만의 N회독
공부법이 있는가?

나는 고등학교 시절 첫 시험에서 수학 과목 27점을 받은 것은 물론, 대부분의 과목에서 좋은 성적을 받지 못했다. 그때부터 공부법을 바꾸고자 많은 입시 수기나 공부법 책을 읽고 그들의 방법을 벤치마킹했다. 그중에서도 단연 효과를 봤던 공부법은 서울대학교 법대 수석 졸업, 사법고시 최연소 합격, 행정고시 수석 합격, 외무고시 차석 합격이라는 전무후무한 기록을 남긴 고승덕 변호사의 '10회독 공부법'이었다. 그의 공부법은 여전히 많은 사람에게 회자되며 효과적인 공부법으로 활용되고 있다.

그런데 신기하게도 고승덕 변호사와 너무도 비슷한 이력을 가진 일본 최고의 '합격의 신' 야마구치 마유는 2014년 자신의 공부법을 담은 책 『7번 읽기 공부법』(2015)을 출간했다. 그녀는 대학 재학 중 사법시험, 우리나라의 행정고시와 같은 1급 공무원 시험을 합격하고 도쿄 대학을 수석 졸업했다.

한국과 일본 양국의 진짜 '합격의 신'이라 할 수 있는 두 사람 모두 핵심 공부법으로 'N회독 공부법'을 이야기하고 있었다. 이 밖에도 내가 인터뷰한 모든 마스터가 일관되게 '여러 권을 한 번씩 보는 것보다 제대로 된 한 권을 여러 번 보는 것이 훨씬 중요하다'고 말했다.

서울대학교 정치학과를 졸업하고 같은 과 석사 과정을 우수한 성적으로 졸업한 강성식 마스터는 N회독 공부법에 대해서 이렇게 말했다. "어떠한 교재든 같은 범위와 비슷한 내용을 담고 있다는 점에서 많은 교재를 접하기보다 좋은 교재를 골라 여러 번 학습하는 방식을 택했습니다. 특히 수능 평가원 기출문제의 경우 수십 내지 수백 번 반복해서 푸는 습관을 들였습니다."

절대적인 공부법은 없다고 생각하지만 한 권을 여러 번 반복해서 보는 것은 분명 성과를 내기 위해 필요한 핵심 원칙이다. 물론 고승덕 변호사, 야마구치 마유가 말하는 각각의 N회독 공부법에도 차이는 있다. 고승덕 변호사는 1회독부터 완벽하게 이해하고 꼼꼼히 볼 것을 주문한다. 회독수를 높이면서 이해되지 않은 부분을 점점 줄이고 읽는 속도를 높이는 방식이다. 반대로 야마구치 마유는 1회독에서는 이런 내용이 있구나 정도만 확인하고 넘어가며 회독수를 높이면서 점점 더 꼼꼼히 보는 것을 주문한다. 회독수를 높이면서 읽는 속도를 오히려 천천히 하는 방식이다.

이처럼 '1회독부터 완벽히 공부하고 부족한 부분을 보충해 나가는 방식'과 반대로 '처음에는 느슨히 공부하고 회독수를 높이면서 전체적으로 완성도를 높여 가는 방식'이 있다. 어떤 방식이 옳다고 말할 수는 없다. 자신의 평소 공부 스타일에 맞춰 사용할 수 있는 취사선택의 지혜가 필요하다.

고승덕의 10회독 공부법 vs 야마구치 마유의 7번 읽기 공부법

 고승덕 변호사의 10회독 공부법

먼저 고승덕 변호사의 10회독을 소개하면 다음과 같다.

- 1회독: 다시 이 책을 보지 않겠다는 생각으로 정독하며 이해되지 않는 부분을 표시한다.
- 2회독: 이해된 부분은 빠르게 넘어가고 이해되지 않았던 부분을 중심으로 읽는다. 표시했던 부분 중에 다시 이해된 내용이 있다면 표시를 지운다. 그리고 혹시나 이해했다고 생각했는데 다시 보니

이해되지 않는다면 표시한다.

- 3회독: 2회독을 하면서 표시했던 것 위주로 다시 본다.
- 4회독: 표시한 부분을 신경 쓰지 않고 처음부터 전체를 정독한다.
- 5회독: 속독보다는 느리게 하지만 빠르게 정독한다.
- 6회독: 이제는 대놓고 속독한다. 전체를 빠르게 다시 읽는다.
- 7회독: 기억을 다시 떠올리면서 내용을 읽는다.
- 8회독: 이 책의 어떤 부분에서 문제가 나올 것 같은지 생각하며 책을 읽는다.
- 9회독: 전체적으로 이해되고 학습이 되었다 보니 이제 자신이 약한 부분이 보인다. 자신의 약한 부분을 위주로 읽어 내려간다.
- 10회독: 미지막 정리를 염두에 두고 읽는다. 전체 내용도 숙지했고 약한 부분도 보완했으니 이제 남은 것을 정리한다.

 ## 야마구치 마유의 7번 읽기 공부법

야마구치 마유는 『7번 읽기 공부법』의 기본 원리에 대해 이렇게 설명한다. "나는 항상 일곱 번 읽기를 시작할 때 머릿속에 백지 노트의 이미지를 떠올린다. 머릿속 노트에 눈앞의 책을 통째로 한 권 복사하는 것이 목표이다. 일곱 번 읽기의 기본은 '이해하려고 하지 않고 술술 빠르게 읽어 나가기'다." 야마구치 마유는 이러한 원리를 기반으로 『7번 읽기 공부법』을 단계별로 아래와 같이 설명한다.

- 1번째: 처음에는 표제를 머릿속 노트에 옮겨 적는 감각으로 읽는다. 문장을 훑어보기도 하지만 그것보다는 주로 각 장의 제목, 항목별로 표제와 부제를 의식하면서 표제간의 관계를 파악한다. 이렇게 전체상을 대략적으로 감지한다.

- 2번째: 1번째 읽기를 통해 표제가 머릿속에 들어온 단계에서 책 전체를 훑어본다. 항목뿐 아니라 더욱 세밀한 부분까지 읽는다. 이 단계가 끝나면 책에 어떤 내용이 어느 순서로 적혀 있는지 파악할 수 있다. 책 전체의 줄거리와 구조가 대부분 머릿속에 들어온다. '전반부는 총론과 배경, 중반부는 현황, 후반부는 향후 전망을 설명하고 있다'와 같은 이미지를 포착할 수 있다.

- 3번째: 이번 단계도 2번째 읽기와 기본적으로 방법은 같다. 즉 책 전체를 가볍게 훑어보는 단계이다. 2번째 읽기를 통해 줄거리를 알 수 있게 되었지만 아직은 어렴풋하게 아는 수준이다. 줄거리를 더욱 자세하고도 명확하게 만들기 위한 작업이 3번째 읽기이다. 1번째부터 3번째 읽기는 이후의 읽기를 위한 토대를 만드는 과정이다. 아직까지 의미를 확실히 이해하지 못했더라도 전혀 신경 쓸 필요는 없다.

- 4번째: 이제부터는 문장 속의 키워드를 의식하면서 읽는다. 자주 나오는 단어나 자세하게 설명되는 용어를 눈에 담아 둔다. 그것을 이해하거나 외우려고 해서는 안 된다. '빈출 어휘', '자세히 적혀 있음' 정도로 확인하고 넘어가면 충분하다.

- 5번째: 방식은 4번째 읽기와 같지만 차이는 키워드와 키워드 사이 설명문을 의식해야 한다는 점이다. 즉 키워드를 어떻게 설명하는지 확인하는 단계이다. 키워드와 키워드 사이를 연결하면 단락의 요지가 파악된다. 요지 파악은 책을 읽는 데 가장 중요하기 때문에 4번째와 5번째 읽기를 두 번에 걸쳐서 한다.
- 6번째: 이제부터는 디테일한 부분까지 읽는다. 법률가들이 읽는 책으로 치면 자세한 사례 설명이 전형적인 예이다. 어떤 판례에 대해 논점이 된 포인트와 주장은 요지이고, 주장의 근거가 된 다른 판결 사례에 관한 내용은 디테일에 해당한다. 그러한 부분을 의식하면서 책을 읽는다.

참고로 6번째 읽기 이후부터는 정답을 맞혀 보는 감각으로 읽는 방식을 추천한다. 지금까지 5번의 읽기로 확인이 끝난 요지에 대해 '맞아, 이 키워드의 의미는 이거였지', '이 키워드와 이 키워드의 관계는 이거였어'와 같이 떠올리면서 읽어 보자. 그렇게 하면 점차 이해에 근접해 가고 있다고 실감할 수 있다.

- 7번째: 6번째 읽기가 끝나면 머릿속 노트에 책이 대부분 복사된 상태이다. 그러나 아직 선명하지 않기 때문에 7번째 읽기에서 확실히 정착시킨다. 머릿속에 조금 덜 들어온 듯한 내용은 해당 부분만 골라 읽으면 더욱 완전해진다.

(야마구치 마유, 『7번 읽기 공부법』, 위즈덤하우스, 2015, p.80~82)

이처럼 두 사람이 추천하는 N회독의 횟수와 원리는 조금씩 다르다. 그러나 확실한 것은 뭔가를 억지로 외우려고 하기보다 '친해지기, 이해하기 그리고 이해 안 된 부분 줄여 가기'를 강조한다는 점에서는 공통점이 있다. 어떤 방식이 옳으냐보다 두 공부법 모두에서 공통적으로 이야기하는 것은 무엇인지, 거기에서 나는 어떤 방법으로 N회독을 활용할 수 있을지를 고민하는 것이 훨씬 더 중요하다고 할 수 있다.

서울대 공부 마스터들의 N회독 공부법

고승덕 변호사와 야마구치 마유 이외에도 많은 마스터 또한 자신들의 핵심 공부법으로 N회독 공부법을 말했다. 이제부터는 그 마스터들의 이야기를 통해 N회독을 해나갈 때 핵심 포인트에 대해서 짚어 보도록 한다.

 진짜 충분히 보았는가

'스스로 발등에 불을 떨어뜨리는 최고의 방법'에서 소개한 여호원 마스터는 고등학교 시절 2학년 2학기 중간고사를 한 달여 앞두고 있었다. 당시 그에게는 아무리 공부를 열심히 해도 항상 '넘사벽' 같은 존재가 있었다. 내신 성적을 기준으로 상위 10등 안에 드는 '1급 장학생'들이었다. 여호원 마스터에게 그들은 아무리 해도 따라잡을 수 없는 존재들이었다. 그래서 여호원 마스터는 '1급 장학생' 중에서도 가장 공부를 잘했던 친구에게 시험 전에 교과서나 참고서를 보통 몇 번 보는지 물었다. 그 친구는 아무렇지 않게 "그래도 한 다섯 번은 봐야 하지 않나?"라고 답했다. 다른 친구의 답도 거의 비슷했다. 그때 여호원 마스터는 공부를 하는 양에서 절대적인 차이가 났기 때문에 그들을 따라잡을 수 없었다는 사실을 깨달았다. 그때부터 그는 각 과목별로 다섯 번을 보겠다는 걸 목표로 삼았다. 그렇게 목표를 세우고 나니 시험 전에 아무리 적어도 모든 과목을 세 번 이상 공부할 수 있었다.

그렇게 공부한 끝에 그는 중간고사에서 같은 반의 '1급 장학생' 4명 중에 3명보다 시험을 잘 봤다. 기말고사에서는 성적이 더 올랐고 끝내 3학년 1학기 최상위권의 성적을 거둘 수 있었다. "그때 느꼈습니다. '이 정도면 충분하지' 하는 나만의 알을 깨고 나오면 넘을 수 없는 벽도 충분히 넘을 수 있다는 사실을요. 성적을 올리고 싶다면 스스로 되물어야 합니다. 내가 정말 충분히 공부하고 있는지, 그게 나만의 생각은 아닌지."

아는 것과 모르는 것을 구분하면서 읽어라

서유리 마스터는 삼수 끝에 수능 만점을 받아 서울대학교 경영학과에 합격했다. 그녀 또한 자신의 핵심 공부법으로 N회독 공부법을 말하면서, 중요한 것은 N회독을 할 때의 효율성이라고 했다.

"아는 것을 다시 보는 데 많은 시간을 쓰면 안 된다고 생각합니다. 그래서 저는 N회독을 할 때 항상 머릿속에 '이 중에서 내가 아는 것과 모르는 것, 헷갈리는 것'이 뭔지를 의식적으로 찾고 모르는 것과 헷갈리는 것 위주로 회독해 나갔습니다."

서유리 마스터는 책을 읽을 때마다 모르는 것에 형광펜으로 표시한다고 말한다. 그리고 두 번 이상 읽었음에도 모르거나 헷갈리는 부분이 나오면 아예 책의 앞뒤 페이지에 그 부분만 따로 적어서 정리했다. 또한 헷갈리는 부분은 단순히 그 부분만 집중해서 읽는 것이 아니라 앞뒤 콘텍스트 또한 집중해서 읽어야만 그 흐름을 기억해 헷갈리는 경우를 줄일 수 있다고 말한다.

N회독 공부법은 막연히 많이 읽는 정도를 의미하는 것이 아니다. 그들의 N회독 공부법을 꿰뚫는 중요한 본질 중 한 가지는 N회독을 통해 내가 모르는 부분을 채워 나가고 지속적으로 모르는 것과 헷갈리는 것이 없는지를 체크하면서 자신의 공부를 단단하게 만드는 것이었다.

문제집까지도 N회독 하라

서울대학교 자유전공학부에 우선 선발로 합격한 뒤 행정고시 재경직에 합격한 김영훈 마스터는 '문제집 N회 풀기'에 대해 이렇게 말한다. "모든 문제집을 네다섯 번씩은 풀었던 것 같습니다. 이렇게 반복적으로 풀며 모르는 것에 '덧칠'하기 위해 노력했습니다. 구멍을 한 번에 메우기는 쉽지 않습니다. 또한 문제를 틀렸다면 그 이유를 한 번에 알기는 어렵습니다. 그래서 여러 번 문제를 풀면서 틀린 원인 분석을 몇 번에 걸쳐서 했습니다. 이렇게 풀다 보면 속도가 점점 빨라지고 세 번 정도 풀 때부터 아예 아는 것은 넘어가고 모르는 것에 시간과 에너지를 집중할 수 있게 됩니다."

김영훈 미스터는 N회독 풀이할 때 수학 과목 같은 경우 아예 답안지를 활용하는 방법도 효과적일 수 있다고 말한다. '수학을 잘하고 싶다면 최상위권의 무의식을 벤치마킹하라'에서 소개한 고원식 마스터의 방법과 상통한다. "처음에 수학 개념 공부를 하고 나서 문제를 풀면 아무리 고민을 해도 풀리지 않는 문제들이 꽤 있습니다. 그런 문제의 경우 저는 답안지의 풀이 방식을 아예 외우려고 노력했습니다. 그랬더니 개념이나 공식 같은 것은 자연스럽게 이해되기 시작했습니다. 문제집을 몇 번씩 반복적으로 풀면서 그렇게 외운 답안지의 풀이 방식을 제대로 기억하고 이해하는지를 체크하는 방식으로 공부했습니다."

서울대학교 정치외교학부에 재학 중인 윤재휘 마스터 또한 N회독 문제집 풀기에 대해 이렇게 말한다. "공부할 때 반복하는 과정이 가장 중요하다고 생각합니다. 고교 시절 하나의 문제집을 풀 때 '여백을 다 채우겠다'는 생각으로 임했습니다. 1회독에는 모든 문제를 풀고 채점만 하고 넘어갔습니다. 2회독에서는 틀린 문제를 다시 풀고 객관식 문제의 경우 모든 문항에 대해 맞는 이유와 틀린 이유를 분석하는 식으로 공부했습니다. 3회독에서는 처음부터 모든 문제를 다시 풀면서 맞는 이유와 틀린 이유를 분석했습니다. 4회독에서는 문제들에 나온 중요 개념을 여백에 적으며 정리하는 식으로 공부했습니다. 사실 단순 암기의 경우는 3회독 정도면 충분합니다. 그러나 그 이상의 반복 과정을 통해 동일한 지문에서 다른 개념으로 발전시키고 중요 개념을 다양한 시각으로 접할 수 있다는 것을 깨달았습니다. 틀린 문제를 다시 푸는 것도 중요하지만 맞는 문제를 다시금 정리하는 것도 중요합니다. 개념을 제대로 알지도 못하고 찍거나 어설프게 넘어가는 문제들은 사실 틀린 문제와 똑같습니다. 그렇기 때문에 맞은 문제라고 해도 다시금 반복해서 분석하는 과정을 가졌습니다."

시험을 앞두고 과목별로 N회독 계획을 세워라

강성식 마스터는 고교 시절 철저히 N회독 계획을 세웠다. "저는 1주일 내지 한 달 단위 공부 또는 내신 시험공부 계획을 짤 때 가장 먼저 과목별 N회독 계획을 세웠습니다. 계획을 세우면서 한 과목 전체를 몇 회독 할 수 있는지에 가장 주안점을 두고, 모든 과목에 대해 특정 주기 안에 일정 수 이상의 N회독을 할 수 있도록 계획을 짰습니다."

이를 위해 가장 중요한 것은 무엇보다 각 회독을 할 때 어느 정도의 시간이 소요되는지를 파악하는 일이다. 물론 여기에 여러 번 보는 학습 자료 한두 가지는 자신의 상황과 필요에 가장 알맞은 것으로 골라야 한다는 전제가 있다는 사실을 잊어서는 안 된다.

또한 고승덕 변호사, 야마구치 마유와 마찬가지로 마스터들 모두 큰 공부의 틀을 다지고 그 구멍들을 N회독을 통해 계속 채워 나가는 것을 강조했다. 특히 회독수를 높이며 개념과의 관계를 더 정확하고 꼼꼼히 이해해 공부 기반을 단단히 다져 나갔다. 그들은 N회독 자체를 시험 대비 계획에 포함시켜 어느 정도까지 공부가 되었는지 점검 프로세스까지 만들었다. 앞서 소개한 내용을 활용해 자신만의 N회독 공부법을 세워 보는 것은 어떨까.

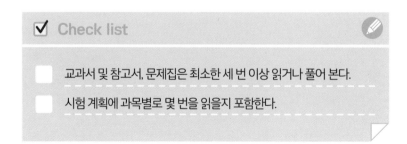

✅ **Check list**

☐ 교과서 및 참고서, 문제집은 최소한 세 번 이상 읽거나 풀어 본다.

☐ 시험 계획에 과목별로 몇 번을 읽을지 포함한다.

STUDY MASTER PLAN

공부 마스터들의
네 번째 비밀
_ #컨트롤

몰입을 **꾸준히 지속**할 수 있다

흔들리는 건 당신의 눈이다.
활시위를 당기는 손이다.
'명중할 수 있을까' 의심하는 마음이다.

과녁은 늘 그 자리에 있다.

공부 안 하는 그 친구의 비밀, '몰입 스위치'

학교생활을 하다 보면 공부는 별로 안 하는 것 같은데 성적은 잘 나오는 친구들이 꼭 있다. 서울대학교 경영학과에 재학 중인 안은 준 마스터가 바로 그런 학생이었다. 고등학교 시절 학교생활을 하 면서 동아리면 동아리, 학생회면 학생회, 안 끼인 데가 없고 야자 때면 어김없이 친구들과 떠들기 바빴다. 그런데도 늘 성적은 최상 위권이고, 모의고사를 봐도 매번 전국 100등 이내의 성적을 거뒀 다. 그렇다고 엄청난 두뇌의 소유자여서 놀기만 하는데도 성적이 잘 나오는 유형의 학생은 결코 아니었다. 그는 소위 '놀 땐 놀고, 할 땐 하는' 유형의 끝판왕이다. 대학 생활도 마찬가지였다. 얼마 전 그 는 고시 공부만큼이나 어렵다는 공인회계사 CPA 시험에 합격했다.

몰입해야 할 과녁을
정확히 설정한다

안은준 마스터가 집중력을 끌어올리는 방법은 몰입해야 할 대상을 아주 명료하고 심플하게 설정하는 것이다. 그는 일정 기간 하나의 목표에만 거의 대부분의 시간과 에너지를 쏟아붓는 방식으로 계획을 짰다. 그렇게 공부하는 이유는 자신의 강점을 스스로 잘 알았기 때문이다.

"저는 단기 목표에 강하고 장기 목표에는 약한 편이에요. 그러다 보니 일정 기간을 정해서 죽을 만큼 해서 끝내고 나면 정말 충분히 쉬었어요. 예를 들어 1주일 동안 몰입하고 나면 2~3일은 아예 놀았죠. 그러다 보니 '노는 친구'라는 이미지가 생겼던 것 같아요. 그러나 다른 사람은 모르죠. 제가 그 1주일을 어떻게 보냈는지."

안은준 마스터는 장기적으로 중요한 것, 예를 들어 오랜 기간 스트레스를 받거나 힘들게 느껴지는 것, 이걸 끝내 놓으면 장기적으로 편해질 수 있겠다고 생각되는 것 위주로 우선순위를 설정했다고 말한다. 당장 급하기만 하고 중요하지 않은 일이 아니라 장기적으로 가장 중요하다고 생각되는 것부터 해치웠던 것이 단기 목표 위주로 공부하면서도 성공할 수 있던 비결이다.

내신 시험의 벼락치기를 앞두고 있을 때는, 과목별 특징이나 선생님의 출제 스타일에 맞춰 짧은 시간에 가장 효과를 낼 수 있는 공부 계획을 과목별로 수립했다.

"예를 들어 도덕이나 윤리 같은 암기과목은 선생님이 문제에 변수를 주기가 어려워요. 그래서 한번은 시험 이틀 전, 인터넷에서 문제은행을 뒤져 시험 범위에 해당하는 문제를 1500개 정도 풀었어요. 선생님이 여기서 벗어난 문제를 내기가 어렵다는 것을 알고 있었던 거죠."

무턱대고 외우는 것이 아니라 최대한 변수를 좁혀서 가장 효과적인 방법을 찾고 나서야 몰입 과정에 들어가는 것이다.

과녁을 맞추고 나면, 스스로에게 선물을 준다

짧은 몰입이라고 해도 그것이 여러 번 반복되면 지치고 포기하고 싶은 순간이 찾아온다. 그럴 때 그는 몰입을 지속할 수 있는 힘을 스스로에게 주는 '선물'에서 찾았다. 자신만의 보상 기제를 만들어 목표를 이루고 나면 스스로에게 보상을 확실히 한다.

"저는 단기적인 구간마다 저에게 만족을 줄 수 있는 목표치와 보상을 정했어요. 구체적인 목표치와 보상을 정해 놓지 않으면 '이 정도면 되겠지' 하면서 거기까지 하고 마는 경우가 생겨요. 하지만 보상 요소를 정해 두면 노력의 완성 지점이 정해지는 거죠. 그러면 제가 어디까지 노력해야 하는지를 명확히 알 수 있어요."

안은준 마스터는 어릴 때부터 부모님과 '거래' 하는 방식으로 공부를 했다. 이왕 공부를 시작한 이상 공부를 통해 스스로에 대한 보상을 얻으면서 동시에 목표를 이뤘을 때 성취감도 훨씬 높았다.

"초등학교와 중학교 때는 비싼 축구화처럼 제가 갖고 싶은 물건이나 부모님의 잔소리와 구속이 없는 자유 시간 정도가 스스로에게 주는 보상이었죠. 게임을 할 때도 부모님에게 이번 시험에서 이정도 점수를 받으면 간섭하지 않겠다는 식의 다짐을 받고 스스로에게 동기를 부여했습니다." 그리고 어떤 일이 있어도 목표를 이뤄낸 자신과의 약속을 지켰다. "중학교 때 시험 전날 하루에 한 시간을 자더라도 시험이 끝나면 반드시 한 시간 정도 게임을 했어요. 그렇게 해야만 다음 날 시험공부할 때 스트레스를 받지 않을 수 있었어요. 시험을 3~4일간 보면서 계속 시험에 몰입하면 정신적으로나 신체적으로 너무 힘들어요. 그래서 그렇게 자신에게 선물을 주기로 약속하면 시험은 스트레스지만 끝나는 시간이 기다려져 공부를 할 수 있었죠."

안은준 마스터는 스위치의 전환이 빠른 사람이다. 스위치를 애매하게 켜고 비효율적인 에너지 낭비를 하는 것이 아니라 오히려 켤때는 확실히 켜고 끌 때는 확실히 끄는, 빠른 전환의 전략을 취함으로써 자신이 몰입해야 하는 순간에 최대치의 역량을 발휘할 수 있었던 것이다.

서울대학교와 경찰대학에 동시 합격하고 서울대학교 경영학과를 졸업한 정지우 마스터 또한 스스로에게 주는 보상의 중요성에 대해 이렇게 말한다.

"단기적으로는 '오늘 해야 할 일'을 끝냄으로써 내가 정말 하고 싶은 일을 할 수 있다는 것이 공부하는 큰 동기가 되었습니다. 예를 들어 보고 싶은 책을 읽고 영화를 보는 등 나의 취미 생활을 여유로운 마음으로 하기 위해서는 오늘 해야 할 과제를 다 끝내야 했습니다. 오늘 해야 할 일을 어느 정도 마치면 산책을 하는 식으로 스스로에게 자유 시간을 선물해 주었습니다."

서울대학교 독어독문학과에 재학 중인 정나단 마스터도 자신에게 주는 보상을 적극적으로 활용했다. "중고등학교 때 취미 활동으로 축구에 상당히 많은 시간을 투자했는데, 저는 이것을 동기 부여 측면에서 목표 시간만큼 공부를 한 뒤 스스로에게 주는 선물처럼 사용했습니다. 덕분에 스트레스 해소에도 도움이 되었습니다."

이들 모두 자신이 설정한 단기 목표나 계획을 이루고 나면 스스로에게 보상의 의미로 선물을 주었다. 또한 그들은 무엇보다 어떤 과녁을 맞힐 것인지, 즉 단기 목표가 무엇인지를 구체적으로 아주 명확하게 세웠다. 그 덕분에 그들은 목표를 이루거나 계획을 모두 실천하고 나면 성취감을 느낌과 동시에 그것을 다음 목표를 향해 나갈 수 있는 원동력으로 만들었다.

우리는 늘 오래 걸리는 보상보다 단기적인 보상을 원하는 본성이 있다. 그렇기 때문에 사람은 성과가 나오는 데 오래 걸리는 장기적인 목표보다 당장에 만족과 행복을 추구하는 것을 선호한다. 누구보다 좋은 성적을 원하더라도 당장에 노는 것이 더 재미있을 수밖에 없는 이유다.

그렇기 때문에 스스로 단기 목표를 설정하고 그것을 이루고 나면 스스로에게 보상을 주면서 조금 더 현명하게 노력을 유지해 나가려는 지혜로움이 요구된다. 진정한 '몰입'은 타고나는 것이 아니라 자신에게 맞는 메커니즘에 의해 만들어진다.

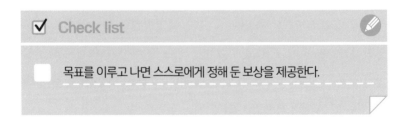

☑ Check list

☐ 목표를 이루고 나면 스스로에게 정해 둔 보상을 제공한다.

수능, 고시생들을 위한
마라톤 수험 생활 전략

근대 철학의 새로운 지평을 연 철학자 임마누엘 칸트는 시계처럼 정확하고 규칙적인 생활을 한 것으로 잘 알려져 있다. 매일 새벽 5시에 일어나서 연구와 강의에 매진했다. 점심 식사를 하고 나면 어김없이 같은 시간에 같은 거리를 같은 속도로 산책했다. 그 때문에 칸트가 산책하는 것을 보고 이웃 사람들이 시계를 맞출 정도였다는 일화는 유명하다.

서울대학교 정치외교학부의 장진우 마스터는 외교원 시험을 준비하던 시절 서울대학교 중앙 도서관의 '칸트'였다고 해도 무방할 정도의 규칙적인 생활을 했다. 그리고 2018년 9월 고위직 공무원 시험 중에서 가장 적은 인원을 선발하는 국립외교원 시험에 최종 합격했다. 다른 공무원 시험과 달리, 국립외교원 시험에 응시하기 위해서는 제2외국어 능력이 필수적으로 요구된다. 장진우 마스터는 외국 거주 경험이 전혀 없었지만 1년 만에 전혀 할 줄 몰랐던 스페인어를 성공적으로 배워 놀라운 어학 성적을 획득했다. 그리고 수험 생활 약 2년 만에 40 대 1의 경쟁률을 뚫고 외교원 시험에 최종 합격했다. "제 합격 비결은 규칙적인 생활을 유지하는 것이었습니다. 생활에는 관성이라는 게 있고 그 관성에 젖지 않도록 얼마나 잘 끌어가느냐가 수험 생활의 핵심입니다."

잡생각으로부터
벗어나기

장진우 마스터는 고등학교 2학년 때부터 외교관이라는 직업이 한국을 대표해 다른 국가나 사회와 커뮤니케이션할 수 있다는 것에 매력을 느낀 이후 줄곧 외교관이 되기를 꿈꿨다. 그는 군대를 전역한 뒤 외교원 시험을 본격적으로 준비하기 시작했다. 장진우 마스터의 2년간 고시 생활 스케줄은 다음과 같다.

우선 월요일부터 금요일까지 그는 항상 6시에 일어나서 아침을 먹고 7시 45분이 되면 서울대학교 관정 도서관 7층 열람실에 도착했다. 그러고는 공부를 시작해 12시에 점심 식사, 6시에 저녁 식사를 했다. 저녁 7시 반이 되면 도서관을 나와 8시 15분쯤 집에 도착했다. 30분 정도 숨을 돌린 뒤 정확히 8시 45분이 되면 집 근처 보라매공원으로 산책을 나갔다. 맨몸 운동과 조깅을 병행한 뒤 집으로 돌아와 한 시간 정도 휴식을 취하고 밤 11시쯤 잠자리에 들었다. 말 그대로 칸트 못지않은 규칙적인 생활이었다.

한편 토요일은 평일처럼 공부를 하되, 그날 저녁은 5시에 집으로 돌아와서 가족들과 함께 식사를 하고 이후 휴식을 취했다. 그리고 일요일은 아예 학교에 가지 않고 친구들을 만나거나 쇼핑, 영화 감상 등을 즐겼다. 그는 수험 생활을 하던 2년간 이 생활 패턴을 단 한 번도 어긴 적이 없다고 말한다.

장진우 마스터는 시간표를 강박적으로 지키려고 했던 이유가 심리적 안정감 때문이었다고 말한다. "만약 제가 이 시간표를 지키지 않으면 자꾸 그 패턴을 무너뜨리고자 하는 욕구가 생겨요. 만약 화요일에 조금 피곤하다고 일찍 집에 간다든지 아니면 늦게 집에서 나온다든지. 그렇게 되면 그 경험이 기억 속에 남아서 다음번에는 심리적인 허들이 낮아져요. 또 그럴 수 있게 되는 거죠. 그러다 보면 어느 날은 못한 걸 메우기 위해 무리해서 공부하게 되고, 그게 반복되면 머릿속에 '이렇게 해도 되나?' 같은 죄책감, '오늘은 좀 쉴까?' 등의 잡생각이 들어요. 실제로 수험생이나 고시생들을 힘들게 하는 건 이런 생각이거든요."

공부 의욕을 지속시키는
생활 습관

장진우 마스터는 고등학교 때부터 규칙적인 생활 습관을 길러 왔다. 고등학교 2학년에 올라갈 때쯤 진로를 정하지 못해 이과를 선택했다가 외교관이 되어야겠다는 목표를 세운 뒤 여름 방학을 마치자마자 문과로 전향했다.

"갑자기 이과에서 문과로 넘어가니까 문과 공부를 따라잡아야 했어요. 그러려면 남보다 열심히 해야 된다고 생각했죠. 그때부터 기숙사 기상 시간보다 한 시간 일찍 일어나고 새벽 5시 반부터 교실에서 공부를 했죠. 제일 먼저 일어나서 학교에 불을 켜는 역할을 한 거죠. 그때부터 '불 켜는 학생'으로 친구들 사이에 유명해졌어요." 그는 이때부터 5시 반에 일어나서 저녁 11시까지 공부하고 다시 5시 반에 일어나는 생활을 고3 때까지 유지했다. 다만 자신이 최상의 컨디션을 유지하기 위해 총 7시간의 수면이 필요하다는 것을 알고 있었기 때문에 학교 수업이 끝나는 오후 4시부터 5시까지는 책상에 엎드린 채로 낮잠을 잤다.

장진우 마스터는 말한다. "사람마다 특정 수면량이 있고 개인마다 특정한 수면 시간이 지켜지지 않으면 장기적으로는 공부 효율이 떨어져서 불리해요. 고시 준비할 때도 저는 밤 11시부터 아침 6시까지 잤는데, 최적의 수면 시간이 7시간이라는 걸 알고 있었기 때문이죠. 공부는 최상의 컨디션을 낼 수 있는 상태에서 해야 한다는 게 제 철칙입니다."

그가 항상 어려움 없이 규칙적인 생활 습관을 유지할 수 있었던 것은 아니다. 외교원 2차 시험을 앞두고는 긴장한 탓인지 갑자기 불면증이 도졌다. 밤 11시에 누워도 두세 시까지 잠을 못 이루거나 11시에 잠들어도 새벽 3시쯤이면 눈이 저절로 떠져 잠들지 못했다. 그럼에도 그는 11시 취침, 6시 기상이라는 수면 패턴을 깨뜨리지 않았다. "새벽 3시부터 다시 잠들지 못하면 오전에 좀 자야겠다, 이런 생각이 들었죠. 하지만 수면 패턴이 바뀌는 게 두려웠어요. 오히려 이 패턴을 유지하는 게 언젠가 다시 원래 상태로 돌아오는 데 도움이 될 거라고 생각했죠. 낮에 졸리면 산책을 했고 그러다 보니 어느새 다시 원래 수면 사이클로 돌아올 수 있었어요."

장진우 마스터의 고시 생활은 다른 고시 준비생이 보면 턱없이 부족한 공부 시간이었을지도 모른다. "제 입장에서는 현실적으로 지키기 쉬운 일정을 짠 거예요. 그런 경험이 쌓이면 깨고 싶은 마음이 사라져요. 그 덕분에 2년간 아무 고민 없이, 걱정 없이 달릴 수 있었습니다. 저는 확신해요. 만약 제가 일요일까지 공부했다면 시험에 합격하지 못했을 겁니다."

그도 여느 학생처럼 월요일부터 금요일까지 열심히 공부를 하다 보니 토요일쯤 되면 체력적으로나 정신적으로 매우 지쳤다. 자연히 공부에 대한 의욕이 떨어지게 마련이다. 그래서 장진우 마스터는 토요일 저녁부터 월요일 아침이 되기 전까지 고시 공부에 대한 생각을 일절 하지 않기 위해 노력했다.

"주말에 휴식을 푹 취하고 나면 월요일에 새로운 기분으로 도서관 자리에 앉을 수 있었어요. 토요일, 일요일에 뭘 하든지 확실한 건 시험 관련된 생각을 하지 않도록 뭔가를 하는 거죠. 그러다 보니 친구들은 제가 공부를 별로 열심히 안 했다고 생각해요. 일요일에 부르면 언제든 나갔으니까요. 하지만 저는 전혀 죄책감을 느끼지 않았어요. 그렇게 해야 월요일부터 토요일까지 완벽하게 공부에 집중할 수 있었으니까요."

규칙적인 생활이 진정한 자유를 준다

장진우 마스터는 여러 번의 시행착오를 통해 최적의 공부가 무엇인지, 그리고 그것을 유지하기 위해서는 얼마만큼 공부를 하고, 휴식해야 하는지를 스스로 매우 잘 알고 있었다. "의식적으로 '내가 어떤 환경에서 공부할 때 가장 학습 효율이 높을까?'를 고민했어요. 고등학교 때는 의지가 무너져서 스트레스를 많이 받았어요. 그러다 보니 왜 쉽게 좌절하는지를 계속 생각했어요. 그 과정을 통해서 저는 '규칙적인 생활을 유지하자'라는 나름대로의 정답은 찾은 거죠."

장진우 마스터는 규칙적인 생활이 오히려 진정한 자유를 줄 수 있다고 말한다. "이래도 되나 싶은 생각을 전혀 안 하게 되었죠. 규칙적이지 않으면 결과적으로 반드시 절대적인 공부 시간이 줄고 마음이 해이해집니다." 생활 패턴에 관성을 유지하면 오히려 생활을 유지하는 데 굳이 의지력을 소모하지 않게 되어 그만큼 고민 없이 공부에만 집중할 수 있었다. 규칙적인 생활이라는 무기가 있으니 하고 싶은 공부를 우선순위에 놓고 하더라도 전체적인 큰 흐름은 유지할 수 있기 때문이다.

장진우 마스터의 규칙적인 생활은 규칙적인 공부 시간, 규칙적인 수면, 규칙적인 휴식과 운동으로 나눠 볼 수 있다. 그가 말했듯 생활에도 관성의 법칙이 적용된다. 최상의 컨디션과 최상의 마인드를 유지할 수 있는 생활 패턴을 규칙적으로 유지할 수 있다면 의지에 의존하지 않고도 꾸준한 노력을 해 나갈 수 있다.

서울대학교 마스터들 또한 규칙적인 생활 습관의 중요성을 강조했다. 서울대학교 정치외교학부에 재학 중인 김정수 마스터는 자신의 공부 비결에 대해 이렇게 말한다. "즉흥적이거나 자극적인 것에 자꾸 자신만의 규칙이 무너지면 공부를 지속하기가 힘듭니다. 무슨 규칙이든 일단 정하고 한 달만 제대로 하다 보면 근육에 관성이 붙어서 이게 힘든지도 모르고 쭉 가는 것 같습니다. 너무 가혹할지는 모르겠지만 이게 왜 이렇게 힘든지, 더 쉬운 방법은 없을지에 대해 자꾸 합리화하면서 바꾸다 보면 그 방법을 제대로 검증하기조차 불가능한 것 같습니다. 그러니 일단 꾸역꾸역 규칙적으로 실천하는 자세가 중요하다고 생각합니다."

당장 모든 생활을 규칙적으로 하지 않더라도 최소한 잠자는 시간이나 일어나는 시간 지키기, 규칙적으로 운동하기 등 하루에 2~3가지 생활 습관 체크 리스트를 만들어 그것만큼은 규칙적으로 실천하기 위해 노력해 보자. 우리에게 필요한 것은 1주일에 한두 번, 의지에 불타는 날이 아니라 꾸준하게 자신의 생활 패턴을 유지하는 1주일 그 자체라는 것을 잊지 말아야 한다.

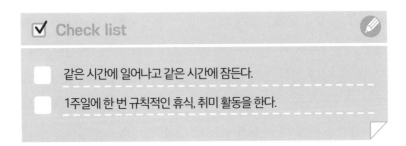

☑ Check list

☐ 같은 시간에 일어나고 같은 시간에 잠든다.

☐ 1주일에 한 번 규칙적인 휴식, 취미 활동을 한다.

극강의 몰입을 위한
컨디션 조절법

'몇 시간 자는 게 좋을까?' 수험생들의 큰 고민 중의 한 가지다. 나는 마스터들에게 수면 시간은 몇 시간인지를 물었지만 정해진 답은 없었다. 어떤 이는 매일 4시간만 자기도 했고, 어떤 이는 매일 9시간을 넘게 자기도 했다. 사람마다 가진 체력 조건도 다르고 생활 패턴이나 응시하는 시험의 성격도 다르기 때문이다. 다만 그들에게서 발견한 공통점은 하나같이 주어진 상황에서 최상의 효율로 공부할 수 있는 상태를 유지하기 위해 노력했다는 것이다.

서울대학교 화학생물공학부를 졸업한 장유연 마스터는 수험 생활 중에 매일 9~10시간을 자면서도 2년 만에 변리사 시험에 합격했다. '그냥 머리가 정말 좋은 사람은 아닐까?' 하는 의문이 들었지만, 인터뷰를 진행해 보니 합격할 수밖에 없었던 이유가 있었다.

"저는 공부하는 순간만큼은 최상의 몰입 상태를 유지했습니다. 공부하는 매 순간 벼락치기를 하는 마음으로 임한 거죠. 그게 가능했던 건 한 번도 최상의 컨디션이 아닐 때 공부한 적이 없었기 때문입니다."

공부하는 매 순간이
벼락치기

장유연 마스터는 전남 순천의 일반고를 졸업하고 지역균형 전형으로 서울대학교에 입학했다. 고교 시절이나 변리사 시험을 준비하는 과정에서 그녀는 잠을 줄여 가며 공부한 적이 한 번도 없었다. 어찌 보면 매일 아침 일찍 일어나 저녁까지 규칙적으로 공부한 마스터들과 달리, 그녀는 비교적 느슨한 생활 습관을 갖고 있었다.

"저는 잠이 정말 많아요. 변리사 시험을 준비하는 2년 내내 매일 11시 반에 자고 아침 10시쯤에 일어났어요. 거의 매일 10시간씩 잔 거죠. 그래서 아침마다 다른 수험생들을 보면서 자괴감을 느끼며 하루를 시작했어요."

하지만 이러한 마음은 오히려 장유연 마스터가 남은 하루를 온전히 공부에 집중할 수 있게 만들었다. 시간이 촉박하다고 느꼈기 때문에 초인적인 집중력을 발휘하기 위해 최대한 노력했다.

"남들에 비해 공부 시간이 상대적으로 적었기 때문에 매 순간 벼락치기를 할 때만큼 집중력을 발휘한 것 같습니다. 집중해서 공부할 때 느낌이라는 게 있어요. 공부를 하다 보면 어느새 시간도 금방 지나 있고 한 번만 읽어도 쉽게 이해가 되는 거죠."

단기적으로 보면 다른 수험생에 비해 그녀의 공부 시간이 많지 않다고 느껴질지도 모른다. 하지만 1년이 넘는 기간을 이런 집중력으로 공부한다면, 어떤 시험도 합격할 수밖에 없지 않을까.

몰입력을 높이는 2가지 기본 조건

 ### '지금 뭘 해야 하지?'라는 고민은 하지 않기

장유연 마스터는 몰입을 위한 두 가지 기본 조건 중 첫 번째로 '지금 뭘 해야 하지?'라는 고민이 들지 않도록 하는 것이 중요하다고 말한다. 특히 수능이나 고시처럼 장기간 준비해야 하는 시험의 경우 장기간의 큰 그림을 바탕으로 계획을 세워야 온전히 그날, 그 순간의 공부에 몰입할 수 있다고 강조한다.

"제가 잠을 많이 자면서 공부를 해도 문제가 없었던 건 장기적인 계획을 잘 세웠기 때문이에요. 6개월 뒤에 시험이 있으면 6개월 동안의 계획을 철저히 세우고 1주일마다 점검을 했습니다. 그렇게 하다 보면 아무 고민 없이 오늘 내가 해야 할 공부에만 몰입할 수 있습니다."

장유연 마스터의 집에는 수험 생활 2년간 사용한 플래너가 몇 권이나 쌓여 있다. 그녀에게 플래너는 몰입의 핵심적인 필요조건이었다. 공부를 하면서 몰입하기 어려운 이유 중의 하나는 공부를 하면서도 끊임없이 생기는 의심과 불안 때문이다. 왠지 다른 공부도 해야 할 것 같은 불안감이 들고, 지금 내가 하고 있는 게 목표를 향해 제대로 가고 있는가에 대한 의심은 집중해야 할 초점을 흔들리게 만든다. 그러다 보면 공부에 온전히 몰입하기가 어렵다.

하지만 장기 계획을 세우고 그것을 작게 쪼개서 오늘 할 일을 정하면 지금 하는 공부가 큰 그림의 일부고, 다른 공부는 계획에 맞춰 진행하면 된다는 안정감을 갖게 된다. 그렇게 되면 이 순간의 목표는 온전히 지금 하고 있는 공부를 최대한 효율적으로 끝내는 것에 맞춰진다.

 '내가 제대로 가고 있는지'를 주기적으로 점검하기

몰입을 위한 두 번째 조건은 '내가 제대로 가고 있는가?'를 주기적으로 점검하는 것이다. 공부를 방해하는 또 다른 요소는 내가 지금 하고 있는 게 맞는지, 노력하는 만큼 실력이 늘고 있는지를 눈으로 확인하기가 어렵다는 점이다. 그렇게 되면 아무리 내가 열심히 노력한다 해도 결과가 제대로 나올지 불안이 생길 수밖에 없다. 이 불안감은 몰입을 방해하는 또 다른 심리적 요소가 된다.

장유연 마스터는 이러한 심리적 압박을 벗어나기 위해 주변 사람이나 객관적인 모의고사 시험을 활용했다. 먼저 변리사 시험을 준비하면서 스터디를 통해 다른 사람과 자신의 공부 커리큘럼을 비교하면서 자신이 목표를 향해 제대로 가고 있는지를 확인했다.

그녀는 스터디원을 모집해 점심과 저녁 식사만 함께 하고 헤어지는, 일명 '밥터디'라고 불리는 전략을 활용했다. 이를 통해 혼자 공부하는 시간을 방해받지 않으면서도 식사 시간을 활용해 시험이나 공부에 대한 정보를 주고받고 혼자서만 공부했을 때의 불안감을 극복할 수 있었다.

또한 장유연 마스터는 매주 주말마다 학원을 다녔다. 학원을 다니는 목표는 강의를 듣기 위해서라기보다 학원에서 매주 실시하는 모의고사를 치르면서 자신의 실력을 객관적으로 점검할 수 있기 때문이다. 모의고사 점수를 확인하며 한 주간의 노력이 객관적인 실력 향상으로 이어지는지를 주기적으로 점검했다. 이를 통해 혼자 공부하는 시간에도 스스로에 대한 확신과 객관적인 피드백을 갖고 그때그때 공부에 몰입할 수 있었다.

잘 자고, 잘 먹는 것의 중요성

위의 두 가지 조건은 말 그대로 몰입을 위한 사전 작업이다. 몰입이 완성되는 지점은 바로 공부하는 순간, 몰입할 수 있는 상태를 만들었을 때다. 장유연 마스터는 몰입의 상태를 유지하기 위해, 매일 컨디션을 유지하기 위해 노력했다. 그리고 이를 위해서는 항상 자신의 컨디션에 예민해져야 한다고 강조한다. 어떤 상태에서 자신이 최상의 효율을 유지하는지를 알고 컨디션이 나빠졌을 때 그것을 회복하기 위해 다양한 방법을 사용했다. 먼저 말 그대로 '잘 자고 잘 먹는 것'에 최선을 다했다. 규칙적으로 충분히 수면을 취한 것은 물론이고 졸리거나 피곤해서 집중이 되지 않는다면 그 순간 바로 책을 덮고 10~15분간 낮잠을 잤다. 공부를 하다가 아무리 봐도 이해가 안 되거나 막혔을 때는 그냥 내려놓고 잠시 쉬는 시간을 가졌다. 또한 하루 세 끼 식사를 절대로 거르지 않고 챙겨 먹었다. "많은 친구가 공부를 하다 급하면 끼니를 거르거나 삼각김밥 같은 걸로 대충 때워요. 하지만 저는 말 그대로 밥과 국을 갖춘 제대로 된 식사를 해야 공부할 기운이 났어요. 아침에 정말 급하더라도 최소한 영양 주스라도 꼭 마시고 공부를 시작했습니다."

기운이 떨어지거나 컨디션이 좋지 않을 때면 의식적으로 삼계탕이나 고기, 전복 등의 영양식을 섭취해 컨디션을 다시 끌어올리고 자 노력했다. 그 밖에도 주기적으로 비타민이나 피로를 푸는 데 도움 되는 영양제, 홍삼 등을 먹으면서 최상의 컨디션을 유지하고자 노력했다.

그 밖에도 공부하는 중간 쉬는 시간에 주기적으로 산책을 하고 몸을 이완시키며 기분을 상쾌하게 유지하고자 노력했다. 또한 시험 이 끝나고 나면 여행을 통해 스스로에게 충분한 휴식을 주어 다음 목표를 새로운 기분으로 맞이할 수 있게 만들었다.

다른 마스터들이 꾸준한 취미 생활이나 휴식의 중요성을 강조한 이유 또한 그녀가 말하는 바와 다르지 않다. 최석영 마스터 역시 이렇게 말한다. "고교 시절 컨디션을 유지하기 위해 철저히 나만의 생활 패턴을 고수하려고 노력했습니다. 또한 수면 시간을 충분히 확보하고 식사는 최대한 건강식으로 먹고자 했습니다. 그리고 일정 시간은 가벼운 산책이라도 하고자 했습니다. 그렇게 했을 때 공부 의 '가성비'가 높아질 수 있었습니다."

우리는 수험 생활을 하면서 종종 중요한 사실을 잊고 산다. 공부 자체에 너무 집중하다 보니 공부를 받아들일 자신의 상태에 대해서는 무관심해지곤 한다. 하지만 공부를 하는 사람은 바로 나 자신 이다. 아무리 뛰어난 강의, 교재가 있더라도 내 몸과 마음이 그것을 제대로 받아들일 준비가 되어 있지 않다면 효율은 떨어지게 마련 이다. 아무리 맛있는 음식을 먹고 좋은 약을 먹어도 소화가 되지 않고 내 몸이 흡수할 수 없다면 무슨 소용이 있겠는가.

성과는 노력의 절대 양에 반드시 비례하지 않는다. 성과는 노력의 효율과 질 그리고 양에 비례한다. 그렇기 때문에 먼저 고민해야할 것은 '어떻게 하면 공부의 양을 늘릴 수 있을까?'는 아니다. 그보다 먼저 '어떻게 하면 공부의 효율과 질을 높일 수 있을까?'라는질문이 선행되어야 한다. 그래야만 양을 늘렸을 때도 그 노력의 가치가 진정한 값어치를 할 수 있다. 항상 자신의 컨디션을 컨트롤하고 최상의 상태를 유지하고자 노력해야 한다.

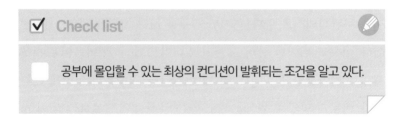

☑ Check list

☐ 공부에 몰입할 수 있는 최상의 컨디션이 발휘되는 조건을 알고 있다.

공부 방해 요소에 대처하는
3가지 방법

서울대학교 공부 마스터들에게 공부를 가장 방해하는 요소가 무엇이냐고 물으면 압도적 1위로 스마트폰을 꼽았다. 그 밖에도 게임과 웹툰, 유튜브, 이성 친구, 운동, 친구 등 대다수 수험생과 별반 다르지 않았다. 하지만 그들이 스마트폰을 비롯한 공부 방해 요소에 지배당하지 않는 이유는 단 한 가지, 방해받을 수 있는 자신을 있는 그대로 인정하고 유혹에 대처하는 방법을 찾았기 때문이다.

서울대학교 정치외교학부에서 정치학을 전공하는 하형철 마스터는 2014학년도 수능에서 만점을 받았다. 그리고 3년 뒤인 2017년 1년 반의 수험 생활 만에 행정고시에 합격했다.

"스마트폰, 웹툰, 만화, 유튜브, 여자 친구, 농구…… 많은 것이 공부하는 저를 유혹하곤 했습니다. 방해하는 요소가 생기면 최대한 멀리하는 환경을 만드는 게 우선이고, 그것이 불가능하다면 아예 규칙적인 생활의 일부로 만들어야 합니다."

스마트폰으로부터
벗어나는 법

'눈에서 멀어지면 마음에서도 멀어진다.' 이는 하형철 마스터를 비롯해 대부분의 공부 마스터가 꼽은 공부 방해 요소 대처법의 제1원칙이다. 그들은 의식적으로나 무의식적으로 이 원칙의 효용을 깨닫고 있었다. 이 원칙이 가장 잘 적용될 수 있는 것은 무엇보다 마스터들이 압도적인 공부 방해 요소로 꼽은 스마트폰이다. 강남 엄마들이 가장 싫어하는 사람이 스마트폰을 대중화시킨 스티브 잡스라는 우스갯소리가 있을 정도로 스마트폰은 강력한 공부 방해 요소다.

하형철 마스터는 말한다. "대부분의 수험생이 그렇겠지만 공부에 제일 방해가 되었던 건 스마트폰이었습니다. 그래서 고등학교 시절에는 아예 스마트폰을 사지 않고 2G 폴더폰을 사용했습니다. 방해 요소를 주변에서 없애는 게 최선책입니다. 방해 요소를 제거하는 가장 좋은 방법은 방해 요소로부터 완전히 자유로워질 수 있는 환경을 만드는 것입니다."

이처럼 하형철 마스터를 비롯해 마스터들이 수험생 시절 공부를
방해하는 스마트폰 사용에 대처하기 위해 적용한 첫 번째 방법은
스마트폰을 아예 사용하지 않는 것이었다. 그들은 처음부터 스마트
폰을 사용하지 않았거나 어느 순간부터 목표에 집중하기 위해 스
마트폰을 폴더형 휴대폰, 소위 말하는 2G폰으로 바꿔 스마트폰의
유혹으로부터 자유로워지고자 노력했다. 그러나 스마트폰과 같은
문명의 이기를 스스로 포기한다는 것은 결코 쉬운 일이 아니다. 그
래서 두 번째로 마스터들이 스마트폰의 유혹에 대처하기 위해 사
용한 방법은 공부하는 시간 동안은 스마트폰을 눈에서 보이지 않
게 만드는 일이었다.

하형철 마스터 또한 고시 공부를 하는 동안 이미 익숙해신 스마
트폰을 없애기가 쉽지 않았다. 특히 만화를 좋아하는 그에게 웹툰
과 인터넷 서핑의 유혹은 쉽게 참기 어려운 것이었다. "아무리 절
제력이 강하다고 해도 당장 재미있는 게 옆에 있으면 눈이 갈 수밖
에 없습니다. 내 손에 닿을 거리에 있으면 언제든 볼 수 있습니다.
그래서 공부 시간에는 아예 스마트폰을 가방 속에 넣어 꺼내 보기
어렵도록 만들었습니다. 그래도 방해가 된다 싶으면 아예 집에 놓
고 와서 눈에 보이지 않도록 만들었습니다."

실제로 그 유명한 마시멜로 실험을 보면 이것이 얼마나 효과적
인 대처법인지를 알 수 있다. 실험 결과, 어른이 돌아올 때까지 마

시멜로를 먹지 않고 참고 기다리는 아이들에겐 공통점이 있었다. 그것은 마시멜로를 아예 보지 않는 것이었다. 끝까지 참고 기다려 마시멜로 두 개를 먹은 아이들은 어른이 방 밖으로 나간 순간부터 일부러 마시멜로에 대해 관심을 끊어 버렸다. 다른 곳을 바라보거나 눈을 감았다. 마시멜로 접시가 있는 곳에서 멀어지는 아이도 있었다. 유혹하는 요소를 가까이 두면 결국 유혹을 참을 수 없을 것이란 사실을 그들은 본능적으로 알고 있었던 것이다. 이처럼 스마트폰을 가까이 두지 않고 눈에 보이지 않게 만드는 것만으로도 스마트폰의 유혹에서 충분히 자유로워질 수 있다.

낄낄빠빠의 정신이 필요하다

그렇다고 해서 모든 마스터가 공부 방해 요소를 전혀 사용하지 않는 방향으로 대처한 것은 아니다. 다만 그들은 가까이 둬도 될 때와 멀리해야 할 때를 철저히 구분했다. 하형철 마스터는 그 누구보다 유튜브 시청을 즐기는 편이었다. 그래서 아예 그것을 즐길 수 있는 시간을 일과 중에 미리 계획해 놓았다. 그는 하루 공부를 모두 마치고 나서 자기 전 30분에서 한 시간 정도를 미리 정해 두었다. 간단하게 야식을 먹으며 유튜브를 보는 것이 중요한 스트레스 배출구였다.

"내가 꼭 즐겨야 하는 것이라면 공부 시간 중에 틈틈이 하기 보다는 시간을 정해 놓고 즐겨야 합니다. 그렇게 해야만 공부 방해 요소가 더 이상 방해 요소가 아니라 함께 먼 길을 갈 수 있는 친구가 될 수 있습니다." 이처럼 공부 방해 요소도 '낄낄빠빠(낄 때 끼고 빠질 때 빠진다)'만 확실히 할 수 있다면, 충분히 가치 있는 취미 생활이 될 수 있다.

한편, 만화책이나 웹툰, 추리 소설 등과 같이 한 번 시작하면 끝내기가 어려운 방해 요소들에 대해 하형철 마스터는 다음과 같이 말한다. "만약 도저히 안 보고는 버티지 못하겠다면 아예 날을 잡아서 만화책이나 소설을 다 끝내 버려서 다시는 생각이 안 나도록 했습니다. 어디에도 집중하지 못한 채 보내는 시간만큼 아까운 시간은 없으니까요."

실제로 고시 공부 시절, 만화 『슬램덩크』를 우연히 다시 보게 되었는데 쉬는 시간 10분만 보자고 시작했던 것이 끝내 멈출 수 없었다. 몇 시간이 흐른 뒤 의지를 다잡고 만화책을 덮고 다시 공부를 시작했다. 하지만 내용이 궁금해서 공부에 도저히 집중할 수가 없었다. 그래서 차라리 이럴 바에 시리즈를 다 끝내 버리고 다시는 만화책을 읽지 말자고 다짐했다. 그렇게 하루를 온전히 빼서 24권의 만화책을 모두 읽어 버렸다. 그 뒤 수험 기간 동안 시리즈로 된 만화책은 단 한 권도 읽지 않았다.

또 한 번은 친구가 선물해 준 추리 소설이 문제의 발단이 되었다. 쉬면서 틈틈이 읽어 보자고 시작했지만, 흥미진진한 전개에 손에서 소설을 놓을 수 없었다. 몇 권의 책을 더 거친 뒤에 겨우 손에서 추리 소설을 놓을 수 있었다.

"추리 소설이나 완결되지 않은 웹툰 같은 것은 집중에 굉장히 방해가 됩니다. 스트레스를 해소하려면 짧은 시간에 끝낼 수 있고 단기간에 완결성이 있는 뭔가를 해야 합니다. 그리고 비교적 오랜 시간이 걸리는 취미 생활이라면, 일요일 같은 휴일에 아예 날을 잡아서 해야 합니다. 그래야만 온전히 공부에 집중할 수 있습니다."

또한 하형철 마스터는 고3 초반 때까지만 해도 점심시간과 학교 체육 시간을 활용해서 친구들과 축구나 농구 같은 운동을 즐겨 했다. 하지만 고3이 되어 공부에 조금 더 전념하다 보니 격한 운동이 공부에 방해가 된다는 사실을 깨달았다. 그때부터 될 수 있으면 공부에 방해되지 않는 수준에서만 운동을 즐겼다.

"격한 운동을 계속하면 피곤하기도 하고 땀 흘려서 공부를 지속하기가 쉽지 않습니다. 고3 5월부터는 공부에 방해되지 않을 수 있는 시간에만 축구나 농구를 했습니다. 고시 공부 때도 1주일에 2~3번 헬스장을 가서 체력을 유지할 정도로만 운동을 했습니다."

실제로 수험 생활에 많은 영향을 끼치는 것이 체력이다. 그런 점에서 꾸준한 운동은 필요하다. 하지만 그것이 지나쳐 공부에 방해되는 수준이라면 조절이 필요하다. 특히 남학생들의 경우 축구나 농구를 즐겨 하는 학생들이 많다. 하지만 꾸준한 운동이라는 핑계로 정작 목표에 악영향을 끼치는 운동이라면 그것은 더 이상 도움이 되는 운동이 아니라 공부를 방해하는 요소에 불과하다는 사실을 잊지 말아야 한다.

연애, 인간관계에 휘둘리지 않으려면

스마트폰이나 유튜브, 만화만큼이나 많은 학생이 공부에 지장을 받는 요소가 인간관계다. 그중에서도 친구들과의 관계 혹은 이성 친구와의 연애 때문에 정작 중요한 목표를 놓치는 경우들을 종종 볼 수 있다. 그렇다고 수험 생활을 하는 동안 친구들과 연락을 일절 끊거나 연애는 절대 하면 안 된다는 일부 사람들의 이야기에 동의하지 않는다. 예를 들어 아주 소수이긴 하지만, 인간관계를 원활히 유지하면서 공부에서도 성과를 내는 경우들을 봤기 때문이다. 스스로 친구 관계나 이성 관계가 공부에 악영향을 끼치지 않도록 조절할 수 있다면 오히려 순기능이 더 클 수 있다. 다만 어린 나이일수록 인간관계에 받는 영향의 정도가 큰 만큼 신중한 판단이 필요하다는 것은 부정하기 어렵다.

하형철 마스터 또한 고시 생활 동안 여자 친구와 연애 관계를 유지하면서도 좋은 성과를 거둘 수 있었다. "공부와 연애의 관계를 일률적으로 보기는 어렵습니다. 내 자신과 내가 만나는 사람의 성격에 따라서 달라질 수 있으니까요. 다만 그 관계가 지나치게 공부에 악영향을 끼치고 그걸 내 힘으로 극복할 수 없다면 연애를 그만두거나 공부를 포기하거나 둘 중 하나를 빠르게 선택해야 합니다."

물론 처음에는 공부를 병행하면서 이성 친구와의 관계를 유지하는 것이 쉽지 않았다고 말한다. 하지만 진솔한 대화를 통해 여자 친구가 그를 이해해 주기 시작했고, 조금씩 어려운 점을 해결해 나갈 수 있었다. "연애를 하더라도 저는 규칙적으로 시간을 할애하는 것이 중요하다고 생각합니다. 저는 고시를 준비하면서 1주일에 한 번 정도를 만났고 학교에서 함께 식사를 하거나 차를 마시며 최대한 공부에 방해되지 않도록 노력했습니다."

또한 연애만큼이나 공부에 많은 영향을 끼칠 수 있는 것이 친구 관계다. 실제로 예민한 고3 시절 친구 관계가 틀어져 그로부터 받는 스트레스나 걱정으로 공부에 집중하지 못해 끝내 목표를 이루는 데 실패하는 경우를 꽤 많이 봤다.

하형철 마스터는 교우 관계에 대해 다음과 같이 조언한다. "공부에 집중하다 보면 그동안 유지해 왔던 친구들과 관계에 문제가 생기는 경우가 종종 있습니다. 특히 나의 문제가 아니라 친구 쪽의 문제 때문이라면, 친구의 이해를 구해 보려는 노력을 해야 합니다. 그럼에도 문제가 해결되지 않는다면 그 상황에 최대한 직면하지 않도록 공부하는 장소를 바꾸는 식의 선택을 해야 합니다. 중요한 것은 목표 외의 것에 최대한 휘둘리지 않는 것이니까요."

내가 듣는 정치사상 수업의 교수님은 늘 강조한다. 어떤 사회적 문제가 생겼을 때 사람들이 취할 수 있는 선택은 그 상황을 피하거나 exit 과감하게 정면 돌파하거나 voice 혹은 그 상황에 적응하거나 loyal 이 세 가지뿐이다. 연애 관계 혹은 교우 관계도 마찬가지다. 공부에 방해될 만한 관계를 피하거나 정면 돌파하고 그 상황에서도 흔들리지 않도록 마음을 다잡는 것이 필요하다. 무엇이 되었든 정작 중요한 것은 그 결단이 빠를수록 좋다는 점이다.

많은 공부 마스터 역시 공부 방해 요소로부터 영향받았다. 다만 이들은 그 사실을 빠르게 받아들였고 자신만의 대처법을 적극적으로 찾아냈다. 의식적으로 자신의 공부 상태를 점검하고 만약 집중에 방해되는 것이 있다면 빠르고 과감하게 결단해야 한다. 공부를 방해하는 요소에 지배당하지 말자. 공부를 방해하는 요소를 지배하는 자만이 성과를 이룰 수 있다.

☑ Check list

☐ 방해 요소는 'exit, voice, loyal'의 선택지 중 하나를 택해 결단한다.

공부보다 힘든
멘탈 관리

서유리 마스터는 삼수 끝에 2016학년도 수능에서 만점을 받아 서울대학교 경영학과에 합격했다. 그녀는 인기 텔레비전 프로그램인 「문제적 남자」에 출연했고 '정관장'의 CF모델로 활약하기도 했다. 전교 꼴찌의 명문대 합격 이야기를 그린 일본 영화 「불량소녀, 너를 응원해」의 시사회 게스트로 초대받기도 했다. 그 밖의 각종 방송이나 라디오 프로그램에 출연해 많은 사람들의 관심을 받았다.

하지만 그녀의 수능 만점은 결코 쉽게 나온 결과가 아니었다. 성과를 거두기 위해 그녀는 몇 개의 '알'을 깨고 나와야만 했다. 삼수 시절 그녀의 다이어리 맨 앞장에는 헤르만 헤세의 『데미안』에 나오는 구절이 적혀 있었다. "새는 알을 깨고 나온다. 알은 하나의 세계다. 새로 태어나려는 자는 하나의 세계를 파괴해야 한다."

재수, 삼수에도 흔들리지 않은 이유

　　　　　서유리 마스터는 성공적으로 삼수 생활을 마칠 수 있었던 가장 중요한 비결로 '주변에 관대하고 긍정적인 마음'을 꼽았다. 삼수를 하면서 무엇이든 한 발 물러서서 관조적으로 보기 위해 노력했다. 재수 시절 주변 환경에 지나치게 많은 영향을 받았던 경험 때문이었다. 수능 100일여를 앞두고 부모님이 이혼 위기에 놓였던 적도 있었다. 수능 한 달 전까지도 문제가 해결되지 않아 학원을 마치고 집에 돌아오면 집안 분위기는 싸늘했다.

감당하기 힘들 정도로 심적 부담감이 들었고, 공부를 하고 있는 게 맞는 건가 하는 회의감마저 들게 했다. 다행히 부모님의 일은 잘 마무리되었지만 그로 인해 받은 심리적 영향으로 온전히 공부에 집중할 수 없었다.

하지만 이 경험을 통해 서유리 마스터는, 나의 목표에 온전히 집중하려면 주변에서 어떤 일이든 일어날 수 있다는 것을 받아들여야 한다는 사실을 깨달았다. 그 덕분에 삼수를 하는 동안 어떤 일이 있더라도 감정에 쉽게 영향받지 않고 위기를 극복할 수 있었다.

"재수, 삼수를 하다 보면 주변에 예민하고 감정적으로 불안정한 친구들을 많이 볼 수 있습니다. 하지만 목표에 온전히 집중하기 위해서는 항상 뭐든지 일어날 수 있다는 사실을 유연하게 받아들이는 것이 중요합니다."

그렇게 한 발 물러서서 보는 안목을 갖게 되니 많은 것이 달라지기 시작했다. 그전에는 눈앞에 보이는 것에 급급했다면 점점 큰 목표와 전략에 대해 고민하기 시작했다. "수험생 때나 재수할 때는 지금 눈앞에 보이는 것에 급급해서 이렇게 해야지 하는 큰 플랜을 놓치고 있었습니다. 하지만 공부를 세 번째로 하다 보니 전처럼 살아서는 아무것도 이룰 수 없다는 생각을 했어요. 삼수할 때는 정말 전략적으로 살았습니다. 그림을 새롭게 그리다 보니 많은 것을 바꿔낼 수 있었습니다."

그 덕분에 불규칙적이고 무리한 생활 패턴도 규칙적이고 지속 가능한 것으로 바꿀 수 있었다. 그전까지는 계획표를 그때그때 과제나 급한 것들로 채웠다면 삼수를 하면서부터는 장기간의 목표와 계획을 세우고 자신만의 원칙을 세우고 지켜 나갔다. 예를 들어 어떤 내용을 배우면 반드시 1주일 안에 두 번 이상 복습하도록 만들었다. "조금씩 힘을 빼고 공부를 하다 보니 여러 면에서 성숙해질 수 있었습니다. 예를 들어 새벽 2~3시까지 공부를 하면 다음 날 더 크게 돌아온다는 사실을 깨닫게 되니 조금 더 규칙적인 생활을 할 수 있었습니다."

더불어 공부하기 싫을 때도 왜 내가 공부하기 싫은지를 되돌아보고 필요하다면 스스로에게 휴식을 주었다. "공부하기 싫은 경우가 자주 찾아온다면 당연히 참아야 하는 게 맞습니다. 하지만 그렇지 않다면 종종 스스로에게 휴식을 주는 것도 좋은 방법이 될 수 있습니다. 그 시간을 갚아 나가겠다는 생각으로 다른 시간에 더 집중할 수 있으니까요."

서유리 마스터는 이렇게 무리한 힘을 빼고 유연한 사고방식을 갖기 위해 노력했다. 더불어 이전보다 넓은 시야를 갖게 되니 진짜 필요한 곳에 에너지를 쏟을 수 있게 되었다고 말한다. "내가 모르는 걸 새롭게 알려고 하면 고통이나 귀찮음이 따르는 부분이 있습니다. 스스로 피드백을 하는 것도 마찬가지고요. 예전에는 기꺼이 그걸 하지 않았죠. 하지만 그렇게 알을 깨고 나오니 '컴포트 존(편안하게 느껴지는 영역, 또는 쉽게 할 수 있는 수준)'을 벗어나서 성장할 수 있었습니다."

진도를 나가는 것에 급급하기보다 지금 하는 것을 더 효율적으로 해낼 수 있는 방법이 없는지부터 차근차근 고민했다. "예전에 수학 같은 경우 여러 문제를 푸는 데 급급했다면 삼수할 때는 한 문제를 두 가지 이상의 방법을 찾아보기도 하고 한 장짜리 풀이법이라고 했을 때 반 장 정도로 푸는 법은 없는지까지. 하나하나에 생각의 강도를 높였습니다."

중요한 운동 경기를 앞두고 늘 코치들은 선수에게 힘을 빼고 가벼운 마음을 가지라고 말한다. 너무 강하면 부러지는 법이다. 서유리 마스터처럼 한 발 물러서서 관조적으로 볼 수 있는 시야를 갖게 되면 또 하나의 알을 깨고 경험하지 못했던 새로운 세계를 볼 수 있다.

오르지 않는 성적에 얽매이지 않는다

서유리 마스터는 삼수 때도 재수 때처럼 성적이 속도 있게 오르지는 않았다고 말한다. 그럼에도 조급하게 생각하지 않았다.

"과거 같았으면 불안에 떨면서 조급함을 느꼈겠지만 그때의 저는 과거의 저와 달랐어요. 이미 같은 공부라 해도 보는 관점이 완전히 달라졌습니다. 사소한 것에 영향받지 않고 제 스스로를 믿기 위해 노력했습니다."

특히 그녀 스스로 달라지는 자신을 확인하면서 그 확신은 더욱 굳어졌다. 당장 성적이 나오지 않을 때 오히려 서유리 마스터는 하루하루가 쌓여서 결과를 만들어 낸다는 생각으로 오늘에 충실하고자 노력했다. 계획에서 벗어나지 않는 삶을 살기 위해 노력했다. 또한 미래의 알 수 없는 결과 대신 통제할 수 있는 오늘에 집중하고자 했다.

"학원 모의고사를 보고 나면 그 결과에 신경 쓰기보다 모의고사 자체에서 많은 것을 배우려고 노력했습니다. 예를 들면 나는 이번 시험을 이런 자세로 봤고 국어 시험을 볼 때 다리를 떠는 친구가 신경 쓰였는데, 다음번에 이런 상황이 있다면 어떻게 대처할 것인가. 이런 식으로 상황 자체에서 최대한 많은 것을 느끼고 배우고자 했습니다."

실제로 서유리 마스터가 이런 과정에서 배운 것 중의 하나를 더 소개하자면 모의고사를 치르고 피드백을 하는 과정에서 스스로 수학 과목 시험을 볼 때 온전히 100분을 집중하는 게 어렵다는 사실을 깨달았다. 그래서 다음 시험부터는 아예 100분을 30분 단위씩 끊어서 문제를 풀고 1~2분 정도 지금까지 풀었던 문제들을 되돌아본 뒤 다시 30분을 새로운 문제 풀이에 집중하는 식으로 효과적인 패턴을 만들어 나갔다. 피드백을 통해 이런 노하우가 쌓이다 보니 이미 수능 시험장에 들어갈 때 서유리 마스터에게는 전투에서 이길 수밖에 없는 다양한 '무기'가 있었던 셈이다.

결국 그녀의 '포텐'은 수능에서 빛을 발했다. 생각지도 못했던 만점을 받은 것이다. 그 비결로 삼수 시절 내내 당장의 성적에 목을 매기보다 조금 더 높은 시야에서 공부라는 것을 바라볼 수 있었던 점을 꼽는다.

"당장 성적이 오르지 않아도 공부를 하는 과정 자체가 스스로를 훈련하는 과정이라고 생각했습니다. 그저 선택한 것에 대해 만족할 수 있을 만큼 하자는 생각이었습니다. 결과가 어떻게 나오더라도 최선을 다하고 후회만 하지 말자고 다짐했습니다."

높은 곳에서 봐야
멀리 본다

서유리 마스터의 말처럼 서울대학교 마스터들 또한 성적에 일희일비하지 않는 것을 멘탈과 마인드를 유지하는 중요한 원칙으로 활용했다.

서울대학교 경제학과에 재학 중인 곽철민 마스터는 이렇게 말한다. "제가 성적을 올릴 수 있었던 비결은 시험 결과를 최대한 비관적으로 봤기 때문입니다. 잘 쳤든 못 쳤든 무조건 틀린 것 혹은 불안했던 것을 극복하고자 하는 마음가짐을 가졌습니다."

넓은 시야를 갖게 되면 이전에는 보이지 않던 것을 볼 수 있다. 마치 같은 소설을 읽더라도 중학교 때와 고등학교 때 느낀 점이 다른 것처럼 말이다. 넓은 시야는 무엇보다 자신과 스스로가 처한 상황을 객관적으로 바라보게 하는 힘을 키워 준다. 더불어 자신이 처한 문제를 현명하게 해결할 수 있는 안목을 갖도록 한다.

성적 상승을 거둔 마스터들의 경우 그들이 좋은 성과를 내기 전이나 그 이후 공부라는 객관적 대상이 달라진 것은 없다. 다만 공부를 접하는 스스로가 성장했고 더 넓은 시야를 갖게 되어 다른 성과를 거둘 수 있었다. 자신의 시야가 넓어지면 그토록 어렵고 답답하게 느껴졌던 공부를 다른 관점에서 바라볼 수 있다.

그래서 수능에 실패하고 재수를 앞둔 학생들에게 겨울 방학 동안 여행이나 아르바이트처럼 공부와 관련 없는 경험을 꼭 쌓아 보라고 조언한다. 자신이 더 넓은 시야와 관점을 갖고 새롭게 공부를 대할 수 있다면 더 나은 성과를 거둘 가능성이 높아지기 때문이다. 높은 곳에서 넓게 바라볼 수 있다면 성공으로 가는 길이 더 가깝고 쉽게 느껴질 것이다.

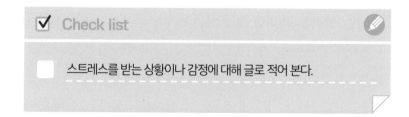

✓ Check list

☐ 스트레스를 받는 상황이나 감정에 대해 글로 적어 본다.

뱀의 머리로 살아남는
6가지 방법

서울대학교 사회학과를 졸업한 김태운 마스터는 270 대 1의 경쟁률을 뚫고 5년 만에 치러진 MBC 스포츠 기자 공채 시험에서 유일한 합격자로 선발되었다. 그는 스포츠 기자로 일하며 2018년 러시아 월드컵 대표팀의 손흥민·이승우·기성용·황의조 선수, 아시안 게임 수영 금메달리스트 김서영 선수 등을 인터뷰했다.

　김태운 마스터는 전남 지역의 일반고를 졸업했다. 그가 다닌 고등학교는 당시 약 300명 정도 되는 전교생 중에서 서울권 대학교에 진학한 학생이 10명이 넘지 않는, 비교적 학구열이 높지 않은 학교였다. 김태운 마스터는 고교 3년 동안 모든 과목에서 1등급을 받으며 고교 3년간 내신 평균 1.00의 성적을 거뒀다. 그런데 아이러니하게도 서울대학교 수시 지역균형 전형에서 낙방의 고배를 마시고 그해 수능에서 2문제(언어, 국사)를 틀려 445점(450점 만점)을 받아 정시 전형으로 서울대학교 사회과학계열에 진학했다.

과거 입시가 수능 위주로 치러졌을 때는 비록 내신 성적을 받기가 어렵더라도 수능 점수를 잘 받기 위해 많은 학생이 면학 분위기가 잘 갖춰진 자사고, 특목고, 지역 명문고 등을 선호했다. 그러나 최근 들어 수능의 비중이 줄고 내신 성적이 중시되는 수시 전형의 비중이 높아지면서 많은 학생이 비교적 내신 성적을 받기 쉬운 학교에 진학해 '뱀의 머리'가 되겠다는 전략을 선택하고 있다.

그러나 막상 그들이 고등학교에 진학하면 비교적 자유분방한 학교 분위기에 휩쓸려 자기 목표와 속도를 잃는 경우가 종종 발생한다. 대다수가 열심히 공부하지 않는 상황에서 나 혼자 확고한 목표를 갖고 열심히 공부를 해 나가기란 결코 쉽지 않은 일이다. '뱀의 머리'로 살아남는 데도 현명한 전략이 필요하다.

보이지 않는 진짜 경쟁자를 떠올린다

김태운 마스터가 졸업한 중학교는 학구열이 별로 높지 않은 편이라 1주일만 벼락치기로 시험공부를 해도 상위권의 성적이 나오는 곳이었다. 불안한 마음에 김태운 마스터는 중학교 졸업을 앞둔 3학년 겨울 방학에 지역의 기숙 학원에 들어갔다. 부족한 공부법을 다지기 위함이었다.

기숙 학원에서의 두 달은 말 그대로 '문화 충격' 그 자체였다. 학원에는 광주, 전남 지역에서 공부 좀 한다는 학생이 모여 있었는데, 그는 그곳에서 처음으로 치열한 경쟁의 분위기를 느꼈다.

"중학교 때만 해도 저는 공부라는 게 시험 기간 1주일 동안만 하는 것이라고 생각했어요. 그 밖에는 매일 PC방에서 시간을 보냈죠. 근데 그곳에 갔더니 친구들이 오후 6시에 학원 수업이 끝나면 시키지도 않는데 자발적으로 밤 10시, 11시까지 혼자 공부를 하더라고요. 저는 수업이 끝나면 매일 친구들과 게임과 축구 얘기만 했는데, 걔네들은 공부가 끝나고 기숙사로 걸어오면서도 그날 풀었던 문제, 공부 얘기를 했어요. 그때 처음 느꼈습니다. 내가 이렇게 안일하게 있으면 안 되겠다는 것을요."

그때의 경험은 김태운 마스터의 고등학교 생활을 유지하는 데 매우 중요한 자산이 되었다. 그 이전까지만 해도 스스로를 '우물 안의 개구리'였다고 말한다. 그러나 그곳에서 만난 앞으로의 '진짜' 경쟁자들의 모습은 3년간 그에게 큰 자극이 되었다.

"고등학교 생활을 하면서 주변 친구들이 공부를 하지 않아 안일한 마음이 들 때면 '그때 만났던 친구들은 지금 어떻게 공부하고 있을까?'를 상상하면서 진짜 저의 경쟁 상대들은 지금 이 시간에도 공부하고 있다는 생각을 하며 마음을 다잡았죠."

김태운 마스터는 만약 주변 분위기에 휩쓸려 공부에 대한 동기부여가 되지 않는다면 자신의 목표에 맞는 '진짜' 경쟁자를 만날 수 있는 기회를 찾고 그들이 노력하고 있을 모습을 주기적으로 상상하며 스스로를 점검하라고 말한다.

환경을 절대 탓하지 않는다

김태운 마스터는 면학 분위기가 좋지 않은 환경에서 좋은 성과를 거두기 위해 가장 중요한 것이 '절대로 환경에 불만을 갖지 않는 것'이라고 말한다. "환경을 탓하는 순간 게임은 끝납니다. 심리학에는 내적 귀인歸因, 외적 귀인이라는 말이 있어요. 잘 되었을 때 혹은 잘 안 되었을 때 나를 탓하느냐 환경을 탓하느냐는 것인데, 주변 친구를 보며 '진짜 시끄럽게 구네' 하고 탓하기 시작하면, 얼마 안 있어서 모든 게 다 남 탓이 됩니다. 내가 공부하기 싫어서 안 하는 것까지 다 환경 탓으로 넘어가 버리죠."

그는 늘 환경과 무관하게 자신의 갈 길을 가야 한다고 다짐했다. 교실의 떠드는 분위기에 불만이 생길 때쯤이면 '내가 공부하고 싶지 않구나, 그러니 친구들 보면서 같이 떠들고 싶고 MP3 듣고 싶은 생각이 드는 구나' 하고 생각했다. 스스로 마음이 안일해지면 항상 스스로의 탓이라고 생각했다. 결코 환경이나 분위기에 그 이유를 돌리지 않았다.

선생님을 좋아하려고
노력한다

김태운 마스터를 두고 고교 시절 선생님들은 "제일 눈빛이 초롱초롱하고 빛나는 친구였다"는 말을 많이 했다고 한다. 그는 선생님들을 의식적으로 좋아하려고 노력하는 것이 높은 내신 성적을 거두는 데 중요한 비법 중 하나였다고 말한다. 친구들 중에는 선생님에게 버릇없게 굴거나 학교 수업이 재미없다며 학원 숙제를 하거나 혼자 자습서를 공부하는 친구들이 더러 있었다.

그러나 김태운 마스터는 선생님 수업을 누구보다 열심히 듣고자 노력했다. 그는 수업이 끝나면 쉬는 시간에 수업 내용에 대한 직후 복습을 바로 실시했는데, 모르는 게 나오면 바로 교무실에 가서 선생님에게 질문했다. 실제로 수업 자체가 정말 재미없는 경우도 있었지만 어떻게든 그 수업을 통해 뭔가를 배우고자 노력했다.

"아무리 좋은 기출문제가 있다 해도, 내신 시험 문제는 결국 학교 선생님이 내는 거예요. 선생님께 질문을 하다 보면 보이지 않던 것이 보이기 시작하고 뭐가 더 중요한 내용인지까지 알 수 있어요. 선생님을 좋아하려고 노력하다 보면 그런 노력들이 자연스럽게 결과로 따라옵니다."

친구들을 내 편으로 만든다

어느 학교나 그렇듯이 '공부 잘하는 애'로 불리기 시작한 뒤 친구들은 김태운 마스터에게 쉬는 시간, 자습 시간마다 모르는 것을 많이 물어보러 왔다. 어떤 친구들은 질문하는 친구들을 무시하거나 귀찮아하기도 했지만, 그는 친구들이 자신에게 질문하는 것을 즐겼다고 말한다. "저는 친구들의 질문에 답해 주고 모르는 걸 가르쳐 주는 과정이 공부하는 데 매우 도움이 된다고 생각했어요. 이게 왜 맞는지, 틀렸는지, 왜 이렇게 풀어야 하는지에 대한 고민이 있어야 답을 할 수 있어요. 친구라면 이게 어렵겠구나, 이게 이해가 안 되겠구나, 이런 부분까지 상세하게 생각하면서 열심히 가르쳐 줬어요."

실제로 한 다큐멘터리의 조사 결과에 따르면 전국 상위권 0.1퍼센트의 학생들의 공통점 중의 하나가 친구들에게 설명을 잘해 준다는 것이었다. 친구에게 설명을 하다가 막히는 부분이 나오면 자신의 부족한 점이라는 것을 빠르게 발견할 수 있고, 알고 있는 내용일지라도 친구에게 설명하면서 내용에 대해 더 깊이 이해하고 오래 기억하는 효과가 있다. 그들은 오히려 친구들의 질문을 공부할 수 있는 기회로 이용한 것이다.

공부를 방해하거나 시기, 질투하는 친구들은 없었는지 묻자 3년간 그런 친구가 한 명도 없었다고 한다.

"제가 공부 좀 잘한다고 잘난 체하거나 다른 친구를 막 대하는 일을 가장 경계했어요. 그렇게 되면 적이 생기고 학교생활에 큰 문제가 생긴다는 사실을 잘 알고 있었죠."

게다가 김태운 마스터는 축구와 농구를 좋아했는데 친구들과 함께 운동을 즐기다 보니 같이 어울릴 수 있고 말도 잘 통하는 친구로 인식된 것 같다고 말했다. 특히 운동을 함께 즐기다 보니 소위 말하는 '잘 나가는' 친구들과도 마찰 없이 모든 친구와 사이좋게 지내며 학교생활을 잘 마칠 수 있었다. 그는 공부를 열심히 하는 것만큼 친구나 선생님과의 관계를 잘 유지하는 것이 좋은 성과를 거두는 데 매우 중요하다고 강조했다.

미래에 얻을
소확행을 상상한다

김태운 마스터는 치열한 면학 분위기가 아니다 보니, 자연스럽게 자신의 생활이 흔들리는 날이 많았다고 말한다. "다 때려치우고 친구처럼 PC방을 가고 싶다거나 거짓말하고 놀러가고 싶다는 생각을 많이 했죠. 실제로 그러기도 했고요. 목표가 확고해야만 이런 일이 자주 일어나는 걸 막을 수 있어요. 좀 흔들리더라도 다시 제자리로 돌아올 수 있는 동기 부여가 가장 중요하다고 생각했습니다."

김태운 마스터는 자신이 가야 할 길을 잊지 않으려고 스터디 플래너 맨 앞 장에 서울대학교 정문 사진을 붙여 놓았다. 그러고는 구체적으로 큰 목표를 작은 목표로 나누어 체크 리스트를 만들었다.

"자기 전에 매일 체크를 했어요. '친구들이랑 떠들다가 이걸 못 했네' 이런 반성을 하면서 다음 날 스스로를 다시 채찍질했죠."

김태운 마스터는 엄격하게 체크 리스트를 활용했던 이유가 스스로 약속과 기준을 만들고 지키고자 노력해야만 흔들리지 않을 수 있었기 때문이라고 말한다. 또한 눈에 보이는 경쟁에서 동기 부여를 받기 어려웠기 때문에 공부하기 싫을 때면 미래를 상상하는 식으로 동기 부여를 했다고 말한다.

"제가 목표를 이뤘을 때 행복감을 미리 상상했습니다. 서울대학교에서 수업을 듣고 친구들과 함께 캠퍼스를 즐기는, 미래에 얻을 '소확행(소소하고 확실한 행복)'을 구체적으로 상상했습니다."

아무리 철저하게 자기 관리를 하는 사람일지라도 환경의 유혹을 떨쳐 내기는 결코 쉬운 일이 아니다. 그럴 때마다 스스로 어디를 향해 가고 있는가를 되돌아보고 잠깐 길을 벗어나더라도 다시 '내가 있어야 할 곳'에 돌아오는 의식적인 동기 부여가 쌓이면 결국 목표 지점에 도달할 수 있다.

수시와 정시를 모두 준비해야 하는 현 입시의 수험생 후배들에게 김태운 마스터는 말한다. "저는 내신이 올 1등급이었지만 아이러니하게 수시는 떨어지고 수능으로 대학에 왔습니다. 제가 만약 내신 성적에 안심하고 수능을 적당한 마음으로 준비했다면 서울대학교에 오지 못했을 겁니다. 오늘의 나에 안주하지 않고 더 올라서기 위해 하루하루를 성실히 살았던 것이 쌓여서 결국 빛을 발했습니다."

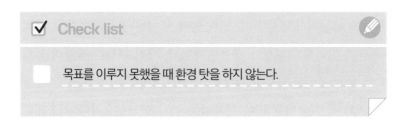

☑ Check list

□ 목표를 이루지 못했을 때 환경 탓을 하지 않는다.

PC방과 학원,
똑똑하게 활용하기

서울대학교 기계항공공학부에 재학 중인 황두현 마스터는 학창 시절을 '사교육 1번지' 대치동에서 보냈다. 세상에서 제일 재미있는 놀이터가 PC방이라는 그는, 재수를 거쳐 정시 전형에서 서울대학교 기계항공공학부, 연세대학교 치의예과, 대구가톨릭대학교 의과대학, 카이스트 자유전공학부에 모두 합격했다.

"저도 여느 대치동 학생들처럼 학원도 많이 다니고 PC방도 좋아했습니다. 학원과 PC방을 끊어 본 적이 없습니다. 그럼에도 제가 좋은 성과를 거둘 수 있었던 것은 그 사이에서 중심을 잡고 균형을 잘 유지했기 때문이라고 생각해요."

PC방, 포기할 수 없다면
공생하자

                 황두현 마스터는 중학교 시절, 매일 같이 PC방을 다녔다. 공부를 하긴 했지만 별다른 목표가 없었다. 내신 기간에만 벼락치기로 공부하고 별로 열심히 하지 않았다. 학원도 그저 다른 친구들이 모두 다니니까, 당연히 관성처럼 다녔다.

그에게 학원은 또 다른 놀이터였다. 학원에서 만난 친구들과 종종 수업에서 빠져나와 PC방을 다니곤 했다. 고등학교 시절에도 이런 생활에 큰 변화는 없었다. 고3 때까지 거의 매일같이 학원을 다녔다. 하지만 학원을 빼먹는 날도 부지기수였다. 당시 유행하던 리그 오브 레전드 게임에 빠져 스스로 보기에도 게임중독 상태였다고 말한다.

누구나 한 번쯤 있는 경험이듯 학원에 아프다고 거짓말을 하고 PC방에 갔다가 어머니한테 혼이 나거나 PC방에 학원 선생님이 찾아오는 날도 많았다. 심지어는 게임을 하다가 PC방에서 선생님에게 먹살을 잡혀 끌려간 적도 있었다. 그저 수능이 빨리 끝나기만을 기다렸고, 심지어는 수능 전날도 PC방에 갔다. 그리고 그해, 수능은 역대 최고 난이도 수준으로 출제되었다. "국어를 평소 풀던 대로 풀었는데, 열 문제가 넘게 남았는데 시간이 10분밖에 안 남았어요. 문제를 받아들고 숨이 턱 막히는 경험을 처음으로 했습니다. 완전히 멘탈이 나간 거죠."

　그렇게 그는 재수를 결심했다. 2월부터 강남의 한 재수 학원을 다니기 시작했다. 재수 학원에서는 매월 모의고사를 치렀는데, 첫 등수는 전체 50등이었다. 6월 모의고사까지 성적을 끌어올리겠 다는 목표를 세우고 매일같이 아침 7시 반까지 학원에 가서 저녁 10시까지 공부했다.

　그렇다고 황두현 마스터가 PC방을 완전히 끊은 것은 아니었다. 대신 전략을 바꿔서 공부 시간과 노는 시간을 철저히 구분하고 노 는 시간을 하루 종일 열심히 노력한 스스로에게 주는 보상으로 활 용했다. "재수 학원을 가 보면 열심히 공부를 하는 것도 아니고 그 렇다고 제대로 노는 것도 아닌, 애매한 친구들이 많아요. 그래서 저 는 학원에서는 공부에 집중하고 놀 수 있을 때 제대로 놀자고 결심 했습니다. 재수를 할 때 제 모토가 학원에 있을 때만큼은 1분 1초 도 버리지 말고 공부하자였습니다. 쉬는 시간에도 놀지 않고 공부 했습니다. 대신 밤 10시에 학원이 끝나면 2시간 정도는 PC방을 가 거나 친구들을 만나서 놀았습니다. 10시까지는 불태우고 그 뒤 시간 은 저에게 보상을 준 것이죠."

　그렇게 공부 시간과 노는 시간을 철저히 분리하고 공부 집중력 을 끌어올리니 6월 모의고사에서 학원 전체를 통틀어 5등을 기록 했고 9월 모의고사 때는 2등까지 성적을 끌어올릴 수 있었다. "PC 방을 가고 싶을 때마다 스스로 내가 그것을 즐길 만한 자격이 있는지를 물었습니다. 자신의 목표가 있다면 충분한 노력을 한 뒤에 자신이 좋아하는 취미 생활을 해야 합니다. 할 때는 집중하고 놀 때는 제대로 노는 현명함이 필요합니다."

많은 서울대학교 마스터가 공부하기 위해 자신의 취미나 노는 것을 완전히 포기하지 않았다. 다만 그들은 황두현 마스터처럼 공부 시간과 노는 시간을 철저히 구분하고 노는 시간 또한 계획에 포함시켰다. PC방이나 유튜브, 노래방 등과 같은 여가 생활을 즐기기 위해 필요한 자신만의 기준을 수립하고 그 기준이 충족되면 철저히 여가를 즐겼다. 사람은 쉬지 않고 놀지 않고는 살 수 없다. 다만 목표를 이루기 위해서는 노력할 때와 놀아야 할 때를 철저히 구분하고 그 사이에서 스스로 중심을 잡고 균형을 지켜 나가야 한다.

학원 VS
혼자 공부하는 시간

황두현 마스터는 어린 시절부터 학원을 많이 다녔다. 하지만 그가 처음부터 학원을 제대로 '활용'했던 것은 아니다. 중학교 때는 학원에 가는 것이 너무나도 싫었다. 숙제가 있어도 여느 학생들과 마찬가지로 눈치껏 다해야 할 때는 하고, 그렇지 않으면 굳이 하지 않았다.

다행히 고등학교에 올라가면서 그는 학원을 조금씩 제대로 활용하기 시작했다. 그토록 자주 PC방에 다니면서도 모의고사에서 최상위권의 성적을 거둘 수 있었던 것 또한 선별적으로라도 학원 수업에 집중했기 때문이라고 말한다. "모든 학원 수업을 열심히 들은 건 아닙니다. 하지만 수업이 좋다고 느끼면 열심히 공부했습니다. 그 수업 시간만큼은 철저히 집중했습니다. 저는 선생님이 말하는 핵심을 잘 잡아내는 편이었어요. 그 부분을 필기해 놓고 나중에 문제 풀기 전에 복습을 하면 내용이 머릿속에 거의 다 들어왔습니다."

하지만 학원을 100퍼센트 제대로 활용하지 못한 탓에 끝내 수능에서 실패했다. "학원은 다녔지만 절대적으로 혼자 공부하는 시간이 부족했습니다. 충분한 시간을 들여서 스스로 복습하고 기출문제를 풀었어야 하는데, 그 부분이 안 되어 결국 수능을 망쳤습니다. 그래서 재수 때는 철저히 복습하고 스스로 공부할 수 있는 시간을 충분히 확보하고자 노력했습니다."

아무리 좋은 수업을 듣더라도 충분한 복습이 동반되지 않으면 그것을 자신의 것으로 만들 수 없다. 이를 위해서 절대적으로 일정한 수준의 혼자 공부하는 시간이 필요하다. 애초에 계획을 세울 때부터 혼자 공부할 시간을 확보해야만 복습을 하지 못해 결국은 남는 게 하나도 없는 사태를 방지할 수 있다.

서울대학교 언론정보학과에 재학 중인 오효민 마스터는 '혼자 공부 시간' 확보의 중요성에 대해 이렇게 말한다. "강의 듣는 것을 모두 제외하고 순수하게 혼자 복습하고 새로운 것을 익히는 시간대가 있었습니다. 한때 강의를 미친 듯이 들을 때는 오르지 않던 성적이 혼자 새벽에 공부를 시작하고부터 올랐습니다. 혼자서 곱씹는 시간은 반드시 필요하고 고등학생의 경우 인강 등 강의를 듣다가 공부 시간이 끝나는 경우가 많기 때문에 명확한 시간대를 정해 둬야 합니다."

먼저 혼자 공부하는 시간을 확보하기 위해서는 기본적으로 불필요한 학원 수업을 줄여야 한다. 황두현 마스터는 국어나 수학에서 어려운 문제가 나왔을 때 취약하다는 스스로의 문제점을 알고 있었고 그 때문에 주말에는 새로운 고난이도 문제를 많이 만들어 주는 학원들을 주로 선택해 다녔다. 또한 주중에 다니는 재수 학원의 경우 수업을 통해 얻을 수 있는 것이 크지 않다면 과감하게 자기 공부 시간으로 활용했다. "학원 수업을 들을 때 내가 얻는 것이 뭔지를 판단하는 게 중요합니다. 필요하다면 최대한 집중해서 들어야 합니다. 하지만 별로 도움이 되지 않는다면 꼭 그 수업을 들어야 할 필요는 없습니다."

황두현 마스터는 학원을 무작정 과목별로 전부 다니거나 학원 수업을 무작정 다 듣는 것이 능사는 아니라고 말한다. 그 수업을 듣는 목적은 무엇인지, 그것이 나에게 어떤 도움이 되는지 적극적으로 판단하고 선택하라고 조언한다. "재수 학원 시절, 수학 수업의 경우에는 강의는 별로 도움 되지 않았지만 강사가 주는 자료집과 종종 알려 주는 문제 풀이 팁이 도움이 되어 그것만 활용했습니다. 또 국어는 강의가 별로인데, 수업 전에 푸는 문제가 괜찮아서 그거만 풀고 나머지 시간은 제 공부를 했습니다."

황두현 마스터는 학원 수업이나 인강을 들을 때 어떤 목표를 위해 그 수업을 얼마 동안 들을지 기간을 정해 두라고 말한다. "인강을 듣는다고 하면 인강 하나를 몇 개월 안에 끝내야겠다는 목표를 세워야 합니다. 저 같은 경우는 수학과 지구과학 인강을 들었는데, 인강을 통해 새로운 개념을 한 번 정리하겠다는 목표를 세우고 6월 평가원 전까지 끝내기로 목표를 세웠습니다."

학원과 인강을 제대로 활용하려면 내가 왜 이곳에 가는지를 스스로 되묻고, 그로 인해 무엇을 얻을 것인지를 파악하는 습관을 가져야 한다. 시간은 부족하고 돈은 무한하지 않으니 스스로의 목표에 도움이 되는 곳으로 가는 편이 훨씬 현명하다.

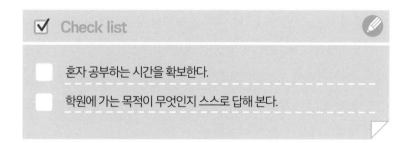

☑ Check list

⬜ 혼자 공부하는 시간을 확보한다.

⬜ 학원에 가는 목적이 무엇인지 스스로 답해 본다.

실기, 내신, 수능을
모두 잡는 '공간 분리법'

변화된 입시는 수험생에게 공부 외의 다양한 것을 병행하도록 요구한다. 수능, 내신 공부는 물론 논술 준비, 동아리, 임원 활동, 독서 등과 같이 해야 할 것들이 산더미다. 특히 예체능 계열의 입시를 준비하는 학생은 공부 외에도 체육이나 음악, 미술 같은 실기 과목을 함께 준비해야 한다. 그러다 보니 주어진 시간 속에서 많은 것을 효율적으로 해내는 역량이 입시에서 무엇보다 중요해졌다.

서울대학교 현악과에 재학 중인 오현민 마스터는 말한다. "저는 시간 관리를 넘어 시간을 보내는 각각의 공간들을 분리하고, 그 공간마다 반복되는 루틴을 만들었습니다. 그 덕분에 공부와 음악을 함께 병행하면서도 좋은 성과를 낼 수 있었습니다."

당신의 시간은
몇 대 몇?

오현민 마스터는 중학교 때부터 비올라를 전공했다. 중학교 때부터 서울예고 재학 시절까지 출전하는 대부분의 콩쿠르마다 상을 휩쓸었다. 특히 고등학교 1학년 때 국내에서 가장 권위 있는 콩쿠르 중의 하나인 《세계일보》 콩쿠르에 출전해 1학년 때 이미 2~3학년 선배들을 제치고 1등을 했다. 이러한 음악적 성과를 유지하면서 동시에 그녀는 고교 시절 내신 성적 또한 거의 매번 전교 1~2등을 유지했다. 서울대학교 입시에서 성적이 반영되지 않는 수능에서도 영어 1등급, 국어 2등급을 받아 예체능 입시를 준비하는 학생들 중에서 최상위권의 성적을 거두었다.

오현민 마스터는 음악과 공부를 함께 병행하다가 둘 다 놓칠 수도 있다는 불안감이 가장 힘들었다고 말한다. 하나만 준비한다면 그것에 온전히 집중할 수 있지만, 목표를 이루려면 두 가지 모두 최상의 성과를 거둬야 해서 그 사이에서 균형을 잡는 것이 무엇보다 힘들었다. 그녀는 서울대학교 합격을 핵심 목표로 준비하되, 불합격을 대비해 수능 성적이 반영되는 다른 대학의 입시를 플랜 B로 함께 준비했다. 실기, 수능, 내신 세 가지를 모두 신경 써야 하는 상황에서 각각의 세부 목표를 세워 균형을 이루기 위해 노력했다.

대부분의 학생이 공부와 비교과 활동, 면접과 논술 시험 대비 등

두 가지 이상의 영역에서 성과를 내야 하는 상황에 놓여 있다. 정신적으로 둘 이상의 목표를 신경 써야 할 때나 뭔가를 하고 있을 때면 '지금 다른 걸 더 해야 하는 건 아닐까?' 하는 불안에 사로잡힌다. 이러한 고민을 해소하기 위해 가장 중요한 것은 어떤 상황에도 의심하지 않고 흔들리지 않는 나만의 큰 기준과 원칙을 세우는 일이다.

오현민 마스터는 이를 위해 사용할 수 있는 시간과 노력이 100퍼센트 있다고 할 때 그중에서 70퍼센트는 음악에, 20퍼센트는 내신 대비에, 10퍼센트 정도는 수능 대비에 사용하겠다는 큰 기준을 세웠다. 그리고 그 기준에 맞춰 기간별로 시간 계획을 수립했다.

나 또한 고교 시절 수능과 내신, 학생회나 동아리 등의 비교과 활동 그리고 논술 시험 대비 등을 모두 병행하면서 미리 정해 둔 기준 없이는 아무것도 제대로 해낼 수 없겠다는 걱정이 들었다. 그래서 수능 40퍼센트, 내신 40퍼센트, 비교과 활동 10퍼센트, 면접과 논술 대비 10퍼센트라는 큰 기준을 세운 뒤 철저히 시간을 나눠 활용했다. 이로부터 흔들림 없이 네 가지 목표를 모두 효과적으로 준비할 수 있었다.

하나의 목표만을 위해 집중하는 것이 상책이다. 하지만 많은 수험생이 하나의 목표에만 집중하기는 쉽지 않은 상황이다. 현명한 사람이라면 플랜 B, 플랜 C를 당연히 세우는 전략이 필요하다. 이러한 상황에서 고민 없이 100퍼센트 집중력을 발휘하는 노력을 이뤄 내기 위해서는 각각의 목표에 대해 얼마만큼의 시간과 에너지를 들일 것인지 큰 기준을 정하는 것이 매우 중요하다.

공간만 잘 나누어도
집중력이 올라간다

오현민 마스터는 여러 목표를 동시에 이루기 위한 또 다른 핵심은 각각의 목표에 철저히 집중하는 것이라고 말한다. "두 가지를 병행하면 시간이 부족합니다. 적은 양이라도 확실하게 하고 많이 보는 것보다 한 번 보더라도 제대로 보는 것이 중요합니다. 뭘 하든 그 시간에 최대한의 집중력을 쏟아내고자 노력했습니다."

그 덕분에 오현민 마스터는 하루 평균 한두 시간 정도 공부하면서도 영어 1등급, 국어 2등급, 내신 전교 1등의 성적을 거둘 수 있었다. 구체적으로 그녀가 집중하기 위해 사용한 방법은 공간별로 해야 할 일을 철저히 나누는 것이었다. 우선 공부하는 곳과 악기 연주를 연습하는 곳 그리고 쉬는 곳을 철저히 구분했다. 연습실을 제외한 학교의 모든 공간은 오현민 마스터에게 공부하는 곳이다. 그곳에서의 시간은 오로지 공부만을 위한 것이었다. 학교 교실과 자습실에서는 연습에 대해 전혀 생각하지 않고 철저히 공부에만 집중했다. 연습실에는 아예 공부거리를 들고 가지 않았다. 대신 연습실에 들어가서는 오직 비올라 연습에만 몰입했다.

한편, 시험 기간이면 반드시 학교에 남아 공부를 했다. 학교에 남아 모르는 게 생기면 선생님께 바로 질문을 할 수 있고 집에서는 최대한 연주 연습에만 집중하기 위함이었다. 혹시라도 집에서 공부해야 할 때를 대비해 그녀는 집에서도 공부하는 공간과 연습하는 공간을 구분했다. 공부는 오직 식탁에서만, 연습은 방에서만 함으로써 각각의 공간에서 한 가지에만 집중할 수 있도록 만들었다.

"한 공간에서 하나만 꾸준히 하다 보니 다른 걸 해야 하지 않을까 하는 불안감이 사라지고 오직 지금 해야 할 일에만 집중할 수 있었습니다. 한 공간에서의 익숙한 느낌이 집중력을 향상시키는 데 큰 역할을 했습니다."

이처럼 한 공간에서 하나씩 꾸준히 해 나가면 몸과 머리가 그에 적응하게 마련이다. 그 공간에 있으면 원래 해 왔던 것에 집중할 수 있는 준비를 무의식적으로 하고 자연스레 집중력도 높아진다.

한편 오현민 마스터에게는 집이나 학교 외의 공간에서도 공간별로 해야 할 일을 정하는 것이 습관처럼 몸에 배었다. 고교 시절 일정이 많은 날은 하루에 강남과 강북, 강서를 모두 돌았다. 집은 양천구에 위치한 목동, 학교는 집에서 한 시간 거리에 있는 경복궁 근처에 있었다. 또한 레슨을 받는 곳은 강남역 근처에 위치해 있었다. 그렇기 때문에 이동을 많이 하는 날에는 자동차와 대중교통에서 보내는 시간만 해도 두세 시간이 넘었다. 구간별로 이동하는 시간에도 오현민 마스터는 작은 목표들을 미리 정해 두었다.

"저는 공간과 시간대별로 작은 목표들이 모두 정해져 있었습니다. 여기서는 이걸 해결하겠다, 학교에서는 이걸 해결하겠다, 집에서는 이걸 해내겠다. 시간별로 계획이나 목표를 세우는 것에서 한 발짝 더 나가서 공간별로도 덧붙이니 정해 둔 목표에 훨씬 더 집중할 수 있었습니다."

또한 학교가 끝나고 강남으로 지하철이나 버스를 타고 이동할 때 새로운 것을 공부하기보다 전날 새롭게 공부한 내용을 반복해서 읽거나 암기하는 시간으로 활용했다. 무거운 악기를 들고 다녀야 해서 뭔가를 쓰면서 공부할 수 없었기 때문에 빠르게 눈으로만 훑어볼 수 있는 것이 훨씬 효율적이었기 때문이다. 또한 레슨을 마치고 돌아오는 시간은 그날 레슨받은 내용을 복습하는 시간이었다. 집까지 오는 데 한 시간 정도가 걸리다 보니, 녹음해 둔 레슨 강의를 다시 듣고 정리해서 집에 오면 배운 내용을 바로 적용해 연습할 수 있도록 만들었다.

"공간을 나눠서 해야 할 것들을 반복하다 보니 일정한 리듬이 생겼습니다. 하루하루 노력하는 것이 내일도, 모레도 더 지속될 수 있다는 느낌을 크게 받을 수 있습니다."

이렇게 시간에다가 공간을 덧붙여 목표와 계획을 세우니 여러 가지를 병행하면서도 오현민 마스터는 하루 일과를 조금도 낭비하지 않고 효율적으로 사용할 수 있었다.

여러 목표를 잘 해내는 사람들은 결코 동시에 멀티태스킹을 잘하기 때문이 아니다. 여러 목표 사이의 균형과 각각의 목표에 들이는 집중력을 최상으로 유지하는 것, 그것이 모든 것을 해내는 이들의 비법이다. 두 마리 토끼를 모두 잡아내는 사람, 이도 저도 안 되는 사람의 차이는 그 한 끗 차이에 달려 있다는 사실을 명심하자.

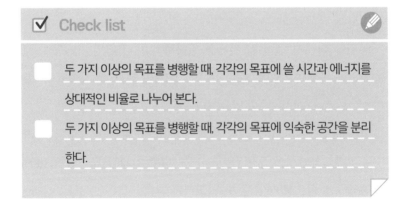

☑ Check list

☐ 두 가지 이상의 목표를 병행할 때, 각각의 목표에 쓸 시간과 에너지를 상대적인 비율로 나누어 본다.

☐ 두 가지 이상의 목표를 병행할 때, 각각의 목표에 익숙한 공간을 분리한다.

스스로 동기 부여할 수 없는 사람은
다른 재능이 아무리 뛰어나다 하더라도
평범한 삶에 만족할 수밖에 없다.

STUDY MASTER PLAN

CHAPTER

05

공부 마스터들의
다섯 번째 비밀
_ #피드백

작은 **디테일**이라도 놓치지 않는다

인생의 실패는 성공이
얼마나 가까이 있는지도 모르고
포기했을 때 생긴다.

실전 수능에서
실패하지 않으려면

정한슬 마스터는 수험생 시절, 수능이 끝난 날 저녁부터 이틀간 내리 아무것도 먹지 않고 침대에 누워 절망에 빠졌다. 고등학교 3년간 1등급을 단 한 번도 놓친 적 없는 언어 영역(지금은 국어 영역) 시험에서 3등급이 나오는 등 평소 모의고사보다 훨씬 낮은 점수대를 받은 것이다.

그러나 이 실패의 경험을 통해, 그다음 해 서울대학교 소비자아동학과와 경찰대학, 고려대학교 식품자원경제학과에 모두 합격했다. 그리고 2015년 8월 군대를 전역한 뒤 남들은 3~4년 걸려도 붙기 어렵다는 고시를 2년 만에 동시 합격했다. 입법고시를 수석으로, 같은 해 행정고시에도 합격한 것이다.

실전에도
연습이 필요하다

　　　　　　　　　　　정한슬 마스터는 수능 날은 물론, 그 이전의 모든 공부 과정을 되돌아보며 실패의 요인을 분석했다. 처음엔 '방심했다, 당황했다, 멘탈이 흔들렸다' 정도로 시작했지만 오랜 숙고를 통해 결국 '시험에 대한 준비가 부족했다'는 결론에 도달했다.

"평소 언어 영역 모의고사에서 성적이 잘 나오다 보니 50문제를 시간 안에 푸는 시나리오를 생각해 보지 않았어요. 그러다 보니 난이도가 높아졌을 때 제가 받은 타격은 훨씬 컸죠. 학교에서 모의고사를 보는 것과 실전은 달랐어요. 결론적으로 실전 상황에 대한 준비가 부족했던 거죠."

2011년 11월 실시된 수능은 '7차 교육과정 역사상 가장 어려웠던 불수능'이라 불릴 정도로 높은 난이도를 기록했다. 정한슬 마스터는 체험해 보지 못한 고난이도의 시험에 당황했다. 첫 시험을 망치고 나니 다른 과목에서도 무너졌다. 시간 안에 풀기 어려운 한두 문제를 과감히 포기하고 나머지 문제를 모두 맞힐 수 있는 연습 또한 되어 있지 않았다. 그는 재수를 시작하면서 수능은 물론 중고교 시절의 시험들을 되돌아보며 공통된 패턴 한 가지를 발견했다.

"수험생 때 수능 날 학교에서 단체로 버스를 타고 시험장에 갔어요. 그런데 출발하기 직전 기숙사에 신분증을 두고 왔다는 걸 알게 되었죠. 시험이 시작하기 전부터 정신이 없었던 거죠. 물론 신분증을 다시 가져와서 시험은 봤지만 그 자체로 이미 기가 한풀 꺾여 시험장에 들어간 거예요. 근데 신기한 게 중고등학교 때나 심지어 대학에 와서도 제가 시험을 망친 날은, 늘 그날 시험 직전에 무슨 일이 생겼어요. 그래서 늘 시간에 쫓겼죠. 늦잠을 자서 헐레벌떡 뛰어서 학교를 갔다거나 아니면 버스를 놓친다든지. 그런 날엔 시험을 잘 본 적이 하루도 없어요. 심리적으로 불안했던 거죠."

시험에서 가장 중요한
변수, 시간

정한슬 마스터는 실패 경험으로부터 배운 것을 토대로 모든 공부 전략을 새롭게 수립했다. "시험 때 영향을 줄 수 있는 변수는 크게 세 가지가 있습니다. 예상보다 어려운 난이도, 시간 부족과 같은 시험 문제에서 비롯되는 변수와 실력 부족, 실수처럼 자신으로부터 비롯되는 변수 그리고 자신이나 시험 자체와 무관하게 발생하는 상황에 의한 변수. 저는 재수를 시작하면서 이 변수들을 하나씩 줄여서 가장 이상적인 상황에서 시험을 치를 수 있도록 준비했어요."

그는 이 목표를 위해 변수들을 첫째, 시간 통제하기 둘째, 실수 통제하기 셋째, 돌발 변수 통제하기로 구분해 단계적으로 연구하기 시작했다. 정한슬 마스터가 맨 먼저 주목한 것은 '시간'이었다. "시험에서 가장 중요한 변수는 무엇보다 시간입니다. 시간이 없으면 풀 수 있는 문제도 틀리기 쉬우니까요."

그는 재수를 하면서 역대 모의고사, 수능을 모아 놓은 기출문제집 한 권을 일곱 번 넘게 풀었다. 또한 문제집을 풀 때마다 시간을 정해 놓고 푸는 연습을 반복했다. "70분짜리 시험이라 치면 문제를 푸는 데 대략 65분이 걸리고 5분 동안 OMR 답안지를 마킹합니다. 65분 동안 몇 번부터 몇 번까지는 몇 분, 몇 번부터 몇 번까지는 몇 분, 이런 식으로 시간대마다 풀어야 할 문항 수를 정해 놓고, 구간당 드는 시간을 줄여 가며 문제 푸는 연습을 했죠. 이 과정에 익숙해지면 시간을 많이 줄일 수 있어요."

우리가 시험에서 맞닥뜨리게 되는 가장 힘든 상황은 어려운 한두 문제로 인해 시간이 부족해 나머지 문제 풀이마저 꼬여 버리는 상황이다. 그래서 그는 어려운 문제가 나올 상황에 대비해 매우 철저한 준비를 했다. 어려운 문제가 나왔을 때 우회해서 돌아가거나 쉬운 문제에서 최대한 시간을 절약하고 남은 시간을 어려운 문제에 집중하는 방법, 맞을 확률은 좀 낮더라도 시간을 많이 투자하지 않고 푸는 방법 그리고 최악의 경우 어려운 문제를 버리고 나머지 문제를 모두 맞히는 방법까지 발생할 수 있는 모든 상황을 상정해 놓고 시간 부족으로 시험을 망치는 일이 없도록 모든 대비책을 세웠다.

시험 시간에 대한 시나리오가 어느 정도 그려지고 나자 여기서 그치지 않고 고난이도 문제를 빠르게 풀기 위한 기반을 갖추는 데 많은 시간을 투자했다.

"보통 시험에 나오는 어려운 문제는 시중에 있는 문제들을 토대로 한두 단계를 더 꼬아서 냅니다. 그래서 저는 그 문제를 풀면서 풀이 과정을 모두 암기하려고 노력했어요. 생각을 하지 않고도 5분 이내에 풀 수 있는 정도까지 되기 위해 노력했죠. 이렇게 되면 시험 시간을 엄청 줄일 수 있어요. 시험장에서 생각을 많이 하고 있다면 이미 틀린 문제나 다름없다고 생각해야 합니다."

이렇게 시험 시간을 효율적으로 사용하기 위해 고민한 경험은 고시 시험 합격에도 가장 핵심적인 기반이 되었다.

시험장에서 발생할 수 있는 모든 돌발 변수에 대해

두 번째로 집중한 것은 시험장에서 자주 반복하는 '실수'를 통제하는 일이었다. 한 번 했던 실수는 다시 반복되게 마련이다. 사람은 생각보다 자주 같은 방식으로 잘못

된 실수를 반복한다.

"실수도 실력이라는 생각에 따라 아무리 사소한 이유에 의해서 틀렸다고 하더라도 반드시 노트를 만들이 기록하는 습관을 들였습니다. 하지만 여기서 그치면 안 됩니다. 작성한 노트를 며칠 간격으로 계속 반복해 보면서 그 실수를 의식적으로 줄이려는 노력이 필요합니다. 시험 보기 전날엔 과목별로 자주 실수하는 습관들을 A4 용지에 10문장 정도 적고 시험 시작 30분 전부터 그것만 봤어요. 시험지 받을 때까지 그걸 생각하는 거죠. 그러다 보면 문제를 보면서도 의식적으로 실수를 안 하게 됩니다."

세 번째로 시험 날 자신의 의지와 무관하게 발생하는 '돌발 변수'를 통제하기 위한 대비책을 준비했다. "시험장에서 최대한 당황하지 않기 위해 모든 변수를 고려했어요. 예를 들어 지하철을 놓쳤을 경우, 택시를 못 잡았을 경우, 심지어 점심이나 간식을 먹어야 하는데 식당, 편의점이 안 열었을 경우 등 모든 변수를 체크 리스트로 만들고 플랜 B를 미리 세웠어요."

그는 시험을 앞두고 A4 용지에 사소하더라도 시험에 영향을 미칠 모든 돌발 변수를 적어 놓고 그에 대한 대비책을 체크 리스트로 만들었다. 체크 리스트에는 매우 사소한 것까지 적혀 있다. OMR 답안지 마킹은 시험 시간 몇 분을 남기고 시작할 것인지, 시험 날 점심은 어디서 살지, 교통 경로는 어떻게 되는지, 커피는 언제 어디서 마실지, 화장실은 언제 갈지 등.

"모든 사람은 평소와 환경이 다르면 당황하는 경향이 있어요. 당황하면 10의 실력이라도 7, 8 정도밖에 시험을 못 봐요. 그래서 저는 익숙하지 않은 환경에 대해서 대비책을 세우거나 미리 그 상황에 익숙해지는 연습을 해서 당황하는 정도를 줄이려고 했어요."

정한슬 마스터는 고시 공부를 하는 1년 반 동안에도 일요일을 제외한 모든 요일에 아침 8시에 일어나서 9시까지 학교 도서관에 가고 12시에 점심을, 5시에 저녁을 먹고 12시 반이면 취침하는 규칙적인 생활을 반복했다. 그가 규칙을 지키려고 노력한 이유 중 하나는 생리적인 현상 때문이었다. 혹시라도 시험 중간에 졸리거나 화장실에 가고 싶다거나 여러 돌발 상황을 방지하고 생체 리듬을 일정하게 유지해 최상의 컨디션으로 시험을 치르기 위해서였다.

한편, 대입 수시 면접에서 실패한 경험을 토대로 고시 최종 면접을 앞두고는 면접에 대한 시나리오까지 준비를 철저히 했다.

"답하기 어려운 질문이 나왔을 때 할 말까지 미리 계획을 세워 놓고 갔어요. '지금은 잘 모르겠지만 앞으로 시험이 끝나면 인터넷이나 책을 통해 찾아보겠습니다. 그렇게 공부한 걸 바탕으로 그 일이 필요할 때 공직 사회에서 업무를 성실히 수행하겠습니다' 같은 예상 답변을 준비했어요. 실제로 모르는 질문이 나왔을 때 이렇게 답을 했죠. 그 밖에도 면접관한테 어떻게 인사할지, 긴장하면 손발이 많이 떨리는 편인데 어떻게 해야 할지 등. 면접을 앞두고 모든 말과 행동을 미리 계획하고 들어갔습니다."

악마는
디테일에 있다

정한슬 마스터는 시험을 위한 공부의 핵심은 시험을 잘 보기 위한 자신만의 시스템을 만드는 것이라고 말한다. "어떤 시험이든 그 시험에서 최상의 성과를 거둘 수 있게 만드는 시스템이 있어요. 수능이나 고시처럼 장기적인 시험을 준비한다는 것은 무엇보다 자신이 가진 조건에 가장 잘 부합하게 자신만의 시험 시스템을 만드는 일이라고 할 수 있습니다. 그 시스템을 토대로 몸과 시험이 하나가 되도록 만드는 거죠. 축구할 때 골키퍼에게 공이 날라오면 몸이 무의식적으로 공을 향해 반응하는 것처럼, 시험을 보면서 어떤 상황이 발생해도 익숙하게 느낄 수 있도록 모든 변수를 예상하고 그에 대한 시나리오를 만들었던 것이 제 시험 성과의 비결입니다."

정한슬 마스터는 가장 존경하는 인물로 이순신 장군을 꼽았다. "이순신 장군은 전쟁에 나가면서 고려할 수 있는 모든 돌발 변수를 다 준비해 놓고 나갔어요. 한 번 싸우더라도 그 전장의 지형을 보고 적군이 몇 명인지, 날씨가 어떤지 풍랑이나 파도까지 모두 계산하고 전쟁에 나갔죠. 그래서 매번 이기는 건 물론이고, 이기더라도 아군이 거의 죽지 않게 이기죠. 이순신 장군을 보면서 매번 내 삶에서 준비할 수 있는 것에 최선을 다해 미리 준비하자는 신념을 갖게 되었어요."

훌륭한 장수는 이길 수밖에 없는 상황을 만들어 놓고 전투에 나간다. 이순신 장군은 왕의 명령이라 할지라도 승산이 없다고 판단되면 전투를 하지 않았다. 그 때문에 반역으로 몰려 고초를 겪기도 했다.

시험이라는 전투에서 승리하려면 이길 수밖에 없는 판을 만들어 놓고 시험장에 가야 한다. 발생할 수 있는 모든 변수를 고려하고 그에 대한 대비책을 모두 세우는 것, 어쩌면 이는 많은 고민과 에너지를 요구하는 일이다. 그로 인해 귀찮은 일이 될 수도 있다. 하지만 시험에 영향을 미치는 사소한 변수 한 가지가 몇 개월간 열심히 준비한 시험을 망쳐 버릴 수도 있다. 그러니 노력이 성과로 이어지길 바란다면 디테일한 요소에도 주의를 기울여야 한다.

정한슬 마스터와 마찬가지로 대부분의 서울대학교 마스터들 또한 늘 실전을 생각하면서 공부해야 한다고 조언한다. 서울대학교 경제학과에 재학 중인 김도협 마스터 역시 이렇게 말한다.

"시험장의 환경을 떠올리고 그것을 최대한 비슷하게라도 자주 경험해 보고자 노력했습니다. 그래야만 실전에서 좋은 성과를 낼 수 있으니까요. 예컨대, 내가 문제를 풀 때 막히는 경우 어떻게 행동할 것인가와 같은 행동 전략에 대해서도 고민했습니다. 저는 이런 사소한 노력이 실제 수능 시험장에서 큰 도움이 되었어요."

이처럼 마스터들은 모두 실전을 염두에 두고 공부했고, 항상 실전에서 성과를 낼 수 있는 방법에 대해 고민했다. '악마는 디테일에 있다'는 유럽 속담처럼 사소해 보이는 것이 결정적인 순간에 발목을 잡기도 한다. 그러니 시험을 흔들리게 하는 작은 디테일까지 철저하게 준비해야 한다는 사실을 잊지 말자.

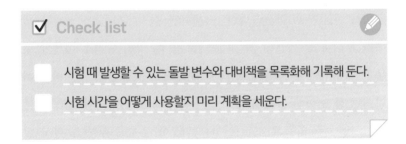

☑ **Check list**

☐ 시험 때 발생할 수 있는 돌발 변수와 대비책을 목록화해 기록해 둔다.

☐ 시험 시간을 어떻게 사용할지 미리 계획을 세운다.

의예과 5관왕의
피드백 습관

전태일 열사는 1960년대 평화시장의 봉제 노동자로 일하며 너무나 열악한 환경에서 시달리는 10대 어린 여공들의 권리를 찾아주기 위해 노동 운동을 하다가 결국 "근로기준법을 준수하라!"를 외치며 스스로 분신해 숨을 거두었다. 그는 늘 두세 시간을 걸어 집과 직장을 오가고 하루 열 시간을 넘게 일하는 고된 노동 속에서도 밤에는 대학 입시를 위해 공부하며 치열한 삶을 살았다.

1967년 2월 14일, 그의 일기장에는 다음 문구가 적혀 있었다. "오늘도 보람 없이 하루를 보냈구나. 하루를 보내면서 아쉬움이 없다니. 내 정신이 이렇게 타락할 줄이야." 어려운 환경에서도 그는 매일 밤 최선을 다해 하루를 보냈는가 되물었다. 그에게 하루하루는 보람 없이 그냥 흘려보내서는 안 될, 너무나도 소중한 시간이었다. 하루를 그저 물 흐르듯 흘려보내는 사람들이라면 마땅히 새겨들어야 할 이야기다. 성과는 하루의 성장과 발전이 축적된 결과물이다. 하루의 성장 없이 남다른 성과를 거두는 것은 불가능하다.

서울대학교 의예과에 재학 중인 남윤후 마스터의 사례는 하루하루를 피드백하는 습관만으로도 놀라운 성과를 거둘 수 있다는 사실을 보여 준다. 그는 2018학년도 입시에서 수시 전형을 통해 서울대학교, 연세대학교, 고려대학교를 비롯해 가톨릭대학교와 한양대학교까지 5개 대학교의 의예과에 모두 합격했다. 고등학교 졸업 당시 그의 평균 내신 성적은 1.05였고, 그해 수능에서도 마킹을 실수한 물리 한 과목을 제외하곤 모든 과목에 1등급을 받았다. 그는 의예과 5관왕 합격의 비결에 대해 이렇게 말한다.

"의예과 5관왕을 목표로 했다기보다는 항상 성장하는 제 자신에 초점을 맞추었습니다. 매일 밤 '어떻게 하면 오늘보다 나은 내일을 살 수 있을까?'를 고민했습니다. 그 덕분에 365일 매일매일 성장할 수 있었고 그것이 성과로 자연스럽게 이어졌습니다. 목표를 이루기 위해 그날 하루하루를 반성하면서 '일일신 우일신日日新 又日新(하루가 다르게 성장하다)' 했던 것이 저만의 공부 비결입니다."

피드백 습관이 지닌 놀라운 힘

남윤후 마스터에게는 철저한 피드백의 습관이 몸에 배어 있다. 그는 잠들기 전 약 10~15분 동안 오늘 하루를 어떻게 살았는지, 아침부터 저녁까지 어떻게 시간을 보냈는지 등을 스스로에게 질문했다.

'어떻게 하면 오늘 하루가 더 나아질 수 있었을까, 오늘 하루 최선을 다했는가, 내일도 오늘처럼 살고 싶은가, 몇 시에 일어났는가, 일어나지 못했다면 왜 일어나지 못했는가, 아침에 일어나서 가장 먼저 한 행동은 무엇이었는가, 오늘 하루 등교 시간이나 쉬는 시간, 점심시간 같은 자투리 시간을 어떻게 활용했는가, 수업 시간에 얼마나 집중했고 집중하지 못한 요인은 무엇인가.'

이처럼 하루를 철저히 돌아보는 습관이 가져다주는 효과에 대해서 남윤후 마스터는 이렇게 말한다.

"되돌아보지 않고 살면 결국 매일 똑같은 하루를 보내게 됩니다. 하지만 분명 오늘 하루보다 더 잘살 수 있는 요인이 많습니다. 하루를 되돌아보고 그런 요소를 찾게 되면 다음 날 무심코 지나갈 것도 잡아낼 수 있습니다. 이것은 반드시 좋은 성과로 이어질 수밖에 없습니다."

더 잘할 수 있는
방법이 없을까?

남윤후 마스터가 맨 먼저 피드백을 하는 것은 시간 관리다. "우선 오늘 아침 몇 시에 일어났는지를 점검합니다. '5분만 더 자야지' 하면서 시간을 허비하지 않았는지 되돌아보고, 만약 그랬다면 내일 아침 목표는 '5분만 더……' 하는 습관 버리는 일이 되지요. 그리고 자투리 시간으로 가장 잘 활용할 수 있는 등교 시간이나 쉬는 시간, 점심시간 등에 내가 무엇을 하고 보냈는지를 되돌아보고 더 의미 있게 그 시간을 사용할 수 없었는지를 스스로에게 물어봅니다."

이렇게 하루 시간의 사용에 대한 스스로의 평가와 반성이 끝나고 나면 다음은 하루 동안 들었던 각종 수업에서의 모습을 되새겨 본다고 말한다. "수업 내용을 복습했다기보다는 수업 들을 때 제 태도를 되돌아봤습니다. 수업 때 딴짓하지 않고 제대로 집중했는지, 만약 못 했다면 그 이유는 무엇이고 내일은 어떻게 하면 그 요인을 제거할 수 있을까를 되묻습니다."

이러한 피드백 습관은 평소에 공부할 때도 성장의 매우 중요한 기반이 되었다. 남윤후 마스터는 공부를 하면서 매일매일 자신의 루틴을 점검했다. 자신에게 최적화된 공부법을 찾는 과정에 대해 이렇게 말한다. "오늘 이런 루틴으로 공부했을 때 이 정도 공부량이 나왔다는 사실을 확인하고 더 효율적인 방법은 없는가를 되묻습니다. 예를 들어 공부하는 과목들 순서도 조정해 보고 필기 방법도 다양하게 시도해 보면서 최적의 성과가 나오는 패턴을 찾기 위해 노력했습니다. 자신에게 최적화된 공부법이나 패턴을 찾기 위해서는 의식적으로 더 나은 방법이 없는지를 고민하면서 시행착오를 겪어야 합니다. 그래야만 자신에게 최적화된 효율적인 공부법과 루틴을 찾을 수 있습니다."

실제로 남윤후 마스터는 영어 단어를 보다 효율적으로 외우기 위해 다양한 방법을 시도해 보았다. 여러 시행착오 끝에 단어 카드를 활용해 등교 시간에 영어 단어를 외우는 것이 자신에게 가장 효율적인 방법이라는 사실을 알아냈다.

한편, 수학 문제를 풀 때도 자신이 풀어낸 문제에 대해 철저히 피드백을 했다. 문제를 다 풀고 나면 반드시 다시 문제를 검토하며, 문제에 주어진 조건과 문제를 푸는 데 필요한 접근법, 즉 문제 풀이의 키를 매칭시키며 유사한 접근법을 분류하고 기억하고자 노력했다. '미분 가능한 조건'이라는 말이 나오면, 어떤 접근법이 있었는지 머릿속에 바로 떠오르도록 만드는 식이다. 그는 이러한 피드백하는 습관을 거의 모든 모의고사에서 수학 100점을 놓치지 않은 비결로 꼽았다.

기회는 단 한 번뿐이라는 간절함

　　　　　　남윤후 마스터가 시간 관리나 학습
태도만큼 중요하게 생각하는 피드백 질문 가운데 하나는 '내게 온
기회를 놓친 적이 없는가'이다. 예를 들어 교내에서 열리는 각종 대
회에 함께 참가하자고 친구가 제안할 때마다 즉답을 피하고 생각
할 시간을 달라고 말했다. 그러고는 그날 밤, 이 기회가 나에게 정
말 필요한 것인지를 몇 번이고 되물었다. 덕분에 그는 자신에게 필
요한 기회를 놓치지 않으면서 동시에 불필요한 곳에 시간을 허비
하지 않았다. 다만 여기서 그가 말하는 '필요한 것'이 단순히 입시
나 성적에 도움 되는 차원을 말하는 것은 아니다. 입시와 무관하더
라도 스스로의 성장에 중요한 일이 곧 필요한 일이었다.

　한 예로 남윤후 마스터는 고등학교 시절 한국 생물 올림피아드
에 출전했다. 과학고 학생들이 주로 출전하는 대회를 일반고 학생
인 그가 준비하기란 쉽지 않았다. 또한 수상을 한다고 해도 학생부
에 기재되지 않아 입시에 전혀 도움 되지 않았다. 그럼에도 대회에
출전하기로 결심했다. 당시 국제 생물 올림피아드의 한국 국가대
표 학생을 뽑는 게 본 대회의 목적이었는데, 그 과정에서 대회 측에
서는 참가한 학생에게 생물학에 대해 심화 공부를 할 수 있는 여러
기회를 제공했다.

생물학에 대해 공부해 보고 싶었던 그로서는 이보다 더 좋은 기회가 없다고 판단했기 때문에 출전을 강행했다. 처음에는 학업에 많은 시간을 빼앗겼지만 장기적으로는 이 기회가 자신의 성장에 도움이 될 것이라고 굳게 믿었다. 그렇게 열심히 노력한 끝에 남윤후 마스터는 무수한 과학고 학생을 제치고 국가대표 최종 후보까지 오를 수 있었다.

"한국 생물 올림피아드에 출전했던 과정은 그 자체로 중요한 성취 경험이 되었고 동시에 제가 시간을 더 효율적으로 쓸 수 있게 된 계기가 되었습니다. 올림피아드를 준비하면서 주어진 시간 안에 더 효율적으로 잘할 수 있는 방법을 찾아낼 수 있게 되었습니다."

'어제의 나'보다 '오늘의 나'는 얼마나 발전했는가?

또한 남윤후 마스터는 오늘과 다른 내일을 만들기 위해서 도전을 두려워하면 안 된다고 말한다. 그는 자신의 '의대 5관왕' 성과의 비결 가운데 한 가지가 끊임없는 도전에 있었다고 말한다. "제 학생부와 자기 소개서에 정말 많은 내용이 있었습니다. 그게 좋은 성과를 내는 중요한 비결 중의 하나가 아니었을까 생각합니다. 그때나 지금이나 저는 도전하는 걸 좋아하니다. 관심 없는 분야라도 어떻게든 도전을 해서 관심을 확장시키려고 합니다. 학교에서 열리는 대회나 강연 같은 것도 일단은 참여해 보고 난 뒤에 결정합니다. 해 보기 전까시 모르는 일이니까요."

한 예로 학교 축제 때 천체관측회 행사를 주관하게 되었는데, 처음에는 너무 많은 시간을 빼앗기지 않을까 고민했지만 그 행사를 맡기로 했다. 오랜 고민 끝에 준비한 행사는 성공적으로 끝났고, 배울 수 있는 소중한 기회가 되었다고 말한다.

"어릴 적부터 항상 조별 과제나 수행 평가를 하면 제가 거의 다 도맡아서 완벽하게 준비해야 한다는 강박 관념을 갖고 있었습니다. 천체관측회 때의 경험은 제가 그런 강박을 내려놓고 다른 사람과 함께 일할 수 있는 방법을 배울 수 있는 기회였습니다. 만약 그 경험을 하지 않았다면 지금까지도 몰랐을 겁니다."

남윤후 마스터는 고교 시절 3년간을 이렇게 적극적인 태도로 임했다. 이 같은 다양한 경험이 쌓인 덕분에 3년 내내 '성실함'이 빛나는, 풍성한 학생부와 자기 소개서를 만들어 낼 수 있었다. 실제로 자기 소개서를 쓰는 3학년 9월쯤 쓸 만한 내용이 너무 많아 오히려 뭘 쓰지 말아야 할지, 행복한 고민에 빠졌다. 이는 서울대학교 면접에서도 왜 선택과 집중을 하지 않고 다양한 경험을 했는지 묻자 그는 이렇게 답했다. "해 보기 전까지는 모른다고 생각합니다. 고등학교 때 여러 경험을 해보면서 이 분야가 제게 맞는지 안 맞는지를 확인할 수 있었고 세상을 보는 안목이 넓어지는 데 큰 도움이 되었다고 생각합니다. 이런 경험이 쌓이면 오히려 훗날 더 의미 있는 선택과 집중을 할 수 있을 것이라고 생각합니다."

나 역시 학생들로부터 종종 이런 질문을 받는다. "수시 준비를 포기하고 차라리 정시에 올인하면 더 확률이 높지 않을까요? 비교과 활동을 포기하고 내신 성적에만 올인하는 게 낫지 않나요? 학생회 활동을 하면 공부 시간을 너무 많이 빼앗길 것 같은데 어떡하죠?"

수험 생활을 하다 보면 이처럼 여러 선택지나 새로운 도전을 두고 선택해야 하는 상황에 놓이게 마련이다. 그럴 때 쉽게 생각할 수 있는 답은 무언가를 포기해 버리는 것이다. 이것이 물론 전혀 틀렸다는 것은 아니다. 하지만 분명한 것은 극단적인 선택이 자신에게 주어진 기회를 스스로 포기해 버리는 일이라는 점이다.

그렇다면 이런 질문을 던져 볼 수 있다. "한 가지를 포기하면 그에 들어갈 노력과 시간이 다른 한 가지로 진짜 이어지는가? 새로운 도전을 한다고 해서 성과를 거둘 기존의 확률이 진짜 낮아질까?"

포기하는 쪽으로 결정하는 이의 대부분은 사실 다른 한 가지에 올인하기 위해 기회를 포기하는 것이 아니다. 그보다는 병행이 힘들거나 새로운 도전이 두렵거나 혹은 뭔가 귀찮기 때문이다. 거기에 '선택과 집중'이라는 그럴 듯한 변명을 갖다붙일 뿐이다.

현명한 사람은 주어진 기회를 스스로 포기하지 않는다. 또한 그들은 눈앞에 보이는 당장의 이익만을 갖고 기회를 판단하지 않는다. 자신에게 주어진 기회들을 살려 나가기 위해서 분명 많은 노력이 필요하다. 하지만 그 기회들 각각에 대한 성실함이 쌓여 성장을 만들어 낸다. 그리고 그 성장이 모여서 결과가 된다는 사실을 잊어서는 안 된다.

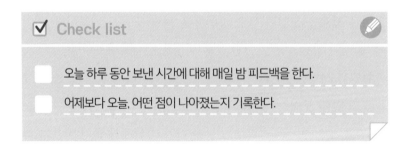

✓ Check list

☐ 오늘 하루 동안 보낸 시간에 대해 매일 밤 피드백을 한다.

☐ 어제보다 오늘, 어떤 점이 나아졌는지 기록한다.

끝날 때까지
끝난 게 아니다

윤형근 마스터는 재수 끝에 정시로 서울대학교 경제학과에 입학했다. 그 뒤 한국은행 시험에 합격해 현재는 한국은행 조사국 동향분석팀에서 경제동향 분석 업무를 맡고 있다. 한국은행 시험은 공기업이나 금융권 취업 준비생에게는 거의 행정고시에 준하는 난이도와 경쟁률로 알려져 있다.

윤형근 마스터는 50 대 1이 넘는 경쟁률을 뚫고 3차의 시험을 거쳐 수험 생활 1년 만에 최종 합격했다. 그는 이렇게 말한다. "시험에 제일 중요한 것은 마무리를 잘하는 일입니다. 시작이 반이고, 마무리가 반입니다."

한 문제로 무너진
마인드 컨트롤

"끝날 때까지는 끝난 게 아니다." 뉴욕 양키스의 전설적인 야구 선수 요기 베라가 남긴 유명한 말이다. 아무리 큰 점수 차로 이기고 있어도 야구는 9회 말에도 역전이 가능하다. 그래서 경기가 끝날 때까지 승부가 언제든 뒤집힐 수 있다는 말이다. 그렇기 때문에 야구에서 선발 투수만큼이나 중요한 것이 마무리 투수다. 훌륭한 성과를 내는 팀에는 항상 훌륭한 마무리 투수가 존재한다.

공부에서도 마찬가지다. 훌륭한 성과를 낸 이들은 시작만큼이나 마무리도 중요하게 생각한다. 마무리가 제대로 되지 않은 이들은, 끝내 훌륭한 성과를 거두지 못했다.

윤형근 마스터는 고3 시절 6월, 9월 평가원 모의고사에서 서울대학교 경제학과에 합격하고도 남을 점수가 나왔다. 그러나 두 번의 모의고사는 그에게 독이 되었다. "수험생 때 마무리를 잘하지 못했습니다. 가장 성적이 잘 나왔을 때만 생각하다 보니, 빨리 시험이나 쳤으면 좋겠다고 생각했습니다. 그 점수가 온전히 내 것이 아니었다는 사실을 지나고 나서야 알게 되었죠."

9월 모의고사가 끝나고 컨디션 관리에 신경을 쓰지 않았고 마인드 컨트롤에도 실패했다. 부족한 부분을 보완하기보다 시험 날짜만을 기다리며 기계적으로 새로운 문제들만 풀어 댔다. 수능을 앞두고 들뜬 분위기에 거의 아수라장이 된 교실에서 그저 친구들과 놀기에 바빴다. "마음을 제대로 잡지 못했다는 증거였어요. 엄청 들떠 있었습니다. 그러다 보니 제대로 된 공부 환경을 만들지 못하고 마무리도 전혀 못 했습니다."

평소에 시험 당일 컨디션이나 잠에 대해서도 별 문제가 없는 편이었는데, 하필 그날은 새벽 4시가 되어서야 겨우 잠들었다. 그렇게 불안정한 심리 상태는 시험장에서도 고스란히 이어졌다. 국어 듣기를 할 때 실수로 한 문제를 놓쳤는데, 그 여파가 시험 보는 내내 영향을 끼쳤다.

"한 문제 틀려도 남은 문제에 집중해 다 맞히면 된다는 마음의 여유가 없었어요. 그때는 시험장에서 난관에 부딪히더라도 극복할 수 있는 마인드 컨트롤이 전혀 안 되어 있었죠."

그렇게 윤형근 마스터는 현역 수능을 망치고 지원했던 모든 대학에서도 떨어졌다. 수능이 끝나자 크나큰 후회가 밀려왔다. 마지막 두 달을 제대로 마무리하지 못해 3년간 노력이 물거품으로 돌아간 것이다. 결국 재수를 결정했다. 그때부터 수험 기간의 마지막을 어떻게 보내야 할지부터 생각하고, 앞으로 1년간의 스케줄을 짜기 시작했다.

최종 마무리 때
해야 할 일

　　　　　　　　윤형근 마스터는 자신의 실패를 되돌아보며, 수능 전 마지막 두 달 동안 극도로 들떴던 이유가 갑자기 닥쳐온 불안감 때문이었다는 사실을 깨달았다. 그래서 불안감을 극복하고 자신감을 키우기 위해 도구를 만들기 시작했다. 바로 공부의 흔적을 남기는 일이었다.

　"막판 최종 마무리를 위해 볼 수 있는 핵심 내용을 정리해 보자고 생각했어요." 윤형근 마스터는 마무리할 때 다시 볼 것을 염두에 두고 항상 공부의 흔적을 남겼다. 주로 틀린 모의고사 시험지를 모두 모아 놓고 풀이 과정을 다시 복기해 정리했다. 중요한 내용은 A4 용지에 최종 마무리 때 다시 볼 수 있을 정도로만 간략히 정리해 두었다.

　"오답 노트나 정리 노트 같은 경우는 시간이 아주 많이 소요되고 불필요해 보일 수 있어요. 근데 이게 불안할 때 마음을 안정시켜 주는 위력을 발휘해요. 내가 이만큼 열심히 했구나 하는 사실을 눈으로 확인하면 자신감이 생깁니다."

　오답 노트 혹은 문제집에 체크를 해 두는 정도든, 아니면 따로 정리 노트를 만들든 형식이 중요한 것은 아니다. 마지막에 다시 볼 수 있고 '정리'의 효과를 낼 수 있는 것이라면 무엇이든 상관없다. 윤형근 마스터는 재수 생활을 시작할 때부터 최종 마무리까지 미리 계획을 세워 두고 그에 맞춰 평소대로 공부를 진행했다. 그 덕분에 재수 시절 수능을 앞둔 3주 동안은 새로운 내용을 공부하지 않고, 그간 공부해 왔던 내용을 체계적으로 다시 점검할 수 있었다. 1년 간 해 온 공부의 흔적을 두 번씩 보면서 시험공부의 마지막 퍼즐을 완성시켰고 자신감을 갖고 시험장에 갈 수 있었다.

아울러 윤형근 마스터는 조금 더 능동적으로 공부 내용을 정리하고 싶은 사람에게는 평소에 직접 문제를 출제해 풀어 보고 그 문제 위주로 마지막 정리를 하는 것도 좋은 방법이라고 추천한다. 실제로 한국은행 시험을 준비하면서 그렇게 시험 문제를 직접 만들고 내용을 정리하는 식으로 공부했다. 문제를 낼 수 있다는 건 이미 그 범위의 개념이나 이론을 모두 이해한다는 것을 의미하기 때문에 스스로 제대로 이해했는지 점검해 볼 수 있는 좋은 방법이다.

"문제를 만든다는 것은 내용에 대해 구조화, 체계화를 할 수 있다는 걸 의미해요. 한 문제 만들고 새끼 문제를 만들면서 공부한 내용을 적용할 수 있죠. 저는 수험 기간 동안 20개 내외로 구성된 문제 세트를 3~4세트 정도 만들었어요. 그리고 2주 정도 남기고는 그 문제만 보면서 마무리했습니다."

마지막 순간의 차분함이
성적을 좌우한다

윤형근 마스터는 평소에도 시험 시작 전 마지막 순간의 차분함을 유지하기 위해 꾸준히 마인드 컨트롤을 하려고 노력했다. "의식적으로 마인드 컨트롤을 할 수 있는 대상이 있어야 합니다. 그 대상은 종교나 가족, 취미 혹은 공부의 흔적이 될 수 있습니다. 중요한 것은 어떤 도구가 됐든 평소에 자신감과 차분함을 유지하기 위해 의식적인 노력을 해야 한다는 점입니다."

윤형근 마스터는 차분함을 유지하는 데 방해가 되는 요소들은 과감하게 차단했다. 그로 인해 시험장에서도 어떤 돌발 변수에도 큰 영향을 받지 않고 차분한 마음가짐으로 시험에 응할 수 있었다.

"재수해서 수능을 볼 때도 현역 수험생 때처럼 국어 듣기에서 문제가 좀 생겼어요. 시험 감독관이 듣기 문제가 나오는 도중 커튼을 치자 그 소리에 갑자기 신경이 쏠려 한 문제를 틀렸어요. 현역 때였으면 속으로 '큰일 났다'고 생각했겠죠. 그런데 평소에 마인드 컨트롤을 잘해서 그런지, 다른 문제나 다른 과목에서 잘 풀면 된다고 생각했어요." 비록 국어와 영어에서 기대했던 만큼의 성과를 거두지 못했지만 수학과 사회탐구 네 과목, 제2외국어에서 모두 만점을 받아 전체적으로는 매우 높은 성적을 받고 서울대학교 경제학과 정시 전형에 합격했다.

"시험은 정말 끝날 때까지는 끝난 게 아닙니다. 시험은 치르는 순간 그 자체가 다음 문제, 다음 과목 시험을 준비하는 과정입니다. 한 문제에 휘둘리거나 한 과목에 일희일비하지 않아야만 끝까지 자신의 실력을 발휘할 수 있습니다."

마지막 순간의 차분함을 중요시했던 재수 생활의 경험은 한국은행 시험을 치를 때도 큰 도움이 되었다. 한국은행 필기 전형은 총 네 시간 동안 자신이 선택하는 전공 학술 시험과 공통 논술 시험을 치른다. 문항 수는 소문항을 포함해 약 40개 정도고 모두 서술형으로 작성해야 한다. 그러다 보니 시간 배분을 잘해야만 알고도 못 푸는 경우를 방지할 수 있다.

"재수 때처럼 그때도 마음이 안정되어 있었어요. 다른 사람의 문제 푸는 속도를 의식하지 않고 제 페이스대로 갔습니다. 너무 빨리 풀면 실수하기 때문에 1번부터 꼼꼼히 보려고 노력했습니다. 문제를 풀다 보면 못 푼 문제도 나오는데, 내가 못 풀면 다른 사람도 못 푼다는 자신감이 있었어요. 그래서 일단 모르면 그냥 넘겼어요. 1~2점짜리 문제에 목매면 나중에 10점, 20점짜리 문제를 통째로 놓칠 수 있으니까요."

윤형근 마스터에게는 열심히 노력했으니 몇 문제 못 풀어도 충분히 합격할 수 있다는 자신감이 있었다. 그리고 첫 시험에서 바로 합격의 쾌거를 이뤘다.

윤형근 마스터의 말처럼 시작이 반이라면, 마무리가 반이다. 앞서 소개한 서울대학교 법학전문대학원에 재학 중인 김예진 마스터도 9월 모의고사에서 전국 1등이 성과를 거뒀다. 하지만 끝내 그해 수능에서는 실패했고 재수를 해야 했다. 행정 고시, 입법 고시 수석 합격의 주인공 정한슬 마스터도 고교 3년 내내 국어 영역 모의고사에서 1등급을 놓친 적이 없었지만 막판 마인드 컨트롤 실패로 끝내 재수를 해야 했다.

아무리 뛰어난 실력이 있더라도 마지막 순간을 대비하지 못한다면 끝내 자신의 노력이 물거품이 될 수 있다. 마지막 한 끗 차이의 노력이 모든 것을 결정할지도 모른다. 끝나는 순간까지 최선을 다해 노력한 사람만이 마지막에 웃을 수 있다. 승부가 끝나고 진정한 승자가 되고 싶다면 항상 마지막 순간을 생각하자.

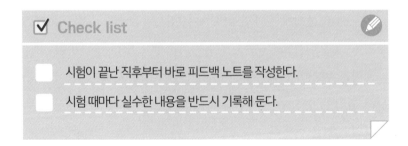

☑ Check list

- ☐ 시험이 끝난 직후부터 바로 피드백 노트를 작성한다.
- ☐ 시험 때마다 실수한 내용을 반드시 기록해 둔다.

신중하게 계획된 연습이
힘들고 지루하다는 사실은
우리에게 희소식이다.

대부분 사람이
그런 연습을 하지 않는다는
의미이기 때문이다.

STUDY MASTER PLAN

공부 마스터들의
여섯 번째 비밀
_ #비전

스펙 대신 **스토리**를 만든다

지금보다 절실한 나중은 없다.
나중이 영원히 오지 않을 수도 있기 때문이다.
눈앞에 와 있는 지금이 아닌
행여 안 올지도 모르는 다음 기회를 기약하기엔
삶은 그리 길지 않다.

진로를 결정하지 못해
불안하다면

지난 2018년 6월 유튜브에 올라온 '수도전(서울대학교와 한양대학교의 문화콘텐츠 교류전)'의 힙합 디스전 영상이 조회 수 270만 회를 돌파했다. 서울대학교 보컬 힙합 동아리 트리플에이치 랩퍼들의 기가 막힌 벌스와 비트는 영상을 보는 이들을 감탄케 했다. 그리고 그 중심에는 서울대학교 의과대학 본과 1학년에 재학 중인 황희범 마스터가 있다.

학부생 시절 이미 KBS 프로그램 「1박 2일」을 비롯해 각종 방송 출연으로 서울대학교 '윤두준'이라 불리며 유명세를 탔던 황희범 마스터는 2018년 의대 입시에서 '4관왕'을 기록했다. 서울대학교 의과대학과 성균관대학교 의과대학 학사편입 전형에 합격했고, 서울대학교 치의학전문대학원과 차 의과대학 의학전문대학원에 합격했다. 자유전공학부 출신으로 경영학과 생물학을 복수 전공한 그의 학부 졸업 당시 평균 학점은 4.13(4.3만점). 다수의 성적 우수 상학금을 받으며 최우등으로 졸업했다. 이미 대학 입시를 치를 때도 서울대학교 자유전공학부, 카이스트, 경찰대학에 모두 합격해 주위를 놀라게 했던 그는, 이번 의대 입시에서도 뛰어난 성과로 사람들을 놀라게 했다.

황희범 마스터는 말한다. "저는 IQ가 98입니다. 결코 머리가 좋은 편은 아닙니다. 하지만 그만큼 열심히 노력했습니다. 제가 온전히 목표에 집중할 수 있었던 이유는 그 목표가 진정으로 내가 하고 싶은 일이었기 때문입니다. 하지만 진짜 내가 하고 싶은 일을 찾는 데까지 많은 노력과 에너지가 필요했습니다."

내가 하고 싶은 일은 무엇인가?

어릴 적부터 지금까지 황희범 마스터의 꿈은 자주 바뀌었다. 첫 번째 꿈은 경찰대생이 되는 것이었다. 어릴 적 그의 동네에는 경찰대학이 있었다. 부모님이 치킨집을 운영했는데, 경찰대생을 보고 동기 부여가 되기를 바랐던 아버지는 경찰대생의 주문이 들어올 때마다 황희범 마스터를 데리고 배달을 다녔다. 그렇게 경찰대학에 대한 동경을 가졌다. 하지만 어느새 멋진 제복을 입은 경찰대생이 되는 것과 실제 경찰이 되는 것은 다르다는 사실을 깨닫고, 다른 꿈을 찾기 시작했다.

그의 두 번째 꿈은 변리사가 되는 것이었다. 서울대학교 자유전공학부에 지원할 당시 제출한 자기 소개서에는 그의 꿈이 '국제 변리사'라고 적혀 있다. 하지만 정작 자기 소개서를 쓰면서도 자신의 진로를 확신할 수 없었다. 그리고 고등학교를 졸업할 때까지 끝내 확실한 진로를 찾을 수 없었다. "대학교 2학년 때까지 누군가 제게 하고 싶은 일이 무엇이냐고 물어도 선뜻 대답하지 못했어요. 그래서 자유전공학부로 진학해 조금 더 진로를 찾아보기로 했죠."

대학에 와서도 꿈을 바로 찾을 수 있었던 것은 아니다. 처음에는 로스쿨 진학을 생각했다. 하지만 경영학을 공부하면서 이미 벌어진 어떤 일이나 현상을 좇아가는 일이 아니라 직접 뭔가를 만들거나 바꾸는 일이 자신의 적성에 더 맞는다는 사실을 깨달았다. 로스쿨 진학 준비를 이미 시작했지만 과감하게 접고 다른 길을 찾기 시작했다.

이처럼 대학 시절 황희범 마스터는 적성을 찾아 다양한 과목을 공부하기 시작했고, 그중에서도 생명과학이라는 학문을 공부하며 자연계 공부가 자신에게 잘 맞는다는 사실을 깨달았다. 그렇게 생물학을 전공으로 선택했다. 그러던 중 랩(실험실)에서 인턴을 하며 유전자 치료에 관심을 갖게 되었고, 의사라는 진로에 대해서 흥미을 갖기 시작했다. "의사라는 직업을 택할 때 대학에서 배우고 느낀 것들의 영향이 컸습니다. 소논문을 작성하면서 의료 접근성이 쉬운데도 돈 없어서 의료 혜택을 못 받는 사람이 많다는 사실을 알게 되었죠. 또 생물학 전공 시간에 희귀 질환과 관련된 수업을 듣다가, 희귀 질환은 환자가 드물기 때문에 치료제 개발이 비교적 많지 않다는 사실도 알게 되었습니다." 그는 자신이 제일 잘할 수 있고 동시에 의미를 가질 수 있는 일로서 의사라는 진로를 택했다.

진로를 고민하는
당신이 해야 할 3가지

황희범 마스터는 스스로 자신이 어떤 사람인지를 잘 알고 있다. "저는 사람들에게 인정받는 걸 좋아해요. 그게 제 공부의 원동력이기도 했어요. 제가 거둔 성과에 대해 남들이 박수 쳐주는 게 제 노력에 대한 실시간 피드백 같았어요. 그래서 방송에도 출연했고 그 덕분에 내적인 만족감을 더 키울 수 있었습니다."

황희범 마스터는 진로를 고민하는 학생들에게 지금 당장 정해야 한다는 조급함을 가질 필요가 없다고 말한다. "한길을 계속 파는 사람이 정말 멋지다고 생각해요. 그게 가능하려면 자기가 원하는 게 뭔지 아는 상태여야 해요. 하지만 그걸 찾는 데 많은 시간이 걸리는 사람이 있어요. 진로 고민이라는 건 정신적으로나 체력적으로 에너지가 많이 드는 일이에요. 하지만 포기하지 않고 앞으로 나아감과 동시에 조급해하지 말고 꾸준히 찾다 보면 언젠가 답을 발견할 수 있을 거예요."

덧붙여 아직 진로를 정하지 못했다면 다음의 세 가지를 꼭 실천해 보기를 권했다. 첫 번째는 자신의 진로를 설정하기 위한 자신만의 기준을 만드는 것이다. 어떤 이는 진로를 결정하는 데 높은 사회적 지위가 중요할 수도 있고, 어떤 이는 남을 돕고, 어떤 이는 많은 돈을 벌거나 어떤 이는 스스로에게 성취감을 주는 일이 중요할 수도 있다.

"진로에 대한 선택지가 주어졌을 때 일종의 필터 역할을 할 수 있는 자신만의 기준을 정하고 다듬어야 합니다. 저 같은 경우 진로를 정할 때 로스쿨 혹은 의대 같은 전문직이라는 필터가 있었습니다. 어릴 적부터 집안 환경이 좋지 않았기 때문에 경제적인 안정감을 중시하는 제 성격이 반영된 거죠. 내가 진짜 하고 싶은 일인지, 잘할 수 있는지 같은 기준도 생각해 볼 수 있어요. 저에게는 안정감과 잘할 수 있는지가 제일 중요한 두 가지 필터였습니다."

두 번째로는 진로에 대해 다양한 선택지가 생겼을 때 선택지 하나하나를 직접 깊이 파고들어가 보라고 조언한다. 그는 인터넷 정보에만 의존하는 것을 넘어 그 분야에서 활동하는 사람을 만나 직접 묻고 들었다.

'변리사'라는 선택지에 대해 더 잘 알기 위해 고등학교 시절 학교에 특강을 하러 온 변리사 선배에게 이메일을 보내고 직접 사무실로 찾아갔다. 변리사라는 직업이 실제로는 어떤지, 경제적인 보상은 어느 정도 되는지, 하는 일은 무엇인지 등 평소 궁금했던 모든 것을 질문했다. 그 과정에서 지금까지 잘못 알던 것에 대해 확실히 배울 수 있었다. 그 밖에도 로스쿨이나 메디컬 스쿨에 재학 중인 학교 선배를 수소문해 직접 만나서 궁금한 것들을 물었다.

"예를 들어 주변의 어떤 후배가 기계 공학자가 되고 싶다고 하는데, 막상 기계 공학자의 삶이 어떤지를 몰라요. 그 직업을 선택했을 때 후회하지 않기 위해서는 우선 그 일을 하는 사람을 만나서 물어봐야 해요. 그게 되지 않으면 최소한 그런 사람이 쓴 책이나 글을 보면서 그들의 삶이 어떤지를 알아봐야 합니다."

이와 관련해 다른 서울대학교 마스터들 또한 대부분 같은 조언을 했다. 서울대학교 식품영양학과를 졸업한 뒤, 현재 미국 박사 과정 진학을 준비하는 안휘 마스터는 이렇게 말한다. "제가 고등학교 때부터 대학생 시절까지 가장 많이 한 활동은 각 분야의 전문가를 직접 만나는 것이었습니다. 한 달에 한 번, 짧게는 2주에 한 번씩 만나 지금의 길을 선택한 이유와 과정을 들었죠. 그분들의 경험을 토대로 제가 생각하는 이상과 현실을 반영했더니 자연스럽게 저만의 진로가 결정되더군요. 진로는 곧 공부의 목적이 되었고, 그러다 보니 각 과정의 세부적인 목표들이 뒤따라왔습니다."

하고 싶은 일을 할 수 있으려면

황희범 마스터는 세 번째로 어떤 옵션이 최종 진로가 될지 모르니 본인이 하고 싶은 것이 생겼을 때 그것을 해낼 수 있는 능력이나 조건을 미리 확보해 두라고 말한다. "꾸준히 학점을 챙겨 놓고, 문과와 이과 공부를 모두 했던 것이 로스쿨이나 의학전문대학원을 준비할 때 도움이 되었습니다. 그때도 진로에 대해 확신을 갖지 않았지만, 적어도 내가 하고 싶은 일이 생겼을 때 평소 게을리했던 것에 발목이 잡히면 안 된다고 생각했습니다."

진로를 결정하지 못했기 때문에 목적이 없어 공부하기 힘들다는 학생들이 있다. 하지만 그 시간을 허투루 보낸다면 정작 진로를 선택할 수 있는 기회가 왔을 때, 나에게 주어진 소중한 기회를 놓쳐 버릴지도 모른다. 그러니 진정으로 하고 싶은 일이 생겼을 때, 과거의 나에게 발목 잡히지 않기 위해서라도 무엇이든 꾸준히 노력해 놓는 것이 훨씬 현명한 선택이 될 수 있다.

황희범 마스터는 끝으로 내게 자신이 지금까지 목표를 이뤄 왔던 비결은 스왜그 덕분이라고 말했다. 그것에는 자신의 삶이 온전히 자기 자신의 것이고 스스로의 힘으로 만들어 가는 것이라는 메시지가 담겨 있다. 누가 뭐라 해도 흔들리지 않고 누군가 나를 대신해 내가 가야 할 길을 정하도록 내버려 둬서는 안 된다. 부딪치고, 또 부딪쳐야 한다. 그래야만 진짜 후회하지 않는 나의 길을 찾아갈 수 있다. 그리고 그 길은 오직 나의 결정과 선택만이 만들 수 있다는 사실을 꼭 기억하자.

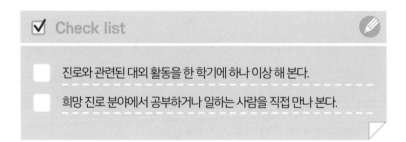

☑ Check list

　☐ 진로와 관련된 대외 활동을 한 학기에 하나 이상 해 본다.

　☐ 희망 진로 분야에서 공부하거나 일하는 사람을 직접 만나 본다.

매력적인
자기 소개서의 핵심

영화 「아이언맨」의 주인공 토니 스타크의 실제 모델로 알려진 엘런 머스크는 인터넷 회사 창업을 시작으로, 이후 온라인 결제 서비스 회사를 창업해 15억 달러에 매각했다. 현재는 전기차, 자율 주행차를 만드는 테슬라 모터스^{Tesla motors}, 우주 로켓을 쏘아 올리는 회사 스페이스엑스^{SpaceX}, 태양광 발전 회사 솔라시티^{Solarcity}라는 세 회사 CEO다. 이들 회사의 가치를 모두 합하면 우리 돈으로 100조가 넘는다. 그리고 여기 한국의 엘런 머스크를 꿈꾸는 마스터가 있다.

서울대학교 자유전공학부 졸업을 앞두고 있는 최석원 마스터다. 컴퓨터 공학을 전공으로 선택한 그는 대학교 3학년 때 친구들과 함께 무료 배달 앱 '샤달'을 만들었다. 지금은 드론 기술을 개발하는 스타트업 'Snatcher. AI'를 설립해 대표를 맡아 운영하고 있다. 그가 만든 '드론 잡는 드론(안티드론)'은 실제 2018년 평창 올림픽의 테러 방지 훈련에 사용되기도 했다. 전문직이나 고위 공무원, 대기업 취직 등을 희망하는 대다수의 서울대학교 학생들 사이에서 직접 회사를 창업해 운영하는 그의 이력은 남다른 면이 있다.

나에게는 해결하고 싶은 문제가 있는가?

최석원 마스터는 전남 순천에서 중학교를 졸업하고 한국과학영재학교에 진학했다. 이후 서울대학교 자유전공학부와 카이스트 전산학과에 모두 합격하고 서울대학교에서 컴퓨터 공학과 스스로 설계한 '계약제도학'을 전공하고 있다.

고등학교 시절 최석원 마스터는 자신의 라이프 스타일에 맞는 다이어리 앱을 찾을 수 없자 스스로 앱을 만들기로 마음먹었다. 어떻게 앱을 만드는지 전혀 모르는 상태였음에도 말이다. 그는 인터넷을 뒤져 앱 만드는 방법을 스스로 독학하기 시작했다. 책도 몇 권씩 사서 읽었다. 지우고 새로 만들기를 대여섯 번 반복한 끝에 한 학기 만에 자신에게 필요한 앱을 스스로 만들어 냈다. 이 경험을 바탕으로 최석원 마스터는 대학교 2학년 때 샤달 앱을 만들었다.

한때 서울대학교 재학생 3만 명 중에 절반이 넘는 1만 7000여명이 다운로드받았고 이후 '캠퍼스달'이라는 이름으로 확대되어 서강대학교, 중앙대학교, 경희대학교 등 다른 대학교의 많은 대학생이 애용했다. 이 앱은 수수료를 전혀 받지 않아 '착한 배달 앱'으로 많은 언론의 관심을 받았다.

그는 샤달 앱을 만든 이유가 거창한 목표가 있다기보다 그저 '필요했기' 때문이라고 말한다. 친구가 학교에서 점심을 먹고 싶은데, 배달 음식점 연락처를 알기 힘들다는 불만을 토로하자 친구와 함께 앱을 만들기로 마음먹었다. 친구와 함께 그는 학교에 배달 오는 음식점 전단지를 주워 엑셀로 정리하고 그 데이터를 직접 만든 모바일 앱에 모두 실었다.

최석원 마스터는 말한다. "저는 기술보다 어떤 문제를 해결하고자 하는가에 집중하는 것이 중요하다고 생각합니다. 예를 들어 공학이라는 건 수단입니다. 어떤 문제를 풀기 위한 도구죠. 그렇기 때문에 내가 어떤 문제를 해결하고 싶은지가 훨씬 더 중요합니다."

엘런 머스크는 한 인터뷰에서 전혀 다른 영역의 세 회사를 동시에 경영하는 이유가 한 가지 문제를 풀기 위해서라고 말했다. 전기자동차와 태양광 에너지 보급으로 환경오염과 자원 고갈의 위기를 늦춰 더 이상 사람이 지구에 살 수 없을 만큼 심각한 위기가 닥쳤을 때는 화성으로 사람이 이주해 살 수 있도록 만드는 게 목표다. 즉, 미래의 인류를 구하는 것이 그가 풀고자 하는 문제이자 목표다.

최석원 마스터는 샤달 앱을 만들었던 경험을 되돌아보며 이렇게 말한다. "샤달 앱은 사실 공학적으로 보면 허접한 편이었어요. 그래서 사람들이 샤달에 관심을 가질 때도 제가 만들었다고 자랑도 안 했어요. 그런데 샤달을 만들고 스웨덴에 교환 학생으로 갔다 오니 수천 명이 제 앱을 이용한다는 얘기를 들었죠. 그때부터 기술로 뭔가를 하는 것에 의미를 두기보다는, 기술을 통해서 실질적으로 사람이 불편함을 느끼거나 어려움을 겪는 문제가 해결될 수 있다는 것에 의미를 두기 시작했죠. 그로부터 제가 기술로 사회에 실질적인 도움을 줄 수 있는 사람이 될 수 있다고 생각했습니다. 기술적으로는 조금 부족하더라도, 훨씬 더 임팩트 있게 문제에 접근할 수 있다면 그게 더 좋은 해결책을 만들어 낸다고 생각해요."

남다른 이력의 비결, 동아리와 스터디

만약 자신이 지금 당장 아니면 훗날에 반드시 해결하고 싶은 문제를 찾았다면 그다음으로는 그 문제를 해결하는 데 필요한 능력과 지식을 키우는 과정이 필요하다. 그러나 기존의 학교, 학원 수업 등을 통해 자신이 가진 특별한 문제를 해결하기 위해 필요한 능력과 지식을 키우기는 쉽지 않다. 이 경우에 많은 학생이 활용할 수 있는 것이 바로 동아리 활동이다. 고등학교 선생님들이 동아리 활동을 장려하는 중요한 이유 역시 학교, 학원 등의 수업에서 탐구하기 힘든 내용을 친구들과 함께 직접 탐구해 보는 데 있다.

현재 최석원 마스터가 가진 문제는 'IT 기술이 닿지 않는 곳에서의 IT 혁신'이다. "IT는 다른 분야에 비해 발전 속도가 매우 빠릅니다. 그러다 보니 이 속도를 따라오지 못하는 산업은 그 혜택을 누리지 못하는 경우가 많습니다. 저는 이런 분야에 IT 기술을 접목시켜 혁신을 만들어 내고자 하는 목표를 갖고 있습니다."

이처럼 최석원 마스터는 현재 스스로 해결하고 싶은 문제에 대해 다양한 해결책을 찾고 있다. 그 과정에서 주로 활용하는 것 또한 '스터디'다. 혼자 공부하면서 생기는 여러 문제를 소그룹으로 함께 공부하면 시너지 효과를 낼 수 있다. 최석원 마스터는 대학 생활 동안 10개가 넘는 스터디 활동을 했다. 1년 8개월이나 이어진 스터디도 있다. 지금까지 그와 함께 스터디를 한 사람은 100명이 넘는다. 자신이 관심 있는 분야인 경제학, 게임이론, 딥 러닝, 인공지능, 블록체인, 머신러닝 등을 스터디 방식으로 공부했다.

최석원 마스터가 처음부터 스터디를 적극적으로 활용한 것은 아니다. 혼자서 관련 분야 책을 읽거나 MOOC 플랫폼(전 세계 유명 대학 강의를 무료로 수강할 수 있는 교육과정)에서 강의를 수강하기도 했다. 그러나 혼자서 공부를 하다 보니 심심했고 동기 부여도 잘 되지 않았다. 온라인 강의는 대부분 앞의 한두 강을 듣고 나면 더 이상 이어 가기가 힘들었다. 그때부터 그는 비슷한 전공이나 관심사를 가진 사람들을 모아 같이 공부하기 시작했다고 말한다. 각자 공부를 해 와서 자신이 공부한 내용을 발표하고 날마다 발제자를 정해 돌아가면서 강의자가 되어 다른 사람에게 내용을 알려 주기도 한다. 그는 다양한 스터디를 거치며, 어떻게 하면 더 효과적으로 공부할 수 있을까에 대해서 깊이 고민했다.

최석원 마스터는 스터디가 가진 이점에 대해 다음과 같이 말한다. "우선 함께 가면 조금 더 높이, 멀리 갈 수 있어요. 혼자서 할 때보다 동기 부여도 잘 되고 정해진 약속이 있으니 하기 싫어도 동료와의 약속을 지키고자 공부를 하게 됩니다. 또 한편으로는 혼자 책만 보는 것보다 말로 뱉어 내고 다른 사람한테 설명을 하다 보니 공부의 효과가 훨씬 좋습니다. 오래 기억에 남고, 더 깊이 있게 생각을 하게 됩니다."

이처럼 스터디는 훌륭한 학습 모델 중 하나다. 실제로 많은 서울대학교 마스터가 고교 시절 혼자서 해 나가기 힘든 공부를 학습 동아리 같은 일종의 스터디를 활용해 실천해 나갔다. 서울대학교 정치외교학부에 재학 중인 박정훈 마스터는 이렇게 말한다. "정치외교학부에 관심이 있었기에 정치를 공부하고 토론하는 동아리를 만들어 동아리장으로 활동했고 모의 유엔 활동을 종종 나갔습니다. 기본적으로 학교 성적에만 몰두해서는 대학에서 요구하는 다각도의 열린 자세로 사고할 줄 아는 사람이 되기가 어렵습니다. 이런 점에서 학교 공부 외 자신의 관심 분야에 대해서 스스로 찾아보고 또 친구들과 고민해 보는 시간을 갖는 건 중요한 의미가 있습니다."

차별화된
자기 소개서를 위해

최석원 마스터는 자신이 뭔가를 빠르게 배우고 행동할 수 있기 때문에 좋은 성과를 거둘 수 있었다고 말한다. 그것이 가능했던 이유는 바로 자신이 해결하고자 하는 문제가 명확했기 때문이라고 말한다. 자신이 해결하고자 하는 문제를 명확히 정의함으로써 자신이 배우는 것이 문제를 해결하는 데 어떤 도움이 되는지가 명확했다. 또한 이 문제를 해결하기 위해서 무엇을 배워야 하고 어떻게 배워야 하는지 또한 명확했기 때문에 빠르게 행동할 수 있었다.

그의 말을 요약하면 이렇다. 첫째, 자신이 해결하고 문제를 찾고 명확히 정의하라. 둘째, 문제를 해결하기 위해서 무엇을 어떻게 배워야 하는지 고민하라. 셋째, 방법을 찾았다면 빠르게 행동하라.

학생들에게 꿈이 뭐냐고 물으면 대부분의 학생이 "변호사요", "외교관이 되고 싶어요", "공학자가 되고 싶어요"라고 말한다. 즉,

꿈을 하나의 직업이라고 생각하는 경우가 많다. 하지만 직업을 갖는 것보다 더 중요한 것은 그 직업을 통해 진짜 무엇을 해내고 싶은지다. 다시 말해 변호사가 되고 외교관이 되고 공학자가 되는 것보다 더 중요한 것은 변호사나 외교관, 공학자가 되어 무슨 일을 하고 싶은지, 어떤 문제를 해결하고 싶은지다.

성공한 사람들에게는 모두 스스로 해결하고 싶은 문제가 있었다. 그들의 꿈은 '경영가나 교수, 의사가 되고 싶은 것' 자체가 아니었다. 그들은 자신이 해결하고 싶은 문제를 위해 경영가, 교수, 의사라는 직업과 그를 이용해 문제를 푸는 데 필요한 해결책을 찾아낸 것이다. 스티브 잡스는 개인용 컴퓨터가 없던 시절 '사람들이 자신만의 개인용 컴퓨터를 가질 수는 없을까?' 하는 문제를 해결하고자 애플을 창업해 최초의 개인용 컴퓨터 '애플-1'을 만들었다.

많은 학생이 고입, 대입을 앞두고 작성하는 자기 소개서에 자신의 지원 동기, 꿈이나 목표 등에 대해서 쓰는 것을 어려워한다. 이때 자신이 해결하고자 하는 문제를 명확히 써 낼 수 있다면 그것만큼 좋은 답변이 없다. 같은 직업과 전공을 희망하는 수백, 수천 명의 지원자 중에서 자신의 자기 소개서를 차별화시켜 주는 것은 자신이 해결하고 싶은 특별한 문제 그리고 그것을 어떻게 해결할지에 대한 구체적인 계획이다.

나 또한 서울대학교 자기 소개서에 '동아시아 통합'을 이뤄 내는 사람이 되겠다고 썼다. 나만의 문제의식을 적고 그것을 어떻게 해결할지, 그것을 위해 무엇을 배우고 어떤 경험을 쌓아 나갈지에 대해 구체적인 플랜을 적어 낸 것이 곧 나의 자기 소개서였다.

　나만의 문제를 명확히 정의할 수 있다면, 대입에서 겪는 다양한 문제점을 해결할 수 있다. 그렇기 때문에 내가 해결하고자 하는 문제를 찾고 명확히 정의하는 일은 다소 오랜 시간이 걸리더라도 반드시 해내야 할 일이다. 그것은 자신이 어떤 사람이고, 앞으로 어떻게 살아갈 것인지에 대한 메시지를 가장 명확하고 설득력 있게 다른 사람에게 전달해 줄 수 있기 때문이다.

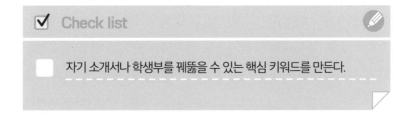

☑ Check list

　　☐　자기 소개서나 학생부를 꿰뚫을 수 있는 핵심 키워드를 만든다.

면접과 논술 시험에 유용한
'생각 단련법'

심사위원 만장일치 최우수상으로 손색이 없는 글을 접하게 되어 심사위원의 한 명으로서 기쁘지 않을 수 없다. (□□) 이 시기 한국 정치사의 여러 주제를 다루는 기존의 연구에 비해서도 손색이 없을 정도로 뛰어난 글이며 충분히 최우수상을 수상할 자격이 있는 글이다.

2017년 서울대학교 우수 리포트 공모대회 최우수상 수상작에 대한 서울대학교 정치외교학부 안도경 교수의 평이다. 서울대학교 우수 리포트 공모대회는 학기별로 개최되며 다양한 전공의 교수들이 심사위원으로 참여해 학부생들이 작성한 리포트를 받아 수상작을 가리는 권위 있는 대회다. 이 대회에는 전공, 교양 수업 등에서

A+ 성적을 받은 수천 장의 리포트가 제출되고 오직 소수의 리포트만이 예선을 통과할 수 있다.

이런 대회에서 위와 같은 평을 받은 이는 바로 서울대학교에서 경영학과 정치학을 복수 전공하고 있는 오석 마스터다. 그는 이 대회에서 팀으로 출전해 최우수상을 수상함과 동시에, 같은 대회에서 개인적으로 작성한 리포트로도 소수만이 통과할 수 있는 본선에 합격했다. 서울대학교 학부생 중에서 가장 글을 잘 쓰는 이라고 봐도 무방할 정도의 실력을 가진 것이다. 뛰어난 글쓰기 실력 덕분인지 그는 서울대학교 재학 중 거의 매 학기 성적 우수 장학금을 받을 정도로 높은 학점을 유지했다. 또한 최근 2019학년도 서울대학교 의과대학 학사편입 전형에도 합격했다.

그는 자신의 글쓰기 실력과 뛰어난 공부 성과가 결코 무관하지 않다고 말한다. 그리고 두 가지 사이의 연결 고리에 바로 '철학하는 연습'이 있다. 그가 말하는 철학하는 연습이란 '읽고 생각하고 쓰고 말하는' 생각 단련법이다. 그는 일련의 철학하기 연습을 통해 자신의 생각이 트이고 사색을 통해 언제든지 공부할 수 있는 방법을 찾을 수 있었다고 말한다.

독서의 수준을
한 단계 끌어올려라

　　　　　　　　　오석 마스터는 중학교 시절 비교적
책을 많이 읽는 편이었다. 『칼의 노래』(2001)를 쓴 김훈 소설가나
『삼국지』(2002), 『우리들의 일그러진 영웅』(2005) 등으로 유명한
이문열 소설가의 작품을 찾아 읽었다. 또한 일본 최고의 지성이라
불리는 다치바나 다카시, 나쓰메 소세키 등 일본의 문학이나 철학
책을 즐겨 읽었다. "철학이나 문학 책을 읽다 보니 조금씩 사고가
트이는 게 느껴졌습니다. 어느 날 국어 시험지를 보는데 글이 너무
쉽게 느껴졌어요. 다소 어려운 책들을 읽는 연습을 하다 보니 학교
공부를 하면서 보는 책들은 크게 어려울 게 없었죠."

　그렇다고 그가 처음부터 철학 책을 쉽게 읽을 수 있었던 것은 아
니다. 기본적으로 철학 관련 서적들은 고도의 집중력과 독해력을
요구한다. 그 또한 처음 철학 책을 읽을 때는 뜻을 알기 어려운 단
어들과 이해하기 어려운 내용뿐이었다고 말한다. 그때마다 그는 포
기하지 않고 국어사전을 찾아가며 철학 책의 내용을 하나하나 꼼
꼼히 독해해 나가기 시작했다. 그러다 보니 자연스레 글을 독해하
는 실력이 또래 학생에 비해 훨씬 높은 수준까지 발전할 수 있었다.

　"항상 제가 쉽게 이해할 수 있는 수준보다 조금 더 높은 곳에 기
준을 두고 제 한계를 매번 끌어올리기 위해 노력했습니다. 그리고

그 한계를 뛰어넘다 보면 그것보다 쉬운 수준의 책이나 글은 이해하기가 훨씬 수월해집니다. 그 덕분에 고등학교 국어 영역 시험은 쉽게 준비할 수 있었어요."

지난 수능에서 국어 영역이 역대 최고 난이도로 출제되어 많은 학생이 혼란에 빠졌다. 영어가 절대평가로 바뀌고 수학에서도 교과 과정이 축소되면서 점점 국어 과목에서 난이도를 높여 변별력을 확보하려는 시도가 해마다 이뤄지고 있는 것이다. 이런 상황에서 시간이 많지 않은 고3 학생들이 아니라면 평소에 수준 높은 책 읽기 연습을 통해 독해력을 근본적으로 향상시키는 것은 매우 효과적인 전략이 된다.

실제로 서울대학교 공부 마스터들은 꾸준한 독서를 통해서 국어 실력을 키우는 것은 물론, 논술과 면접 시험에 대비했다. 서울대학교 정치외교학부에 재학 중인 유도혁 마스터는 이렇게 말한다.

"고교 시절 최대한 꾸준하게 독서를 하려고 했습니다. 선생님들로부터 일방적으로 지식을 전달받고 시험을 위한 공부를 할 수밖에 없는 것이 현실인데, 이런 상황에서 내가 스스로 할 수 있는 공부로 독서가 최선이라고 생각했습니다. 주로 수준 있는 인문학이나 사회과학 도서를 읽으려고 노력했습니다. 꾸준한 독서는 글쓰기 및 말하기 능력을 향상시키고 사고의 폭을 넓혀 결과적으로 면접 및 논술 시험에 매우 큰 도움이 되었습니다."

생각하고
또 생각하기

오석 마스터가 두 번째로 강조하는 것은 책을 읽고 그것을 바탕으로 자신의 생각을 끝까지 밀고 나가 보는 일이다. 그는 책을 읽으면서 잠시 덮고 내용에 대해 자신만의 생각을 정리하는 습관을 갖고 있다. "철학자 혹은 글의 작가와 끊임없이 대화한다 생각하고 제 생각을 끝까지 밀고 가 보는 겁니다. 그리고 그 내용을 제 삶에 적용해 저를 성찰하고 주변의 사람과 사회 문제에 적용해 보려고 노력합니다."

특히 철학하기 연습을 통해 그는 언제 어디서든 공간의 제약을 받지 않고 공부할 수 있는 방법을 찾았다고 말한다. "저는 일상 속에서 책 없이도 공부하는 방법을 찾을 수 있었어요. 예를 들어 급식실에 줄을 서 있거나 아침 조회를 할 때 밥을 먹으면서도 공부할 수 있었어요. 공부했던 것들을 재료 삼아 머릿속에서 그 내용을 바탕으로 저만의 사유를 끝까지 밀고 나가 보는 겁니다. '어떤 내용이 있었지?', '왜 그렇지?', '그건 무슨 의미지?' 같은 질문을 스스로 던지고 나름대로의 결론을 도출해 보는 거죠. 그게 고전시가든 수학 개념이든 영어 문법이든 머릿속에서 그 내용의 바닥까지 꿰뚫어 볼 수 있을 정도로 깊이 생각해 봅니다."

이를 바탕으로 오석 마스터는 고3 때까지 7~8시간을 꾸준히 자면서 좋은 공부 성과를 거둘 수 있었다. "잠을 줄이면 저는 깊이 있게 생각을 밀고 나가기가 힘들어서 잠을 최대한 충분히 잤어요. 그러다 보니 깨어 있는 시간을 최대한 효율적으로 쓰기 위해 노력하게 되요. 일종의 압력이 그쪽으로 작용하게 되는 거죠." 철학하기 연습은 과목별로 성과를 끌어올리는 데도 큰 도움이 되었다.

"대부분 수학 문제를 풀 때 문제를 보자마자 손부터 댑니다. 저도 철학 책을 읽기 전까지 20퍼센트 정도만 구상해 놓고 문제를 풀었어요. 그러고는 미지의 목적지를 찾아 망망대해를 떠다니는 식으로 수학 문제를 풀었죠. 그런데 철학 책을 읽고 나서는 60퍼센트 이상을 이미 구상해 놓고 문제를 풀기 시작했어요. 길을 찾고 나서 손을 대기 시작한 거죠. 예전의 저와 철학 책을 읽은 이후의 저는 사고력이 비교가 될 수 없었죠. 그 이후 수학 시험을 볼 때 시간이 부족한 적이 한 번도 없었어요."

수학 과목 외에도 어떤 과목이든 문제를 풀고 나면 문제를 다시 회상하면서 직접 더 선택지를 만들어 보고 자체 테스트를 해 보거나 출제자의 관점으로 생각하며 공부했다. 어떤 참고서든 문제집이든 단순히 받아들이는 방식의 공부보다 한 스텝, 두 스텝을 더 나아간 것이다.

오석 마스터 외에도 모든 마스터는 책에 나온 내용을 주어진 대로 좇아가지 않았다고 말했다. 책에 나와 있지 않은 질문을 스스로 던지고, 그 질문에 답하는 과정에 필요한 재료로 책의 내용을 활용하는 것이다. 주어진 대로 따라가기만 해서는 결코 만점 받는 공부를 할 수 없다. 내용에 대해 질문을 던지고 자신의 사고 체계에 맞춰 내용을 다시 정렬해야 한다.

서울대학교 경영학과에 재학 중인 송지원 마스터는 이렇게 말한다. "책을 읽을 때 항상 의문을 품으려 노력하고 그것에 대해 책을 찾거나 인터넷으로 검색을 했습니다. 그렇게 하다 보면 교과서에서 무미건조하게 서술되어 있던 내용이 생생하게 다가오면서 암기식 공부가 아니라 이해식 공부를 할 수 있게 됩니다."

책 한 권으로
사고력 기르는 법

오석 마스터는 철학 책뿐 아니라 다양한 문학 작품을 통해 철학하기 연습을 심화시켜 나갔다. "꼭 철학이라는 걸 좁은 의미로 파악할 필요는 없는 것 같아요. 넓은 의미에서 김훈 소설이나 베르나르 베르베르 소설이나 어떤 책이든 모든 것에는 그 책을 쓴 사람의 철학이 반영되어 있습니다."

오석 마스터는 이러한 사유의 과정을 머릿속에만 가둬 놓는 데 그치지 않고 친구들과 대화를 통해 생각을 공유하며 사고를 심화시켜 나갔다. 고3이 되어서도 학교 친구들과 철학이나 인문학 책을 나눠 읽고 쉬는 시간마다 토론을 통해 각자의 생각을 더 깊이 파고 들어 갔다. 그는 고3 시절 9월 모의고사를 1주일 앞두고 철학 책에 빠져 1주일 동안 그 책만 두 번을 봤는데 9월 모의고사에서 만점을 받았다. 그로 인해 단순히 공부를 통해 지식을 늘리는 것보다 생각 하는 힘을 기르는 것이 더 중요하다는 사실을 다시 한 번 깨달았다 고 말한다.

앞서 공부를 잘하는 상위 0.1퍼센트 학생들의 공통점이 '메타 인 지'에 있다고 여러 번 밝힌 바 있다. 메타^{meta}의 뜻은 '~의 위에 서', '~을 초월하여'이다. 즉, 메타 인지는 자신의 생각을 객관적으 로 볼 수 있는 능력을 의미한다. 오석 마스터는 철학하기를 통해 메 타 인지를 끌어올리는 연습을 꾸준히 해 온 것이다. 그는 이 같은 자기 성찰의 과정이 공부에는 물론 고등학교 3학년 때 자기 소개서 를 쓸 때 큰 도움이 되었다고 말한다.

"자기 소개서를 쓸 때 무엇보다 중요한 것은 자기 삶에 대한 해 석이나 의미 부여가 중요합니다. 저는 철학하기를 통해 제 생각과 마음을 꾸준히 정돈하는 연습을 해 왔고, 그를 통해 우선 선발이라 는 성과를 만들어 준 자기 소개서를 써낼 수 있었습니다."

내가 서울대학교에 다니며 가장 인상 깊게 들었던 정치사상 수 업을 강의하는 교수님은 늘 이런 말을 했다. "공부는 생각을 연마하 는 고도의 훈련 과정입니다. 깊이 있게 생각을 한다는 것은 세 가지 를 통해서만 가능합니다. 책을 읽거나, 토론을 하거나, 글을 쓰는 것."

오석 마스터는 바로 이 세 가지 방식을 통해 자신의 생각을 단련하고 이를 바탕으로 학습 내용을 누구보다 효율적이고 효과적으로 처리해 낼 수 있는 뛰어난 사고력을 지니게 된 것이다. 내가 만난 공부 마스터들은 공통적으로 뛰어난 정보처리 능력과 몰입력을 보였다. 그 비결은 수업이나 책에서 받아들인 정보를 자신만의 사고 체계에 새롭게 구조화시키고, 그 과정에 깊이 몰입할 수 있는 역량을 기른 데 있었다.

성장은 편안하고 안락한 상태를 벗어나 한계라고 느껴지는 그 구간을 뛰어넘을 때만 이뤄진다. 내가 쉽게 읽는 수준, 쉽게 생각하는 수준, 그 한계의 끝에서 읽고 생각해야만 한계를 뛰어넘을 수 있다. 꼭 철학 책이 아니어도 좋다. 자신의 수준보다 한 단계만 높은 책을 한 권 정하고, 그 바닥까지 파보겠다는 생각으로 읽어 보자. 그러다 보면 단 한 권의 책을 통해 예전과는 확실히 달라진 자신의 공부 내공을 발견할 수 있을 것이다.

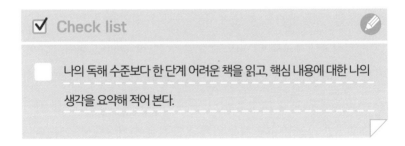

☑ Check list

☐ 나의 독해 수준보다 한 단계 어려운 책을 읽고, 핵심 내용에 대한 나의 생각을 요약해 적어 본다.

'성적, 학생회, 동아리'를
동시에 할 수 있을까?

수시의 비중이 늘어나면서 학생회장이나 반장과 같은 임원 활동을 두고 많은 학생이 딜레마의 상황에 봉착한다. 분명 학생회장 같은 임원 활동을 하면 학부의 소위 말하는 '스펙'이나 '리더십 역량'에서 높은 평가를 받을 것이라는 기대가 있는 반면, 그로 인해 공부 시간을 방해받아 내신 성적이 떨어질지도 모른다는 걱정이 들기 때문이다. 이는 동아리 활동을 두고도 마찬가지다.

실제로 나의 고교 시절에도 '학생회장은 절대 서울대학교에 갈 수 없다'는 소문이 파다했다. 여러 일을 도맡아 하다 보니, 학업에 많은 지장을 받을 수밖에 없기 때문이다. 신기하게도 정말 학생회장을 지낸 선배 중에서는 서울대학교에 진학한 선배가 없었다.

이 같은 상황에서 신인호 마스터는 고등학교 재학 시절에 학생회장 활동을 병행하면서도 최상위권의 성적을 유지하며, 서울대학교 경영학과에 수시 일반전형(학생부 종합전형)으로 합격했다. 그는 학생회장뿐만 아니라 학교 경제동아리 부장 및 학교 밴드부, 농촌 지역 상생동아리 부원 등으로 3년간 꾸준히 다양한 동아리 활동을 병행했다. 그럼에도 신인호 마스터의 내신 성적은 문과 학생들 중 최상위권이었으며, 수능에서도 백분위 99퍼센트를 받았다.

신인호 마스터에게 물었다. "많은 시간을 들여야 하는 학생회장과 여러 동아리 활동을 병행하면서도 어떻게 최상위권의 성적을 유지할 수 있었나요?" 그는 이렇게 답했다. "주어진 시간을 철저하게 효율적으로 활용해야 합니다. 디테일한 부분까지 신경을 쓴다면, 주어진 시간 내에 많은 것들을 해낼 수 있습니다."

세 마리 토끼를 모두 잡는 5가지 원칙

신인호 마스터는 학교를 바꾸고 싶다는 마음으로 학생회장에 출마했다. 학생회를 하면 시간을 많이 뺏긴다는 생각 때문인지 출마자가 없어서 단독 후보로 입후보해 당선되었다. 기쁜 마음도 잠시, 처음 생각했던 것보다 학생회장으로서 해야 할 일은 훨씬 많았다. '학교 자치제도 수립, 자율동아리 관리지원, 학생 건의사항 처리, 학술제 및 축제 준비, 크리스마스 자선 행사, 책 나눔 행사……'

공약했던 것은 물론, 학생회장으로서 기본적으로 해야 할 일만 수십 가지였다. 이를 위해 1주일에 세 번씩 학생회 임원회의를 했고 큰 이벤트가 있을 때면 1주일이고 보름이고 행사 준비에만 모든 시간을 쏟아야 했다. 게다가 1학년 때부터 해 오던 동아리 활동에도 매주 6~7시간을 써야 했다. 그러다 보니 학업 시간 유지에 직격탄을 맞았다. 성적에도 문제가 생겼다. 반에서 평균 4~5등 정도를 기록했던 성적이 10등 밖으로 떨어진 것이다. 2학년 1학기 때부터 학생회장을 준비하면서부터 공부에 집중을 하지 못하고 시간이 지날수록 여러 일로 더욱 공부에 신경을 쓰지 못한 결과였다.

하지만 '역시 학생회장을 하면 서울대학교에 못 간다'는 소문이 터무니없는 헛소문일 뿐 학생회장을 하면서 공부도 충분히 해낼 수 있다는 사례를 보여 주고 싶었다. "우선 큰 원칙을 세웠습니다. 전체 시간의 70퍼센트는 공부하는 것에 쓰고 15퍼센트는 학생회 활동, 나머지 15퍼센트는 동아리 활동에 쓴다는 큰 원칙 안에서 목표와 세부적인 계획을 수립했습니다."

신인호 마스터는 큰 기준을 세운 뒤 주어진 시간에 공부 효율을 높이기 위해 다섯 가지 원칙을 고안해 냈다. 첫 번째 원칙은 사용할 수 있는 최대한의 시간을 학업에 몰입하도록 만드는 것이었다.

수업 시간이나 자습 시간은 물론, 쉬는 시간이나 식사 시간을 철저히 활용했다. "자투리 시간이나 식당에 밥 먹으러 걸어가면서도 머릿속으로 공부했던 내용을 다시 상기하면서 최대한 몰입의 상태를 유지할 수 있도록 만들었습니다."

반드시 펜과 책이 있어야만 공부할 수 있는 것은 아니다. 이미 공부할 재료들이 머릿속에 있다면, 그것을 곱씹어 보는 것도 매우 좋은 공부 전략이다.

두 번째 원칙은 수능과 같은 장기적인 시험을 준비하기 위해 여느 마스터들과 마찬가지로 시기마다 해야 할 작은 목표를 수치화해서 정해 둔 것이었다. 월별, 주별로 해야 할 목표량을 정해 두고, 그 목표량을 달성하는지 꾸준히 체크했다. 만약 부족하다면 밤늦게라도 공부를 해서 그 목표량을 채워 냈다.

이는 학업 외의 것들에 많은 시간을 써야 하는 수험생들에게는 매우 중요한 원칙이다. 분명 학업 외의 다른 것을 하다 보면, 내가 생각한 것보다 더 많은 시간과 에너지가 들면 들었지 적게 드는 경우는 드물다. 이 상황에서 목표한 기간 내에 해야 할 것이 하나둘씩 이뤄지지 않게 되면, 점점 미루기 괴물은 걷잡을 수 없이 커져서 결국은 감당할 수 없는 정도가 되어 버린다.

세 번째는 이와 같은 노력에도 학생회나 동아리에서 갑작스러운 일이 생겨 학업 계획이 틀어질 경우를 대비해 여분의 시간을 세워놓는 일이다. 이런 활동을 하다 보면 예기치 못한 일이 빈번하게 생기게 마련이다. 신인호 마스터는 이를 대비해 애초에 여분의 시간을 비워 두고 계획을 세움으로써 계획의 실천력을 최대한 높일 수 있었다고 말한다. 여기까지는 많은 마스터가 비교적 공통되게 조언하는 원칙이라면, 남은 두 가지는 여러 동아리나 임원 활동을 하는 수험생이 조금 더 직접적으로 활용할 수 있는 원칙들이다. 그중 한 가지는 학생회나 동아리 활동을 하면서 그 시간을 최대한 효율적으로 운용하는 법이다.

신인호 마스터는 말한다. "사람이 많거나 회의 참여자들이 발언을 잘 하지 않으면 회의가 제대로 진행되지 않습니다. 학생회 활동을 하면서 짧은 시간 안에 최대한 합리적이고 양질의 의견이 논의에서 채택되려면 어떻게 해야 할까 고민을 많이 했습니다. 전공도 경영학과를 희망하다 보니, 조직 행위론과 같은 책도 찾아보면서 공부의 기회로 활용하기도 했습니다."

이는 어떤 모임의 '장'이나 리더로서 매우 중요한 원칙이라고 할 수 있는데, 같은 안건이나 내용도 그 회의나 활동을 어떻게 운용하는가에 따라 허비되는 시간이 천차만별이다. 실제로 학교생활 중에서 여러 회의나 활동을 하다 보면, 열심히 하는 듯해도 그 시간이 낭비되는 느낌을 받았던 경험이 분명 있을 것이다. 공부를 할 때와 마찬가지로 학생회나 동아리 활동을 하면서 더 많은 시간을 들여서 성과를 내기도 전에 '더 빠르고 쉽게 성과를 낼 수 있는 방법은 없는가?'를 되물어야 한다. 특히 리더라면 더더욱 그렇다. 나의 경험에 비춰 볼 때 이렇게 무심코 던진 질문 하나가 수십 시간을 아껴 줄 가능성이 매우 높다.

다른 한 가지 원칙은 시간 관리의 효율성을 높이는 방법이다. "학생회 회의 시간을 위해 야간 자율학습 시간과 같은 공부 시간을 빼야 하는 일은 최대한 지양했습니다. 예를 들어 한 시간 동안 회의를 해야 한다면 저녁 시간이 끝나기 30분 전부터 시작해서 30분 정도만 공부 시간을 뺄 수 있도록 했죠."

신인호 마스터는 늘 함께 고생하는 학생회 임원들이 최대한 학업에 피해를 받지 않도록 고민했다. 예를 들어 학생회나 동아리 활동을 할 때 가능한 공부를 시작하기 전보다는 공부가 끝난 뒤 시간을 잡았다. 공부하기 전 어떤 활동에 시간을 쓰면 자율학습 시간에도 그에 대한 생각 또는 활동으로 인한 피로 때문에 공부에 집중하기 어려울 수 있기 때문이었다.

불필요한 스트레스와 잡념을 없애는 법

신인호 마스터는 학생회장이나 동아리 활동을 하면서 가장 힘들었던 것 중의 하나가 인간관계라고 말한다. 특히 '장'을 맡게 되면 책임감으로 신경 써야 할 게 더더욱 많아진다. 이는 어떤 것보다도 많은 에너지를 요구하는 일이다. 학생회를 운영하면서 다른 임원과의 갈등을 중간에서 중재하고 조율하기 위해 많은 에너지를 써야 했다. 또한 선생님과 학생의 관계, 학생회 임원과 일반 학생과의 관계 등 신경 써야 할 것이 한두 가지가 아니었다. 이로 인해 신인호 마스터는 처음에 굉장히 많은 스트레스를 받을 수밖에 없었다. 하지만 이렇게 해서는 학업은 물론이고 학생회나 동아리 자체도 장기적으로 하기가 어려울 지경이었다. 그때부터 그는 단단해지기로 마음을 먹었고 철저히 스스로의 마인드를 컨트롤하고자 노력했다.

"무슨 일이 있고 어떤 스트레스를 받더라도 결국은 지나갈 일이고 나는 학업에서도 성과를 내야 하니까 최대한 다른 문제들로부터 영향을 덜 받기 위해 노력했습니다. 그 방법 중의 하나는 내가 느끼는 스트레스나 그 상황 또는 감정을 객관화하는 것입니다. 객관화시키기 위해 최대한 글을 쓰고 또 썼습니다. 그렇게 하다 보면 마음이 편해지고 복잡하게 느끼던 문제들이 정리되곤 합니다."

나 또한 고등학교 시절 학생회장과 함께 다양한 동아리 활동을 병행했다. 그러다 보니 공부를 할 때 활동과 관련된 생각이나 아이디어가 자꾸 떠올라 온전히 공부에 집중하기 힘들었다. 공부를 하다가도 한 번 집중력이 흐트러지면 온갖 생각이 꼬리에 꼬리를 물고 이어졌다.

이를 해결하기 위해 내가 첫 번째로 시도한 방법은 머릿속에 잡넘이 들 때마다 '집중하자, 집중하자'라는 주문을 머릿속 또는 입으로 되뇌는 것이었다. 이렇게 해도 집중이 되지 않으면 책상 위에 아예 '집중!!!!!'이라고 메모지에 써서 붙여 놓았다. 하지만 아무런 효과가 없었다. 오히려 잡생각이 더 심해졌다. 사실 이것은 말 그대로 최악의 방법이었다. 누군가에게 "코끼리를 생각하지 마세요"라고 말하면 더 코끼리가 생각나는 것처럼, 집중하자고 되뇌는 행위 자체가 집중을 방해했다. 하지만 잡념을 그대로 두고는 도저히 공부를 할 수가 없었다.

그렇게 찾게 된 것이 신인호 마스터처럼 잡념이 들 때마다 그것을 메모하는 것이었다. 머릿속에만 잡념을 두게 되면 잡념은 사라지지 않고 물 먹는 스펀지처럼 그 부피가 계속 커져 갔다. 하도 답답한 마음에 그것을 메모장에 쓰기 시작했는데, 신기하게도 잡념의 크기는 더 이상 커지지 않았다. 이렇게 잡생각을 하나씩 기록한 지 2주 정도가 지나자 공부를 하면서 더 이상 다른 생각이 잘 안 들었다. 나를 그렇게도 괴롭히던 잡념은 내가 글로 적는 순간, 마치 메모장이라는 감옥에 갇힌 죄수처럼 다시는 내 머릿속에 들어오지 못했다. 그때부터 잡생각이 들면 그 즉시 키워드 또는 한두 문장 정도로 메모장에 기록했다. 이 방법으로 나는 고질병이던 집중력 부족의 문제를 완벽히 해결할 수 있었다.

두려움을 극복하는 최고의 방법은 그것에 이름을 붙이는 것이라는 말이 있다. 이 또한 그것을 객관화하는 효과 덕분이다. 그와 마찬가지로 스트레스를 주는 상황이나 감정을 이겨 내기 위한 최고의 방법은 그것을 객관화하는 것이다. 객관화를 가능하게 하는 가장 좋은 방법은 글로 쓰는 것이다. 글로 쓰게 되면 이름을 붙이는 것처럼 생각과 감정을 객관적으로 볼 수 있다. 그러니 감정이나 잡념으로부터 벗어나 집중하고 싶다면, 그것을 부정하기보다 받아들이고, 메모라는 감옥 안에 그것을 가두자.

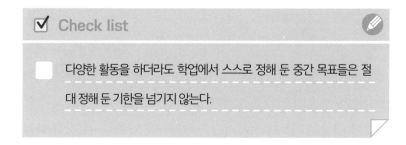

☑ Check list

☐ 다양한 활동을 하더라도 학업에서 스스로 정해 둔 중간 목표들은 절대 정해 둔 기한을 넘기지 않는다.

학생부 종합전형 5관왕의 4가지 공략법

『손자병법』에 '지피지기 백전불태^{知彼知己 百戰不殆}'라는 말이 있다. 즉 '적을 알고 나를 알면, 백 번 싸워도 위태롭지 않다'는 뜻이다. 많은 학생이 어려움을 겪는 학생부 종합전형을 준비할 때 합격자들은 일관되게 '지피지기'만큼 중요한 것이 없다고 말한다.

서울대학교 사회학과에 재학 중인 이규민 마스터는 서울대학교, 연세대학교, 고려대학교, 성균관대학교, 서강대학교 총 5개 대학을 '학생부 종합전형(학종)'으로 합격했다. 그렇다고 압도적으로 내신 성적이 좋은 편은 아니었다. 그녀는 서울대학교에 합격한 고등학교 동기들 중에서 가장 내신 성적이 낮았다. 이규민 마스터는 소위 학종에서 성공을 거두기 위해서는 두 가지 니즈^{needs}를 철저히 파악하고 그에 맞춰 단계적으로 자신의 스토리를 준비해야 한다고 힘주어 말한다. 그녀는 자신의 4단계 학종 대비법을 알려 주었다.

나의 니즈를
파악한다

이규민 마스터는 막연하게 국제기구 진출을 꿈꾸고 인천 국제고에 입학했다. 그러나 입학 당시 학교에는 미국에서 몇 년씩 살다 왔거나 수학 영재, 영어 대회에서 상이란 상은 모두 휩쓸고 이미 자기 사업을 시작한 친구 등 엄청난 내공을 가진 친구들이 수두룩했다. 그에 비해 외국 유학 경험이 거의 없던 그녀는 학교에 입학하자마자 친구들을 따라잡기 위해 1년간 공부에만 매진할 수밖에 없었다.

"1년간 공부만 열심히 하다가 어느 순간 주변 친구를 돌아보게 됐어요. 근데 다른 친구 대부분이 자기 분야에 대한 탐구를 하고 있더라고요. 꼭 대단한 연구가 아니더라도 스스로 보고서라도 써보고 수행평가를 하더라도 자기가 관심 있는 분야와 연결시켜서 하고 있었어요. 근데 저는 딱히 그런 게 없었습니다. 단순히 '국제기구에 가고 싶다' 정도였죠. 그래서 이러면 안 되겠다는 생각이 들었어요."

그날부터 이규민 마스터는 1학년 겨울 방학 한 달 동안 모든 공부를 제쳐두고 자신의 관심 분야와 가고 싶은 학과를 찾는 데 전념했다.

"큰 도화지를 하나 사다가 포스트잇에 하나씩 저의 모든 것을 쓰고 붙이기 시작했습니다. 심지어 '다이어리 쓰기를 좋아한다'처럼 별것 아닌 것도 모두 적어 내려갔어요. 제가 하고 싶은 것, 잘할 수 있는 것, 못하는 것 등등 저에 관한 모든 걸 탈탈 털듯 적어 내려가면서 저를 하나하나 해부해 봤습니다. 그걸 완성하는 데 3일 정도 걸렸어요."

이규민 마스터는 도화지에 적은 내용들을 토대로 궁금한 것은 인터넷으로 검색해 보며 깊이 파고들었다. 포스트잇 위에 적힌 내용끼리 교차점을 찾아보고 '하고 싶은 것, 잘할 수 있는 것' 중에 겹치지 않는 것을 과감하게 하나씩 지워 나갔다. 그렇게 하다 보니 어느 정도 확실한 관심 분야와 가고 싶은 학과가 정해졌다.

그로 인해 그녀는 자신의 스토리를 관통하는 세 가지 키워드를 정할 수 있었다. '환경, 정책, 사회 참여'였다. 환경과 사회학을 연관 지어 훗날 정책을 만드는 사람이 되고 싶다는 꿈이었다. 그리고 2년 뒤 이규민 마스터의 학생부, 자기 소개서, 포트폴리오를 이 세 키워드로 설명할 수 있었다.

나를 증명하는
키워드를 찾는다

이규민 마스터는 겨울 방학이 관심 분야와 진로를 본격적으로 탐색하기 위한 첫 단계였다고 말한다. 그렇게 큰 방향을 정한 뒤 직접 하나씩 파고들어 가며 구체적인 진로와 관심 분야에 대해 찾아 나갔다.

"제가 하고 싶은 걸 찾고 싶은 욕망이 정말 강했어요. 겨울 방학 동안 큰 방향을 정하고 나서 한 일은, 제가 관심 있는 환경에 대해 관련 활동을 모두 다 찾아보는 것이었어요. 구글링하거나 네이버를 뒤지다 보니 활동에 관련된 다양한 플랫폼이나 카페를 찾을 수 있었죠. 가입해서 소식을 받고 각종 대회, 캠프, 행사, 봉사 활동 등에 대한 정보를 얻을 수 있었어요. 하루 일과 중의 하나가 바로 이런 플랫폼에 매일 들어가 보는 일이었어요."

그녀는 이러한 정보를 토대로 경험해 보고 싶은 활동을 하나씩 계획했다. 주로 방학을 이용해 시간을 투자하고, 학기 중에는 미리 이러한 활동을 준비하고 계획했다. 자신의 관심 분야, 진로를 구체화시키기 위해서는 직접 경험하는 것만큼 중요한 것이 없다고 말한다. "예를 들어 과학이면 과학을 잘 모르니 직접 생물 자원관 큐레이터로 활동하고 카이스트 가서 강연도 듣고 하면서 '이런 것도 있구나' 하는 것을 하나씩 깨달았죠. 나름대로 자신의 관심 분야를 찾으면 그것과 관련된 다양한 활동을 해 볼 수 있어요. 그리고 그 활동은 결국 하나의 방향으로 이어집니다."

그렇다고 이규민 마스터가 닥치는 대로 모든 활동을 했던 것은 아니다. 스스로 결정하고 비교적 자유롭게 활동할 수 있는 활동이 아니라면 그것은 결코 의미 있는 스토리가 될 수 없다고 말한다. "한번은 어떤 기관에서 봉사 활동 시간으로 인정받을 수 있는 기자단 활동을 한 적이 있어요. 그런데 기관에서 요구하는 내용이 확실해서 제가 관심 가진 주제나 제 생각을 기사에 쓸 수가 없었죠. 그건 저에게 별로 도움이 되지 않는 활동이었어요. 수행평가가 하나 더 얹어진 것뿐이었죠. 또 한번은 과학관에서 기자단 활동을 했는데, 제가 관심 가진 분야에 대해 쓰고 싶은 걸 원하는 대로 쓸 수 있었죠. 제가 원하는 내용을 쓸 수 있었기 때문에 그 활동은 저의 스토리에서 큰 비중을 차지할 수 있었습니다."

이규민 마스터는 학생부 종합전형에서 5관왕을 거둘 만큼 차별화된 스토리를 만들 수 있었던 비결로 자신의 모든 경험이 '환경, 정책, 사회 참여'라는 키워드로 묶일 수 있었던 것을 꼽는다.

"저는 나름대로 굉장히 다양한 활동을 했다고 생각했는데 자소서를 쓰면서 모든 활동이 세 가지 키워드를 통해 묶을 수가 있었죠. 그 사실이 정말 중요해요. '내가 이 분야에 정말 관심 있다, 꼭 공부하고 싶다'는 마음을 보여 줄 수 있는 확실한 증거가 된 거죠. 많은 학생이 부딪히는 어려움이, 내가 뭘 하긴 했는데 막상 그걸 어떻게 전공이랑 연결할까 하는 거예요. 미리 큰 축을 정해 놓고 하면 이런 어려움을 사전에 차단할 수 있죠. 저는 환경사회학이라는 분야로 묶어서 그것을 정책적으로 풀어 가겠다는 메시지를 던졌어요. 그걸 제 모든 포트폴리오에 드러냈고요."

많은 학생이 고등학교 시절 다양한 경험과 활동을 한다. 그것을 스토리로 만들기 위해서는 그 경험을 자신이 가진 니즈를 토대로 연결할 수 있어야 한다. 그렇기 때문에 다양한 활동을 하는 일보다 더 중요한 것은 자신만의 니즈를 찾는 일이다.

이규민 마스터는 어떤 활동을 선택할 때 중요한 기준은 '화려한 스펙이 될 수 있는가'보다 '진정 자신이 재미를 느끼고 의미를 부여할 수 있는가'라고 강조한다. "저는 나의 관심 분야를 탐구하겠다는 마음과 입시라는 목적이 7 대 3 정도였어요. 활동은 그 자체로 재미있고 의미 있는 활동이어야 해요. 그래야만 자소서에 진정성 있는 이야기를 담을 수 있어요. 깊이 느끼거나 배운 점이 없는 활동은 그저 생기부에 한 줄 정도 들어가는 스펙으로 그치거든요. 그렇기 때문에 모든 활동에 다 참여하겠다가 아니라 진짜 자신에게 도움이 되겠다 싶은 것들 위주로 좁혀 가야 해요."

대학의 니즈를
파악한다

자신의 니즈를 파악하는 것이 지피 지기 중의 지기에 해당한다면, 지피는 내가 가고자 하는 대학과 해당 학과에서 어떤 인재를 원하는지, 어떤 것을 알고 싶어 하는지에 대해 정확히 파악하는 일이다. 그래야만 자신의 콘텐츠를 정확히 원하는 목표 지점에 맞게 한 편의 스토리로 엮어 낼 수 있다.

이규민 마스터는 학생부 종합전형을 준비할 때 가장 중요한 것 중의 하나로 '학교 홈페이지를 공략하는 것'을 꼽았다. 그 밖에도 입학처의 자료, 언론 보도자료, 입시 커뮤니티 등 다양한 채널을 통해 본인이 가고자 하는 학교에 대해 집요하게 정보를 수집했다.

"심지어 제가 가고 싶은 대학, 학과의 대학생 선배들이 운영하는 페이스북 페이지 같은 것도 종종 들여다봤죠. 이 사람들이 뭘 하며 살고 무엇을 배우는지가 궁금해서 하나하나 다 봤어요. 그 덕분에 자소서에 지원 동기를 쓸 때 이 학교에 이런 프로그램에 참여하고 싶다, 나는 이 학교에 대해 모든 걸 알고 있다는 저의 진심을 진정성 있게 어필할 수 있었죠."

이규민 마스터는 이러한 정보 수집 과정을 통해 대학별로 원하는 인재상이 조금씩 다르다는 점을 느낄 수 있었다. "개인적인 생각으로 서울대학교는 비교적 균형 잡힌 인재를 선호하는 듯했어요. 그래서 다른 대학과 다르게 자소서에 스포츠 활동에 대해서 강조해서 썼어요. 성균관대학교의 경우는 전공과 관련된 활동을 중시한다는 판단이 들었죠. 그래서 그 부분을 더 강조해서 깊이 있게 썼어요."

서강대학교에서는 당시 활동 이력을 포트폴리오로 정리해서 제출할 것을 요구했는데, 포트폴리오를 PPT 파일로 만들며 사소한 것까지 대학의 취향에 맞게 만들고자 노력했다. "자료를 찾다 보니 서강대학교는 시각적으로 빨간색을 최대한 살려서 PPT를 만들었죠. 지금 와서 생각해 보면 중요한 건 아니지만, 그때는 너무 간절한 마음이었어요. 로고 하나까지 서강대학교에서 쓰는 양식에 맞춰서 만들었죠."

모든 경험은
반드시 기록으로 남긴다

이규민 마스터는 2년간 다양한 활동을 하면서 가장 중시했던 습관 중의 하나가 활동한 내용을 그때그때 미루지 않고 기록하는 것이었다. "어떤 활동을 하면서 느낀 점은 그때만 느낄 수 있어요. 1~2년 뒤 자소서를 쓰면서 기억해 내려고 하면 기억이 나질 않습니다. 공부하느라 바빠 기록하기가 쉽지는 않지만 금쪽같은 시간을 낸 활동이라면 그것을 의미 있게 활용할 수 있게 만들어야 해요. 그래서 저는 적어도 활동하고 1주일이 넘어가지 않는 선에서 제가 활동하며 느낀 점, 배운 점을 토대로 기록했죠. 그러다 보니 학교에서 나눠 준 포트폴리오 파인이 두꺼운 속지 때문에 잘 덮이질 않을 정도였어요."

이규민 마스터는 그 밖에도 그때그때 드는 아이디어를 메모장에 꾸준히 기록해 나가는 습관을 기를 것을 강조했다. 좋은 활동이나 자소서에 들어갈 내용은 억지로 생각을 해내려고 할 때보다 문득 문득 스쳐 가는 일이 더 자주 있기 때문이다. "생각이 날 때마다 바로 메모를 했어요. 안 하면 결국 잊어버리니까요. 제 스토리에 도움이 된 아이디어들은 대부분 메모하는 습관에서 나왔습니다."

학종을 준비하는 일은 '나의 고등학교 3년'을 주제로 재미있는 에세이 한 권을 집필하는 작업으로 비유해 볼 수 있다. 내가 무엇을 하고 싶은지, 내 꿈이 무엇인지는 책의 주제에 해당한다. 그리고 3년간 나의 경험은 그 주제를 전달하는 콘텐츠가 된다. 여기서 잊지 말아야 할 것은 독자의 취향, 즉 나를 뽑아 주는 사람이 어떤 이야기를 원하는지가 중요하다는 사실이다. 훌륭한 책을 쓰기 위해 틈틈이 메모하고 기록해야 한다. 그리고 그 이야기를 일관성 있고 통일성 있게 잘 엮어 내는 스토리텔링이 필요하다.

이러한 점에서 이규민 마스터는 독자가 원하는 스토리를 만들었다고 볼 수 있다. 우리 모두 훌륭한 작가가 될 수 있는 잠재력을 갖고 있다. 내가 무엇을 원하고 '적'이 무엇을 원하는지만 잘 파악해도 절반은 성공했다고 볼 수 있다.

오늘 보내는 하루하루가 앞으로 쓸 에세이의 페이지 하나하나가 된다. 큰 그림 속에서 하루하루의 이야기를 충실히 쌓아가다 보면, 나도 모르는 새 언젠가 한 권의 매력적인 에세이가 완성될 것이다.

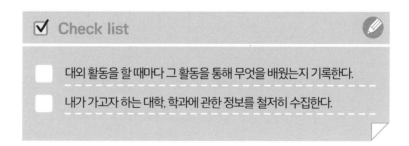

☑ **Check list**

☐ 대외 활동을 할 때마다 그 활동을 통해 무엇을 배웠는지 기록한다.

☐ 내가 가고자 하는 대학, 학과에 관한 정보를 철저히 수집한다.

합격을 부르는
자기 소개서 전략

서울대학교 건축학과에 재학 중인 정시현 마스터는 2016학년도 입시에서 서울대학교, 성균관대학교, 한양대학교, 서울시립대학교에 모두 합격해 입시 4관왕을 거뒀다. 모두 학생부 종합전형을 통해서였다. 그녀가 합격한 과는 성균관대학교를 제외하고는 모두 건축학과였고 성균관대학교도 건축공학이 포함된 공학 계열이었다.

전남 순천의 한 일반고를 졸업한 정시현 마스터의 졸업 당시 평균 내신 성적은 1.7이었다. 물론 매우 높은 내신 성적이지만, 학생부 종합전형에서 입시 다관왕을 거둔 이들과 비교해 보면 입시 4관왕이 당연하게 여겨질 만큼 압도적인 성적은 아니다. 심지어 그녀 스스로도 서울대학교를 지원할 만큼 좋은 내신 성적이 아니라고 생각했기 때문에 고3 여름 방학 때까지만 해도 서울대학교에 지원할 생각조차 못 하고 있었다. 그럼에도 정시현 마스터의 차별화된 스토리를 알아본 담임 선생님의 권유로 서울대학교에 지원해 합격할 수 있었다.

정시현 마스터는 자신의 합격 비결로 '전공에 대한 열정'을 꼽았다. "자기 소개서나 학생부의 모든 내용을 제가 지원하려고 하는 전공 건축학과와 최대한 연결하려고 했습니다. 학생부 종합전형에 합격하고 싶다면, 자신의 전공에 대한 열정을 최대한 보여 주는 것이 중요합니다."

나 역시 졸저 『성적표 밖에서 공부하라』(2015)에서 학생부 종합전형에 학과 교수들이 입학사정관 및 면접관으로 참여하는 이상, 학종에 합격하기 위해서는 '전공에 대한 열정'을 잘 보여 주는 것이 중요하다고 강조한 바 있다. 나 또한 불리한 내신에도 서울대학교 장학생이 될 수 있었던 이유를 꼽자면 '전공에 대한 열정'을 말할 것이다.

대학 교수들이 학생의 성적만큼 아니, 그 이상으로 중요하게 평가하는 것은 자신이 연구하는 학문에 대해 학생이 얼마만큼의 열정을 갖고 있는가 하는 점이다. 그들로 하여금 '이 학생은 전공에 대한 열정이 대단하구나', '이 학생은 직접 만나 보고 싶다' 하는 생각이 들게 만들면 반드시 합격한다.

전공에 대한 열정을 보여 주는 것

정시현 마스터가 건축학과 진학을 꿈꾸게 된 것은 '심즈'라는 게임 때문이었다. 심즈는 세계 최초의 생활 시뮬레이션 게임으로 캐릭터와 캐릭터의 가족을 직접 만들고, 그들의 생활을 직접 조작하며 플레이하는 게임이다. 그녀가 이 게임에 심취한 이유는, 원하는 대로 자유롭게 집을 지을 수 있기 때문이었다. 다른 학생은 캐릭터를 키우는 데서 재미를 느꼈지만 그녀가 게임에서 느낀 재미는 오직 집을 짓는 것이었다. 남들이 게임하며 한두 시간이면 지을 집을, 그녀는 2~3일 걸려 지었다. 그때부터 집을 짓는 사람이 되고 싶다는 막연한 꿈을 갖게 되었다.

그 뒤 정시현 마스터는 건축가 이일훈과 국어 교사 송승훈이 한옥 집을 짓기까지 주고받은 이메일을 엮은 책 『제가 살고 싶은 집은』(2012)을 읽으며 건축가의 꿈을 본격적으로 키웠다. 자기 소개서 4번 문항, '자신에게 가장 큰 영향을 준 책 세 권' 중의 가장 첫 번째 책도 이것이었다.

건축과를 진학하기로 결심한 1학년 말부터는 건축학과 관련된 책을 구체적으로 찾아 읽기 시작했다. 1학년 때는 건축학에 대한 대중서나 개론서, 입문서 등을 주로 읽었다면, 학년이 올라가면서 건축학에서 좀 더 세부 분야인 신경건축학과 공공건축에 대한 책을 찾아서 읽었다. "건축학에 대한 책을 꾸준히 읽었던 것은 책을 통해 전공의 세부 분야에 대해서 알고 싶었기 때문입니다. 제가 관심 가는 걸 고르고 이를 바탕으로 구체적인 관심 분야를 갖게 되어 그 내용을 자기 소개서에도 쓸 수 있었습니다."

정시현 마스터는 자기 소개서에 자신이 읽은 책 『공간이 마음을 살린다』(2013)에 대해 이렇게 썼다.

진로를 잠시 고민하던 때 평소 관심 있던 심리학을 탐색하다 발견한 책입니다. 공간과 사람의 관계를 신경과학 연구를 토대로 제시하고 있어 흥미로웠습니다. 병원의 외부 자연 경관이 치유의 속도를 높인 다는 연구는 요양원 봉사 경험이 떠올라 공감이 되었습니다. 빛의 효과를 생각하며 기적의 도서관에도 다시 가 보았습니다. 전면 유리창과 천장에 난 창으로 들어오는 자연광 아래서 책 읽는 아이들을 보니, 맘껏 독서하며 상상하도록 설계한 정기용 건축가 님의 세심함이 느껴졌습니다. 이 책을 계기로 저는 건축을 중심으로 관련 학문을 융합해 '삶의 질'을 높이는 건축, '사람이 행복한 건축'을 미래 지향점으로 삼게 되었습니다. 초고령 사회를 눈앞에 둔 요즘 독거노인, 소통이 단절된 가족 등이 사회 문제화되고 있습니다. 서울대학교 건축학과에 들어가면 저는 전통을 살린 채 '나눔'의 공간 구성을 통해 각 구성원의 독자성을 확보하면서도 공동생활 공간으로 모두 소통하는 그런 집을 연구해 보고 싶습니다.

정시현 마스터는 이러한 책을 통해 자신의 학구열을 보여 주고
자 했다고 말한다. "책을 통해 건축학과에 들어가면 이런 것을 공
부해 보고 싶다는 저의 열정을 보여 주고자 했습니다. 특히 대학에
가면 원하는 공부를 할 수 있으니 학과 홈페이지에서 나중에 어떤
공부를 하는지 직접 찾아보았습니다. 이를 통해 어떤 분야 위주로
공부할 수 있을지 살펴보고, 기회가 주어진다면 공부하고 싶다는
저의 진정성을 보여 주고자 했습니다."

합격하는
자소서 작성법

정시현 마스터는 비교과 활동을 많
이 한 편이 아니었다. 고1 후반이 되어서야 공부를 본격적으로 시
작했기 때문에 시간이 부족했다. 게다가 1학년 때 내신 성적을 만
회하기 위해 2~3학년 때는 비교과 활동에 시간을 충분히 쓸 여건
이 되지 않았다. 그래서 그녀는 대외활동보다는 학교 내 활동에 집
중하겠다는 전략을 수립했다. 대신 그 활동은 최대한 전공과 관련
되거나 직접적인 관련이 없더라도 최대한 건축과 관련지을 수 있
도록 했다.

실제로 그녀는 전공과 전혀 무관해 보이는 것도 최대한 의미를

부여해 전공과 관련짓고자 노력했다. "병원 봉사 활동을 했는데, 최대한 건축이랑 연결시키려고 했습니다. 예를 들어 병원의 동선과 환자들이 누워 있는 침실이 어디 배치되어야 하는지, 창은 어디 있는 게 좋은지에 대해 나름대로 생각했죠. 이후 병원 건축 책도 찾아 읽었습니다. 이처럼 어떤 것이라도 최대한 건축이랑 연결시키려고 했습니다."

정시현 마스터는 자신의 자기 소개서 작성 전략에 대해 이렇게 말한다. "비교과 활동을 많이 한 편이 아니었기 때문에 자기 소개서를 쓰면서 최대한 제 강점을 살리고자 노력했습니다. 저의 강점에 대해 고민을 하다 보니, 실제로 3년 내내 항상 건축에 대해서 생각했고, 그와 직간접적으로 관련된 경험을 쌓았다는 것이 제 강점이라는 걸 깨달았어요. 이를 부각시켜서 어떻게든 건축학과에 꼭 가고 싶다는 걸 알려야 한다고 생각했습니다. 저는 자기 소개서나 생활기록부 모두를 꿰뚫을 수 있는 하나의 실이 있어야 한다고 생각합니다. 생기부나 자기 소개서를 봤을 때 어떤 게 모든 걸 꿰뚫는 실이 될 수 있을까 생각했고, 그것은 역시 건축학과라는 전공이었습니다. 한 우물만 파왔던 것이 결국 저의 아이덴티티가 된 셈이죠. 만약 한 우물을 판 것에 강점이 있다면, 그 부분을 최대한 부각시켜야 하고 그것을 자기 소개서나 생기부의 핵심 키워드로 만들어야 합니다."

서울대학교 바이오소재공학과를 졸업하고 서울대학교 치의학전문대학원에 진학한 박지현 마스터 역시 이 점에 대해서 명료하게 말한다. "자기 소개서에서 '자기'는 과거의 나는 어떤 사람이었고, 어떠한 노력과 활동을 통해 현재의 나로 변화했으며, 내가 그리는 미래의 내가 되기 위해 현재의 나는 어떤 노력을 하고, 앞으로는 어떻게 해 나갈 예정인지를 중점적으로 소개해야 합니다. 그러기 위해서는 단순히 무슨 상을 받았고, 얼마나 공부를 잘했는지 등을 작성하기보다는 그동안 내가 해 온 활동들을 정리하며, '자기 소개서를 관통하는 줄기'를 찾는 것을 고민해야 합니다."

정시현 마스터에게 '자기 소개서를 관통하는 줄기'는 바로 전공에 대한 열정이었다. 줄기가 반드시 전공에 대한 열정이어야 할 필요는 없지만, 더 나은 대안이 없다면 이보다 좋은 선택은 없다. 그녀가 가진 전공에 대한 열정은 그녀의 자기 소개서에서 고스란히 드러난다. 자기 소개서 총 4문항 중에서 3문항을 모두 건축학에 대한 내용과 연관해서 작성했다.

우선 자기 소개서의 1번 문항인 "고등학교 재학 기간 중 학업에 기울인 노력과 학습 경험에 대해 배우고 느낀 점을 중심으로 기술해 주시기 바랍니다"에 대한 그녀의 답변을 살펴보자.

저는 수학을 좋아합니다. 논리적으로 생각하는 힘이 길러지고, 다양한 방법으로 궁리하는 과정이 재미있기 때문입니다. 특히 고대 건축부터 인공위성 궤도까지 수학이 우리 생활과 밀접하다는 단원 도입 글을 읽고, 저는 수학의 개념에 대해 다시 생각하게 되었습니다. 타원의 원리가 성 바오로 대성당 '속삭이는 회랑'의 설계에, 직선의 방정식이 건물 내부의 투시도에 쓰인다는 점 등은 건축을 공부하려는 제게 매우 흥미로웠습니다. 미적분을 자하 하디드의 DDP와 같은 현대 비정형 건축물과 연관 지어 생각하니 미적분 개념이 새롭게 다가왔습니다. 수학 과목이 늘어나 공부량이 많아졌지만, 저는 개념이 나오게 된 배경과 공식이 도출된 논리를 제 것으로 만들며 꾸준히 개념 노트를 작성했고, 문제 풀이도 개념이 어떻게 적용되는지 원리를 다시 깨우치는 과정으로 여겼습니다. 이러한 학습 방법은 과학과 같은 다른 과목에 있어서도 개념 중심 공부의 기반이 되었습니다.

'훌륭한 건축이란 과연 무엇일까?'를 고민하며 저는 틈틈이 유명 건축물이나 건축가, 해외 건축 잡지 사이트를 둘러보았습니다. eVolo 사이트는 기발한 아이디어를 녹여 낸 초고층건축 공모전 작품을 감상할 수 있어 즐거웠습니다. 그러다 보니 건축물 설명글이나 건축가의 인터뷰를 완벽하게 이해하고 싶다는 욕심이 생겼고, 학교 영어부터 정복해야겠다는 자각이 들었습니다. 1학년 당시 제 영어 실력은 3등급에서 맴돌고 있었습니다. 잔꾀를 부려 대충 이해하고 넘어가던 습관을 고치기로 했습니다. 지문과 관련된 배경 지식이나 확장 정보까지, 지문 하나를 '온전한 내 것'으로 만드는 데 하루가 걸릴 때도 있었습니다. 6개월여를 영어에 몰입했습니다. 계획을 세워 실행하는 습관과 시간 관리하는 법을 자연스럽게 터득하게 되었고, 공부 태도도 바꿰었습니다. 끈기를 갖고 집요하게 파고들었더니, 학습 능력 또한 함께 성장한다는 것을 느꼈습니다. 그 결과 성적은 내신과 모의고사에서 1등급으로 뛰어올랐고, 2학년 때는 전교 2등에 오르는 성과를 얻게 되었습니다.

이어 자기 소개서의 2번 문항인 "고등학교 재학 기간 중 본인이 의미를 두고 노력했던 교내 활동을 배우고 느낀 점을 중심으로 3개 이내로 기술해 주시기 바랍니다"에 대한 답변이다.

1학년 말 학교에서 실시한 직업체험 활동을 통해 건축가의 꿈을 다지게 되었습니다. 책을 통해 상상만 하다 건축사무소 현장을 체험할 수 있는 기회가 생기자 저는 즐거운 마음으로 활동에 임했습니다. 준비 기간인 두세 달 동안 진로 워크북 작성, 건축사무소 섭외, 사무소와 내용 및 일정 공유, 당일 이동 문제 등 논의하고 실행해야 할 일이 무척 많았습니다. 어떤 것 하나도 한 번에 끝나는 건 없었지만 열심히 준비한 덕분에 저희 팀은 건축사무소뿐만 아니라 시공현장까지 체험하는 기회를 얻게 되었습니다.

설계도면 보는 법과 그리는 법은 무척 흥미로웠고, 제 노트에 담긴 스케치를 보고 설계사 님이 좋은 재능이라고 말씀하실 때는 뿌듯했습니다. 건축주와 의견이 맞지 않을 때, 현장에서 돌발 상황이 벌어질 때 등 건축가의 현실적 고충을 들을 땐 소통 능력이 건축가에게 중요한 자질이며 단번에 생기는 건 아니겠다고 생각했습니다. 소통은 사람과 건물을 둘러싸고 있는 많은 요소들, 바람길이나 기후 같은 자연 환경, 경제성이나 지역 문제 같은 인문 환경까지 잘 파악해야 가능하다는 생각이 들었습니다. 시공현장에서는 기둥과 보를 예시로 구조 역학의 중요성을 배웠는데, 나아가 건축가의 사회적 책임에 대해서도 생각해 보게 되었습니다. 이후 저는 대학 탐방이나 다양한 독서 등 심도 있는 진로 탐색 활동을 꾸준히 해 나갔고, 그 결과 '사람이 행복한 공간'을 설계하는 건축가로 저의 지향점을 세우게 되었습니다.

2학년 때 참가한 과학탐구 토론대회를 계기로 연구의 즐거움을 알게 되었습니다. 저는 과학에 관심이 많았고 친구들과 함께하는 과정을 좋아했기 때문에, 적극적으로 토론 팀을 꾸려 대회에 나섰습니다. 물리 부문은 3학년이 주로 참가했지만 저희 팀은 한번 해 보자며 대회를 준비했습니다. 사실 그때까지는 연구가 어떤 것이며, 어떤 방법과 절차를 거쳐야 하는지 잘 몰랐습니다. 하지만 이 대회를 통해 연구 과정과 연구 보고서 쓰는 법까지 배울 수 있었습니다. 저는 발표를 맡으면서 목소리와 손동작 등 발표에 알맞은 태도도 배웠고, 역할 분담을 통해 협업의 중요성도 깨달았습니다. 무엇보다 탐구하는 즐거움을 느끼게 된 점이 저에게는 큰 수확이었습니다.

이를 계기로 저는 학술논문연구회 동아리에 들게 되었습니다. 동아리 연구모임에서는 건축과 관련해 연구해 볼 기회를 갖게 되어 무척 좋았습니다. 2회 때는 '미래 사회에서의 화학의 기여'라는 주제 아래

녹색 화학과 청정에너지 파트를 맡아 친환경건축 패시브 하우스를 공부했습니다. 3회 때는 예술 작품을 보고 느끼는 감동이나 집에서 편안함을 느끼는 감정은 어떻게 인지되는 것인가라는 호기심에서 출발해 '신경계와 인지에 대한 탐구'라는 주제로 연구해 보았습니다. 비록 논문 발표대회에서는 동상에 그쳤지만 제가 알고 싶은 주제를 놓고 연구해 볼 기회를 가질 수 있어 매우 유익했습니다. 건축과에서는 팀 프로젝트 연구가 많다고 알고 있습니다. 협업으로 연구하는 즐거움을 미리 배워 본 경험은 제가 서울대학교에서 팀 연구를 하는 데 많은 도움이 될 것이라고 생각합니다."

만약 자신이 희망하는 전공이 확실하다면, 자신의 희망 전공에 대한 열정을 보여 줄 수 있는 스토리를 만들어야 한다. 진정성 있는 스토리는 그 사람의 말을 신뢰하게 만들고, 열정은 사람의 마음을 움직일 수 있다.

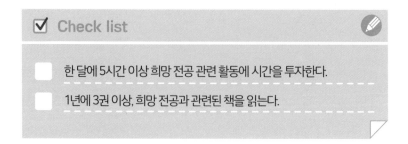

☑ Check list

☐ 한 달에 5시간 이상 희망 전공 관련 활동에 시간을 투자한다.

☐ 1년에 3권 이상, 희망 전공과 관련된 책을 읽는다.

시작하기 위해 위대할 필요는 없지만

위대해지려면 시작부터 해야 한다.

거인의 어깨에 서서
더 넓은 곳을 바라보라

1986년에 개봉한 헐리우드 영화 「스탠바이미」는 행방불명된 한 소녀의 시체를 찾기 위해 마을을 떠나 숲을 여행하는 네 명의 소년 이야기를 그린 작품이다. 영화가 시작할 때, 주인공 소년 고든은 이렇게 말한다.

"내가 살던 캐슬락은 인구 1281명의 작은 마을이었지만, 내겐 전 세계와도 같았다."

하지만 시체를 찾은 뒤 여행에서 돌아온 소년들에게 더 이상 마을은 전 세계가 아니었다. 영화가 끝나갈 때쯤, 고든은 이렇게 말한다.

"겨우 이틀 만에 돌아왔는데, 마을이 좀 달라 보였다. 너무나도 작아 보였다."

마을은 그대로이지만, 마을을 바라보는 '내가' 달라진 것이다. 모험을 통해 넓어진 시야는 이들에게 값진 성장을 선물했다.

나는 공부도 마찬가지라고 생각한다. 더 나은 성과는 그 무엇보다 나 스스로가 성장할 때만이 나올 수 있다. 성장을 통해 더 넓은 관점으로 '공부'를 바라볼 수 있다면, 훨씬 더 쉽고 효율적으로 노력할 수 있다.

"거인의 어깨 위에 올라서서 더 넓은 세상을 바라보라."

아이작 뉴턴이 한 말이다. 이 책이 여러분이 원하는 목표로 향하는 길에 조금이나마 도움이 되었기를 바란다. 조금 더 높은 곳에서, '공부'라는 세상을 넓게 바라볼 수 있도록 돕는 조그만 어깨가 되었으면 좋겠다. 그리고 언젠가 당신의 어깨가 또 다른 누군가에게 더 넓은 세상을 바라볼 수 있는 발판이 될 수 있을 것이라 굳게 믿는다.

서울대 100인이 매일 실천한 60가지 체크 리스트

공부 마스터 플랜

초판 1쇄 발행 2019년 1월 23일
초판 9쇄 발행 2023년 2월 8일

지은이 조승우
펴낸이 김선준

편집1팀 임나리, 이주영 **디자인** 김세민
책임마케팅 권두리 **마케팅팀** 이진규, 신동빈
홍보팀 한보라, 이은정, 유채원, 권희, 유준상
경영관리팀 송현주, 권송이

펴낸곳 포레스트북스 **출판등록** 2021년 4월 16일 제 2021-000079호
주소 서울시 영등포구 여의대로 108 파크원타워1 28층
전화 02) 332-5855 **팩스** 070)4170-4865
홈페이지 www.forestbooks.co.kr
종이 ㈜월드페이퍼 **출력·인쇄·후가공·제본** 한영문화사

ISBN 979-11-89584-13-9 (03370)

㈜콘텐츠그룹 포레스트는 독자 여러분의 책에 관한 아이디어와 원고 투고를 기다리고 있습니다. 책 출간을 원하
시는 분은 이메일 writer@forestbooks.co.kr로 간단한 개요와 취지, 연락처 등을 보내주세요. '독자의 꿈이 이뤄
지는 숲, 포레스트'에서 작가의 꿈을 이루세요.